CHICAGO

シカゴ

大都市政治の臨床的観察

C. E. メリアム
和田宗春［訳］

聖学院大学出版会

掲載写真の出典について

本書に掲載した，カバー（表裏２点），本扉（１点），及び口絵（８点）計11点の写真は，石元泰博氏撮影の「シカゴ」によった。これらについては，東京都写真美術館及び著作権者の石元泰博氏から掲載許可の御協力を得た。

なお『石元泰博展――シカゴ，東京』（発行・財団法人東京写真美術館，1998年）に所収されている作品の頁数を以下に記す。

カバー	p. 23
カバー裏	p. 17
本扉	p. 22
口絵	
1－i	p. 32
2－ii	p. 25
3－iii	p. 66
4－iv	p. 44
5－v	p. 42
6－vi	p. 15
7－vii	p. 10
8－viii	p. 69

CHICAGO

A More Intimate View of Urban Politics

by

Charles Edward Merriam

The Macmillan Company, 1929

Reprinted by Arno Press Inc., 1970

NE
oran
drin
N

ROBERTS

日本語版への推称

東京都立大学名誉教授　磯村英一

二十一世紀を数年で迎えようとして、日本の社会は大きな試練に直面している。一つは選挙制度改革という政治的課題、もう一つは、多極分散という計画的課題、いずれも〝国会〟という枠組のなかで議論されているが、透明度を欠く。理由は、それぞれのテーマに〝大都市の理念〟とくに二十一世紀に向かって地球環境が、どのように変わるかという見通しがないからである。

〝シカゴ〟といえば、北アメリカ合衆国の第三の大都市、〝合衆国〟という特異な地域形成のなかで、二十世紀までは、その民主的な政治体制のなかで世界をリードして発展した。シカゴは、その中心である。

この原著者のC・E・メリアムは二十世紀に開花したアメリカ政治学会の始祖であり、永くシカゴ大学の教授をつとめ、『政治権力論』や『政治体系論』の著者としても有名である。

若しこの訳書に〝序文〟を書くとすれば辻清明教授以外になかった。しかし残念ながら既に故人となり、それを期待することは出来ない。代わって親友である私がその〝再版〟に序文を書く光栄を荷なうことになったが、辻教授がいみじくも述べた〝数少ない都市論の古典〟と推称する以外に言葉はない。

ただ訳者和田宗春君は、政治家でありながら〝学究〟としてのプライドを捨てず、その実践のなかで、メリアム教授の理念を体験しようと努力をつづけている。まさに〝政治の臨床的観察〟を行っている。理想はおろか、自らの主張そのものも欠くことの多い日本の政治家のなかに、和田君のような立場の人が改めて〝訳書〟を公にしたことは原著者メリアムは勿論、故辻教授も心から喜んでいるにちがいない。訳者と同じ体験をもつ私も、それにもまして、現代の日本が最も求めている本であることを強く推称するものである。

一九九七年一月二十日

序に添えて

国際基督教大学教授
東京大学名誉教授
辻　清明

『政治権力論』（一九三四）や『政治体系論』（一九四五）の名著で知られるC・E・メリアムは、今世紀になって一斉に開花したアメリカ政治学の始祖であり、長くシカゴ大学の教授をつとめた研究者である。

彼の学風は、理論的知識と並んで経験的知識を重視した点にある。そのため、彼は壮年期の六年間をシカゴ市会議員として、現実政治の世界で過すことになる。市政に対する直接参加というこうした経験は、政治学者としてのメリアムに二つの新しい研究分野を拓くことになった。一つは政策決定がいかなる手続きや慣行のなかで行われているかを分析する政治過程論であり、他は市政という舞台に登場する政治家群像の行動心理への強い関心である。

政治学におけるこの二つの分野に研究の先鞭を付したことこそ、メリアムをしてアメリカ政治学の始祖たらしめた理由である。ここに訳出された『シカゴ――大都市政治の臨床的観察』（一九二九）は、メリアム政治学の原型といってよい。

本書で、彼が強く訴えようとしたのは、都市のデモクラシーに希望はあるかという設問である。そのために、都市特有の生態と病態に深く切りこみ、豊富な資料に基いて、自治の明暗をあえて市民の選択の前に提示したのである。同じ問題に当面しているわが国にとって、数少ない都市論の古典である本書の訳出が持つ意義は大きい。地方自治や都市問題に関心を抱く方たちに、本書をお薦めする所以である。

一九八三年一月二十三日

序文

本書の各章の観察報告は、約二八年間に及ぶシカゴ在住の体験がもとになっている。その間、著者はシカゴ大学の政治学部に籍をおいてきたが、六年間市議会議員を勤め、長年、幾多の現実的な政治の場面の参加者であり、観察者でもあった。私は、そうした観察を、本書の中で巨大都市コミュニティの政治生活の重要ないくつかの局面を、より明らかにしたいという希望をもって、書き留めてきたのである。

この都市はデモクラシーの希望であるのかそれとも絶望であるのかということについての見解は、分かれる。しかし、現代の社会動向に早急かつ、根本的な変革がおこらない限り、デモクラシーの将来は都市自身にかかっている。都市の将来は、また合衆国の将来でもある。私たちの次の世代になれば、必ずや都市の政治水準、慣習、慣例、理念は、アメリカのそれらと一致するであろう。

ところで、本書は、救済法についてではなく、現在のありのままの状況を研究したものである。私は、別の機会に解決策と思えるものを、できる限り明確に、また具体的に書き記そうと思っている。というのは、解決策の研究のため予備的に必要なのは、ありのままの現状の調査なのである。私が都市政治を臨床的に観察して示そうとしてきたのは、まさにそのことなのである。

■目次■

シカゴ——大都市政治の臨床的観察——

第一章　シカゴの誕生

一〇〇年に満たない歴史にもかかわらず、四〇〇〇万もの人口を有するにいたった都市は、地方自治体の記録の中では稀有である。シカゴがまだ開拓者の砦の周りにある、砂漠や沼地の中に建てられていた小屋の一群にすぎなかった頃、ニューヨークは人口四〇万の都市であった。古くからの大都市であるロンドンは二〇〇万、パリも一〇〇万以上の人口を数え、ベルリンにも三〇万程度の人口があった。一方、ローマは当時すでに三、〇〇〇歳という奇妙な誕生日を祝っていたのである。ところが、シカゴは一世紀たらずの間に、建造物を新たに建設したり、さらに建て直し、労働者の地位を確立し、発展させ、人種紛争の混乱を鎮め、コミュニケーション、保健、治安、福祉、文化などに関する指標を考案し、都市の成立にとって必要不可欠な統治上の諸理解、理想、達成といった複雑に関わる網の目を織り上げていくことが必要であった。

いかにこのことがなされたかを主題にすれば、傑作となるはずである。それはまだ書かれていないが、しかしここには歴史家、小説家、詩人にとって、極めて豊かな材料がある。しかしそのような作業をするのが本書の意図ではない。短絡的な通りいっぺんの観察では、都市政治という画面に登場する色彩や動きのほとんどはかき消されてしまう。ただ都市政治をより臨床的に観察するという目的で、都市生活という壮大なドラマの多様な面が描かれている。

さらにシカゴの経済的な背景、都市構造的な側面、コミュニティの人種構成、そして地方自治体の政治闘争を順次に検討する。都市の生活では、これらはすべて密接な関連性を持ち、一つの統合の中の切りはなすことができない要素であるのだが、しかし、分析のために一時切り離し、全体として観察する際に、改めて統合するのが適当と思われる。

シカゴ経済の歴史は、アメリカの経済発展というより広い見地からと同時に、アメリカの北西部や中西部の発展という見地から解釈されねばならない。現在世界の多くの国々を凌駕する約五、〇〇〇万の人口をもつこの地域の財政的中心地であるシカゴは、世界でも屈指の生産性の高い農業地域という地位を占める、広大な地域の中心地となったのであるが、その発達を背景にしてのことであった。とうもろこし、小麦、家畜、食料品などが、膨大な量でこの都市に流れ込んだが、それらが、中央手形交換所（central clearing house）や市場を求めたのである。

ミシガン湖の突出した南端部は、交通の下りの終点となり、シカゴに広大な地域の統轄者という地位を与えた。五大湖の水路は、一八三三年にシカゴにとって有益となった。というのは、その年からはじめて、この都市の用船がはじまったからである。一八四八年には運河が開通して、商品や人々が南部から流入してきた。ほどなく、鉄道会社がターミナルとしての利便にシカゴが秀れていることに気付き、何十本もの鉄道幹線が集中するに至った。このように航路と鉄道両方の輸送手段を選べるということが、シカゴを力づけ交易上の中心点として戦略的に有利にしたのである。そのうちに鉄道のほうが、航路よりも重要性をもつようになり、また、広大な土地をもつ北西部が開拓されるにつれて、初期の頃にシカゴの対抗者であったセント・ルイスやシンシナチは、産業覇権競争で後退する結果になった。

こうした状況下で、シカゴの産業発展が非常に急速であったので、コミュニティの創設者たちが夢想して描いていたよりもはるかに速く拡大した。(1) シカゴは途方もなく巨額な中央農業市場（central agricultural market）に焦点を合わせ、農業地域の成長と共に発展したのである。(2)

一八九〇年以降シカゴの産業は、製造業が活況を呈する段階に突入し、次第に頭うちになってきた穀類、家畜、木材の各市場にとってかわり始めた。シカゴ特有の現象というのではなく、合衆国の多くの都市にみられた、特徴的な発展であった。シカゴとその周辺地域に巨大な鉄鋼会社が進出してきた。とくにゲーリー及び周辺には莫大な量の石炭と鉄が集積された。また印刷・出版、織物工業、電器製造業、自動車製造・修理業なども莫大な規模に成長していった。これら五つの産業に従事する労働者数は、三〇年間に実に二倍以上にもふくれあがったのである。シカゴは食料品と同時に、工業製品を輸出することとなったのである。巨大な農産物流通センター（agricultural clearing house）は存続したが大規模な工業も加わり、シカゴは世界の「小麦と豚の集散地」（wheat stacker and pork packer）のみならず世界の工業地域の中心地の一つにもなったのである。[3] こうして、巨大な中央市場（great central market）と巨大な工業中心地が都市の領域、少なくともシカゴ地域の境界線の中に一つに集められた。それと共に巨大な市場と工業に付随する財政を握る者の権利も賦与された。この時代の終わりまで、シカゴは東部勢力の利害からの金融的独立を求めて闘っていたのである。また、銀行および財務施設の発達によって、いっそう堅固に地域的基盤の上に立つことに努力を払うようになった。アーマー家（Armours）、マコーミック家（McCormicks）、ローゼンヴァルド家（Rosenwalds）、インサル家（Insulls）等といったような財界指導者の大物たちがあらわれ、生産力の大きい工業や、信用取引所（credit centers）などが次々と設立されたことは必然的ななりゆきであった。彼らはまた、大都市における政治行動の諸形態を多方面にわたって複雑なものにした。鉄鋼業や鉄道会社、工業や銀行業の人々は、初期の政治的代表者、より厳密にいえば穀類業者、家畜業の経営者あるいは相場師など、農業分野の代表者と共に都市政治に通暁しなければならなかった。商業クラブ（Commercial Club）や商業連盟（Association of Commerce）、工業クラブ（Industrial Club）、イリノイ製造業者連盟（Illinois Manufacturers' Association）、連邦クラブ（Commonwealth Club）その他多くが社会勢力の重要な軸となった。

必然的に、被雇用者の組織もさまざまな形態で誕生してくるようになった。数多くの産業で労働組合が結成されるに至り、度重なる闘争の末、主要な中心機関としてシカゴ労働総同盟（Chicago Federation of Labor）が生まれた。実際のところ、時が立つにつれ多数の工場が手を結び、シカゴは多くの地域で「労働組合都市」（union town）として知られるようになった。このこともまた、都市政治を臨床的に観察する際には念頭に置かなければならない、歴史の一要素である。というのは、企業間、組合間、または労働者と経営者との間で激しい闘争が起こるようになったのである。たとえば一八八六年のヘイマーケット暴動〔訳注1〕（Haymarket massacre）、一八九四年のプルマン・ストライキ〔訳注2〕（Pullman strike）、「ランディス裁定」（Landis award）に至った建築業界の闘争、衣料業界の政治的処理などである。これらはみな大都市の社会の歴史そして、政治的伝統の一部なのである。

たぶん、近代産業の発達がこれほど興味深い像を示す大都市はシカゴをのぞいて世界にない。また、同様によく整備された陸上輸送手段の中心と同時に、農業から工業へと富の基盤が、さらに、一〇〇年の間に両者の中心となったことにみられるように、顕著に変化した都市は世界にない。

このような意味で、シカゴはとにかく最も典型的なアメリカの都市、巨大な自治体であったし、今後もあり続けるであろうと言える。市場、工場、空・陸・水路の要地などが単独で存在している他のどんなコミュニティも、鉄道と水上輸送が、そして農業と工業の複合的発展がシカゴほど密接には結びついてはいない。

シカゴの構造的発展を鳥瞰図的に見ると、特記しなければならない三つの時期がある。最初はシカゴ大火災（Great Fire）により全焼し廃墟となりながら、みごとに再建をなしとげた時期である。次はコロンブスの大陸発見にちなんだ万国博覧会に先立っての、一八八三年の都市の拡張とミシガン湖岸のホワイト・シティの勃興である。三番目は一九〇七年に立案された大都市計画（great city plan）に従って、組織的かつ科学的な都市再建の努力を始めた時期である。

一八七一年、シカゴは灰塵と化し、街は物質的にも財政的にも壊滅した。それから、たった一世代後には世界最大の都市を、同じ場所に見ることができようとは、当時よほどの楽観主義的な観察者か、さもなくば常識のない人でなければ思いもよらなかったであろう。しかし奇蹟は起こった。想像を絶する大惨劇が同等のエネルギーと熱意を喚起し、わずか数年の間に絶望的ともいえた、火災の痕跡はほとんど片づけられてしまった。シカゴの人口は、一八七〇年の二九万八、九七七人から一八八〇年の五〇万三、一八五人にまで増加し、財政力や都市としての地位もそれに比例して上昇した。灰塵の中からより大きな人口と富を持ち、はるかに偉大な精神と気質とを持った大都市があらわれたのである。

アメリカ大陸発見から四〇〇年を記念した年に、シカゴはその歴史にもう一つの段階を記したのである。こうした発展の根源は、広くいきわたっていた開拓者精神によって、後押しされていたのであろう。しかしその精神はシカゴ万国博覧会を準備する一年間に洗練され、都市精神（city spirit）を築くのに重要なものへと変化していった。まず、シカゴは一八八九年に主として南側の併合によって、四四平方マイル弱から一七〇平方マイルにまで拡張された。この結果、一八八〇年に五〇万人であった人口が一九〇〇年には一七〇万人にも膨張した。シカゴの有力者や市民が万国博覧会の計画に関心を集め、その活動に熱中し始めていた時に、予期せずしてミシガン湖岸のホワイト・シティの建設に芸術的表現を見出したのである。万国博覧会によってこの都市のイメージが決まったことは疑いの余地がないが、単純に多数の展示物や膨大な入館者数だけではなく、シカゴに新しい精神をふきこむと思われる、芸術的で象徴的な諸要素が作用していた。主要な要素は、都市生活の文化的諸局面に対するより広い関心であり、新しい型の市民的誇りの出現であった。

シカゴ大学が万国博覧会開催跡地近くに設立されたことは、この精神の具体的な表れである。しかしそれだけではない。(4)

一八九三年の精神は、一九〇七年のシカゴ都市計画（City Plan）において花を開かせた。商業クラブやダニエル・バーナム（Daniel Burnham）の創案である。さらに広く正確な意味では、シカゴ市民の新しい生活の表現であった。それは、都市生活の新しい段階を認めるものである――つまり、そこにおいては経済的実用性と同様に、都市の芸術や美観も位置を占めるのである。技術的にみれば、シカゴ都市計画の中では、美と実用性、機能と様式といった要素が統合されている。というのは、これらの諸要素は、都市設計をすすめる上で、お互いに矛盾しないことが明らかになったからである。やがて、明確な意識をもって都市建設をするという発想は、大きく広まり、将来の発展する方向に対する、市民の理解の一部となった。要するにシカゴは、単に無計画・無目的に成長したのではなく、意識的に建設されたのである。

ミシガン通り拡幅とレイク・フロント開発（Lake Front development）はこの改革の象徴であった。これらの事業はそれ自体単体でも重要であったが、そればかりではなく、都市建設の新時代、都市の発展と進歩に関する、都市概念の変化を表すものとしても重要であった。たしかに、都市が発展していく初期段階につきものの、汚職（graft）や収賄によるスキャンダルも発生した。それでもシカゴ自身に対する姿勢の革命的な変化の始まりを告げた。入念に作りあげられた公園や並木路は、成行きまかせの精神から統御する精神へ、野放図な成長から方向づけられた計画へ、不動産ブームから用語の最も広い意味での都市建設へ、という、シカゴ精神（Spirit of Chicago）の内なる変化の具体的なあらわれであった。都市計画に基づいて地域地区計画（Zoning）が定められた。そして市民生活を組織化しようとする市当局の意向で、地域計画に従って建築計画（Housing）が、すすめられるようになったのである。

こうして、大火災による破壊と再建、市の拡張と万国博覧会の建設、そして都市計画の時期という三段階は都市の生命と発展からすると重要な段階であり、この都市のエスプリ（esprit）や政治的態度と政治的気質を、理解するうえで本質的といえよう。

しかし、一方においてはシカゴの統一は、分裂を引き起こす方へと向かう諸勢力によって、おびやかさていた。州はシカゴに、地域の多様な問題を処理するに足る権限を認めることに、消極的であったが、それは一つのシカゴの代わりにたくさんのシカゴを作り出す結果をもたらした。こうして発展していき、それにともないクック郡の圧倒的多数の人口と財政力を、包含するようになった。ほぼ同数の選挙人を有する、二つの自治体が存在するようになった。複雑に錯綜したクック郡政府と、シカゴ市政府である。二つの行政機関は、選挙人の数こそ同じではあったが、機構は異なるものであった。シカゴの水道の水質汚染が原因で、下水処理を中心業務とする衛生地区（Sanitary District）が設置されるようになった。主として財産と住民に関する限りでは、シカゴに属するのであるが、法律上は別の自治体であり、独立した行政単位として、統治される必要があった。公園委員会（Park Board）が組織された時、市当局からは独立した、固有の地位を与えられた。南部公園委員会（South Park Board）の委員は、クック郡巡回裁判所（Circuit Court of Cook Ccunty）の裁判官によって、選任されなければならないとされていた。しかし、リンカーン公園委員会（Lincoln Park）や西部公園委員会（West Park Boards）の委員は、州知事がスプリングフィールドで指名することになっていた。

こうした分裂の要因に加えて、まもなくシカゴ市内から、郊外への人口流出が始まった。初期のシカゴは精力的な併合運動による人口移動を追求し、それに遅れをとらず、面積を四倍にまでも拡張した。一八八九年が頂点であった。しかし、後には、シカゴは人口移動に対応できなくなった。経済が繁栄した時期には、近郊交通手段のめざましい発展と、自動車の普及によって市民はかつてなかったほど市域外へ転出していった。シカゴは市域内に人口のすべてを包含できなくなっていた。一九一〇年のシカゴの人口は、二一八万五、二八三人で、都市地域では、三〇四万七、三二四人であった。一九二〇年には前者が二七〇万一、七〇五人、後者が三八五万八、八一八人になった。この傾向は、その後一〇年間の人口移動によってさらに強まった。一九三〇年にはシカゴに人口が三二八万、そして都市地域では、四九〇万人になるであろうと予想されている。シカゴには行政区域外で全人口のかなりの部分、およそ三分の一が生活している。最大の理由は経済的、職業的なものによる。こうした状態が、都市生活とコミュニティの成長に対して持つ意味は、いうまでもなく明白である。

シカゴはここ三〇年の間に、まず地方自治体に属すると思われる、コミュニティの各部分を合併させようとし、物理的統合の問題と闘ってきた。統合がなされていないことでシカゴは政治的コミュニティに度外れた負担を負わされ、行政組織や行政規準の問題をはるかに困難なものとした。シカゴからの人口流出は、流入よりも困難な問題であった。市区域の分離だけでなく、人種の統合や再編成の問題も生じた。さらに、同時に起こったこの問題は、市政の歩みを非常に複雑で、しかも困難なものにした。シカゴにおける政治の全過程は、都市の歩みにとって極めて重要な、こうした運動に照らして解釈されなければならない。

もちろん行政区域の分裂という問題は、シカゴ特有のものではなく、世界中のあらゆる大都市において、共通の問題である。しかし、行政区域の分離と人種の不統一とが、同時に問題となることは、アメリカ以外の国ではめったにない。アメリカでは、その実例が、あちこちにみられる。特に顕著なのは、ニューヨークとシカゴなのである。

フランス人が発見してから黒人が移住するまで、つまりシカゴが近代都市として成長する過程では、シカゴの社会構成には、他にも顕著な特徴がある。大ざっぱにいえば、フランス人がシカゴを発見し、アメリカ先住民が定住して、世紀のなかばとそれに続く一世代の間では、ドイツ人、アイルランド人、スカンジナビア人が大勢を占めていた。九〇年代から世界大戦までは、イタリア人、ポーランド人、ロシア人、ボヘミア人が第二線にいた。最初にシカゴに定住したのは、バプティスト・ポイント・ド・セイブレ（Baptiste Point De Saible）という有色人種であった、という伝承があったが、それにしても有色人種は圧倒的過ぎた。

シカゴ発展の初期、シカゴ住民の大半は、東部すなわちニューイングラド、ニューヨーク、ペンシルヴェニア、オハイオ州の移住者からであった。とくに河川交通が北路と南路の交通に都合のよかった頃には、ケンタッキー、ヴァージニア、その他の南部諸州からも多数の人々が移住してきた。西部への移住が終わると、周辺のありとあらゆる中西部地域から、東部や南部からも多数の人々が流れ込んできたし、無論、海外からも続いていた。現在では異様に思えるかもしれないが、アメリカ党〔訳注3〕(Know Nothing)が結党され、一八五五年までは一〇〇%純粋なアメリカ人だけが、市長に選出された。

全人口の中でアメリカ先住民が支配的であったのは、わずか数年のことであった。一八六〇年までには、外国生まれの人口比率のほうが高くなったが、その優勢は一八七〇年代までで、それ以降、割合はやや減少し始めた(5)。ところで、初期のころシカゴの都市生活は、ドイツ人やアイルランド人によって色づけられていたが、現在でもなお残っている。たとえば、一八四六年というまだ早い時期に、ドイツ系住民は、チャールズ・バウムガルテン(Charles Baumgarten)を街路管理者(street commissioner)として任命拒否することに真向から反対した。またノルト・ザイト(Nord Seit)は往時の人々によってつけられた名で今だに知られているし、シャンティ・タウン(Shanty town)という名称は、昔をしのばせる。この二つの移民グループの第二世代は産業的、社会的、政治的にも組織の中に、深く編み込まれている。

一八九〇年代以降、ポーランド人、ボヘミア人、ロシア人、そしてイタリア人たちが新しく移住してきた。彼らは、近年になるにつれて、他の国々の移住者を凌駕する勢いである。もっとも第二世代を含めた数となると、新移民の方が少ない。しかし各国からの移民が、コミュニティの産業的・政治的発展に重要な要素となっていることを考えると、彼らの存在なしには、シカゴの発展は全く考えられない。さまざまな移民の中で、最も変動の少なかったのは、スウェーデン人やノルウェー人を含めた、スカンジナビア人であろう。一八五〇年代に初めて移民して以来、多少その数には減少が見られたが、第一次世界大戦まで絶えず続いていた。そして、スカンジナビア人の第二世代の移民たちは、シカゴの社会生活や政治生活の重要な個所に確固たる地歩を固めている。

移民の最後は有色人種である。第一次世界大戦が勃発した際、海外からの移民の受け入れを停止した。それと同時に国内からの移民政策も変更し、南部や北部からの人々の移動が始まった。ミシシッピ、ルイジアナ、アラバマ、ジョージア、他の南部の各州からかなりの数の有色人種が移住してきた。こうした有色人種の移住はシカゴの住環境、産業構造、地方政治に、重要な関わりをもった。この事情については、後に全体として政治状況とも重ね合せさらに詳しく述べることにする。(6) シカゴの有色人種の人口は一九一〇年までに、四万四、一〇三人となった。一九二〇年には一〇万九、五四八人にまで増加し、現在、黒人は二五万人と推計されている。(7)

人種の増加や構成についての数字を列挙した統計表は、一見退屈きわまりないものではある。だが古くからのシカゴ精神を把握しようとする者には、念入りに調査する価値が十分にある。というのは、こういった無味乾燥な近づきがたい統計表からこそ、巨大な世界的都市が持ちあわせている、さまざまな傾向を学ぶことができるからである。ニューヨークは別として、世界中の大都市でシカゴのように、複雑で難解な社会問題を処理しなければならないコミュニティは、まず見当たらないであろう。移民たちの成功と失敗、西部の平原地帯に投入された種々雑多な移民たちの適応や妥協についてのさらに重要な分析は、まだ書かれていない物語であり、実際に、ほとんど輪郭もとらえられていない。なぜなら、現代社会史家はいまだシカゴを把握できていないのである。シカゴは今まで述べてきたような状態にあるが、こういった基本的事実だけで即断してしまったのでは、現在そこに住み、理解しようと努力している移民たちがその都市を知ることは出来ないだろう。

ひとつの例外を除けば、シカゴは一〇〇年もの間、世界で最も巨大な人種のるつぼであった。ヨーロッパの都市では、異人種間の関係は融合どころか、闘争を生ずる方が多い。アメリカでは、ニューヨークは、シカゴよりも数値のうえで巨大であり、財政的にも勝ってはいるが、産業的背景についてはシカゴのほうが数々の点でずっと複雑である。

例えば商業と農業の併存といい、鉄道輸送への全面的な依存からして、ニューヨークよりもはるかにアメリカらしいといえよう。それだけに、シカゴの産業と政治の歴史は、都市を活性化させ、成長させるこれらの要素を考慮に入れなければ理解できない。

そこで、大雑把にいえば、本書は、シカゴの発展の著しい特徴を、素描しているのである。すなわち、産業組織の上では二度にわたる重大な時期があり、都市改造や都市構造の発展では三期に分けられ、さらにシカゴの人種構成をもたらした移民については、三つの波がある。こうした素描を重ね合せ、それぞれの連続した時代を織りこませ、合成された画像を提示することも、もちろん可能である。あるいは読者自身が、合成をすることも、多分に可能なことであろう。だが本書の当面の目的は、シカゴの景観が、変貌をとげている主要な特徴を略述することで十分である。シカゴの歴史を概説したように、どのようにして今日にいたったのか、模索することである。

シカゴの政治史は、有名な二つの紛争を抜きには考えられない。シカゴの地方政治の将来に、明るい光を投げかけたものであった。一つは、地方自治に関する争いである。もう一つは、収賄や利権に対抗して公正さと権限を問いただした争いであった。たえまなく打ち寄せる時代の波の周期のもとで、こうした争いはある一定の間隔をおきながら、約六〇年間にわたって、シカゴを巻き込んできたのである。この報告以上に、現代民主主義の歴史におけるドラマティックな出来事はない。というのは、新しいコミュニティが、一部分として州に適応しようとする数々の努力を示しているからである。すなわち、その領域内の多様な要素の調停と適応への努力であり、さらに、正義、秩序、進歩の基準を維持し、世界の大都市のひとつとしての威厳と力をもつための努力である。

シカゴは、一八三三年に法的な組織である村となり、一八三七年には市に昇格する許可書を得た。しかし人口が急増して都市独特の行政需要が増えてくると、許可書は全く不相応なものになってしまった。その規模や行政需要において、イリノイ州の田園地域や村落とは、全く比較にならない、コミュニティの行政府となったのである。当然のことながらそれに適した力を得るために、長く辛苦に満ち、しかも終わることのない闘争を開始したのである。十九世紀の半ばには、都市として持っている権力が不充分であることは、明らかとなっていた。しかし、市当局がその不十分な条件を改善できるようになるには、一八七〇年の新州憲法制定まで待たねばならなかった。シカゴが起こした啓発的な論争には、直面した諸困難が満ち満ちている。すなわち、それは急激に変化している産業・都市時代において、村落コミュニティが制限をうけるものであった。また腐敗した市議会の介入を、継続的にうけやすいものであった。一八六五年に制定された九九年法（99-year Act）では、各界の代表者による断固たる抗議にもかかわらず、この法律によって、街路支配権（rights of Chicago over its streets）は輸送会社に譲渡されてしまった。この法は、一連の小さな背信行為を通じて注目をあびることになった。その後制定された一八七〇年の州憲法は、当時にしてみれば自由主義的なものであった。議会の介入を防ぐ一方、州内のすべての都市が権力をかなり幅広く行使できるように規定したものであった。州憲法によって、しばらくの間、シカゴは膨張していた大都市が被る苦痛から解放されたが、長くはつづかなかった。(8)

シカゴは十九世紀の最後の一〇年間、人口一、〇〇〇人程度の村落とはまったく性格を異にする、巨大都市の自治体にふさわしい権力を獲得しようとして、再び努力するようになった。何年間もの曲折を経て、一九〇四年に憲法改正が可決された。シカゴにおいて、あるいはシカゴのために都市を救済する権限を構想したり、地方政府の組織を整備するための法律制定権能を州議会に与えることになった。新しい方針は、シカゴ市民のレファレンダム〔訳注4〕（referendum）投票によって成立をみた。しかし、州議会はシカゴ市当局から提案された、有権者に受け入れられそうな計画を立法化することに不同意の態度をとった。この行き詰りのために、政治と産業の活動は支障をきたした。シカゴは二〇〇万の人口をかかえていたにもかかわらず、自由で敏速な人と商品の流通に依存している発展途上の都市に欠くことの出来ない、輸送やコミュニケーションについての複雑な諸問題を処理する権限を、与えられていなかった。例えば、州議会の特別法がなければ、新しい市営の埠頭で帽子をチッキに出したり、ポップコーンを売ったりする権限すら与えられなかった。

その後、都市の規模を基準とした特別な「任意採択」(adoptive)法や他の法律により、いくらかの救済策もとられるようになったが、これらの法的手段だけでは大都市の問題を処理するには、不十分であった。そこで結局のところ、シカゴは悪循環に陥ってしまったのである。つまり基本となるべき目的を、達成させることができなかったために、権力は真に権威のあるものとして認められず、権力を持たないがゆえに目的達成がいよいよ危ぶまれていくといった事態を繰り返すことになったのである。コミュニティの運命にも、残念ながら極端な影響をおよぼした。つまり、都市区域のあらゆる重要事業が、遅延したり困難に直面したりするようになった。

そのほかにもシカゴの行く手には、新たな障害があらわれはじめていた。シカゴのような大都市が、その権力を強化しはじめると、州議会に送りこむ州南部の議員の数が限られるようになることを、州南部が恐れ始めたのである。当初、州政府はシカゴに無関心で、どちらかといえば無視するような態度をとっていたが、急速な発展に直面して、いまや敵対心を持ち始めた。たとえば、イリノイ州議会では、シカゴ選出の議員を恒久的に制限しよう、というキャンペーンを始めた。合衆国憲法には、「州議会への選出議員定数はその人口に比例するものである」、との条項が明白に示されており、州議会議員もこの憲法の規定に、厳粛な誓約をたてていた。しかし議員たちが良心の呵責すらも感ぜずに誓約を破れば、違約した都市は制裁を受けなければならないとされていた。しかし州議会は立法化を拒否し、議員定数の再配分を行おうともしなかった。そのため一九〇〇年以来、新しい選挙区は一つも増設されていない。およそ三〇年の歳月が流れ、もちろん人口は増加したが、それに見合った州議会の議員定数の増員は、全く行われないままであった。

シカゴの人口は一九〇〇年に二〇〇万七、六九五人、一九三〇年には三五〇万人に達した。しかしそのうち一五〇万人の市民に対応すべき議員は、選出されずにいた。一九〇〇年に選出された上院議員は一七名で、一九三〇年になっても増員されず、将来も見込みは極めて少なかった。(9) それは下院議員においても同様であった。イリノイ州の最高裁判所は、一〇年ごとの議員の再配分を規定している憲法の条項は、必ず順守されるべきものであると判決を下したが、その条項を法的強制力によって、実行させることはできなかった。

シカゴの地方自治権と議員数の問題は、一九一九年から一九二〇年にかけての憲法制定会議で議論の中心となり、数カ月の間、激しい論争が続いた。結局、妥協案は次のとおりとなった。国会議員は、恒久的に上院か下院のどちらかに制限する。そのかわりに州憲法で認めた、地方自治権を与える。イリノイ州、シカゴ市の双方ともに多くの留保条件を付けることになったが、後に行われた一般投票で、シカゴの有権者はこの妥協案を、圧倒的多数で否認した。シカゴの有権者は、議員数の恒久的制限という犠牲の代償として地方自治権を獲得する、ということに抵抗したのである。

やがてシカゴと州との敵対関係は、シカゴの勢力が増大していくことへの漠然とした恐れというほかに、これといった理由もないままに、ますます進むことになった。具体的に、その対立はシカゴ商工会議所条例（regulation of the Chicago Board of Trade）、シカゴの牛乳配給（city's milk supply）統制、ガソリン税、禁酒法（dry law）の強行、その他さまざまな議論をひきおこす問題をめぐる闘争にあらわれている。そして、シカゴは、州として独立するという、決して不可能ではない申請を討議しはじめた。そのころイリノイ州の二つの区域の隔りが次第に広がり、社会的諸条件と経済的諸条件に生じた格差が、分離を促進するようになっていた。

しかし、一方では輸送手段やコミュニケーションの発達によって、都市と周辺部とはさらに近くなり、とくに産業や文化を通じての連携は不断に緊密になっていた。そうした状況から、州南部の都市もついにシカゴが要求しているのと同様な、地方自治権の獲得に対して関心を高め、活発な活動を開始したのである。そして地方行政の上で共通な自治権獲得闘争のためにシカゴと協力するまでになった。

今日までシカゴ市民のとってきた、政治的態度の中心的意味を理解するためには、シカゴ政府の半世紀にわたる地方自治権獲得闘争（half-century struggle for local home rule）に、光をあてて解釈されなければならない。最終的には、この問題を通してシカゴが統合されたわけである。都市大衆の多様な要素を結びつけたのは、統治上の主要な論争や他の要因ではない。そうではなく、州がシカゴに対し州議会の適正な議員数を認めなかったことや、コミュニティが地方行政の自治権を得たいとする妥当な要求を認めなかったことで、市民が州に共通した反発の感情を持ったことによるのである。

他の大都市、たとえばパリ、ロンドン、ベルリンといった大都市では、そこを首都にしている国の政府が、ある程度支配している。すなわちこれらの都市は、中央行政管理機能を果たす強大に発達した諸機関によって、国家からの監督を受けている。だがイリノイ州の場合は、都市の地方行政を中央で管理しないかわりに、地方自治もなかった。そのためシカゴには、自由人が持つ自由がなかった、つまり奴隷のように保護や監督のもとに置かれる、という世界の大都市に類をみない状態にあった。

これは大都市生活の重要な側面であり研究に値する。

これまで述べた以外に、シカゴの歴史で起こった大きな中心的な闘争といえば、汚職や利権（spoils）に反対して、公正さと権能を求めた闘いであった。それは、一方では政治が知的に運営される態勢をつくることであり、他方で政治がコミュニティの意志を反映するように、技術的に合法な行政を構築する努力であったといえる。

一八三三年、シカゴが誕生した際、猟官制〔訳注5〕（spoils system）を受け継ぐことになった。ジャクソン流民主政治〔訳注6〕の遺産であり、当時の制度に合わせて採用された。当初、まだ小さく行政府の職務も単純であったので、この制度はそれほど障害を生まなかった。しかしシカゴが成長し、行政も複雑になり、公務員の数が増えるに従って、猟官制は市民から不当な代償をとりたてるようになった。そして猟官制に便乗して政治に関わろうとする流れ者、いかさま師、ギャンブラー、ギャンブルの胴元、また売春業者や犯罪議員があらわれ、獲物をさがして歩きまわるようになったのである。彼らは、同時期にニューヨークで勢力を張ったタマニー派〔訳注7〕（Tammany）のような、中央集権的な根強い組織にこそならなかったが、地方政党組織、地方のスキャンダルは激増していった。シカゴにはニューヨークやフィラデルフィアのように、世論を無視して完全に組織化された政党組織のボス〔訳注8〕は、ほんの一時期たりとも存在したことはない。これは奇妙な事実である。けれども狭量で封建的な猟官制のボスたちは、経済、秩序、正義といったものを、つぎつぎと破壊していったのである。

南北戦争時代以前（Pre-Civil War）にまでさかのぼってみると、シカゴは奴隷制度に反対した町（antislavery town）であった。事実、「地下鉄道」〔訳注9〕（underground railway）の拠点でもあった。逃亡奴隷裁判は一八四〇年代の特記すべき事件の一つに数えられている。事件は、逃亡者が、群衆を頭越しに逃げ、騒動を利用して消え去ったというものである。しかも、この「黒人暴動」（negro riot）で罰せられた者は誰もいなかった。一八四七年からの住民であり、人々の支持を得た人物にスティーヴン・A・ダグラス（Stephen A. Douglas）がいるが〔訳注10〕、彼の妥協的なやり方に憤懣を覚え、業を煮やした群衆が、一八五四年に街路を歩行中の彼を追撃した。また、ヴァン・ビューラン（Van Buren）は、一八四八年に自由土地政策〔訳注11〕（Free Soil Ticket）をシカゴで訴えた。その後一八五六年には、フリーモント〔訳注12〕（Fremont）が、共和党政策を訴えにきた。

すでにこうした初期の時代においても、シカゴは後にまで見られるような性格を有していた。自由には強く賛同し、奴隷制度には徹底的に反対した。しかし同時に酒類の自由化には、賛成であった。一八五五年のビール暴動（Lager Beer Riot）は、こうした傾向を具体的に示すものである。暴動は、興奮剤ともいうべき酒類の販売に関して、当局が日曜日休業法〔訳注13〕（Sunday closing law）を強制執行しようとしたことに対し、群衆が抵抗しておきたのである。結果は数人の負傷者を出しただけで、処罰者は出なかった。

かつてリンカーン（Lincoln）が唱えた理想も、またシカゴが都市として発展してくる過程に、影響を与えた。とくに、当時、リンカーンはその名を知らぬ者がないほど、人気があったので、おそらく市民の政治的性格に強烈な影響を及ぼしていたにちがいない。ドイツ系住民は、一般的なスカンジナビア系住民やアイルランド系住民の大部分と同様に、星条旗に従った。「真面目なリンカーン」（Honest Abe）がその時代のシカゴを救った、というと言い過ぎかもしれないが、それでもやはり、当時の市の全体的な状況を正確に評価するためには、欠かせない人物であったといえる。リンカーンの精神を受け継ぎ、最もよく反映させた人物はだれか。それは、堂々とした六フィート六〇インチの身長と三〇〇ポンドの体重、落ち着いた性質などで「のっぽのジョーン」（Long John）と親しまれたウェントウォース（Wentworth）（市長在任一八五七—一八六〇年）にほかならない。

戦時中の勇者をもう一人挙げるとすれば、それは、ジョセフ・メディル（Joseph Medill）である。彼は「シカゴ・トリビューン」（Chicago Tribune）紙の編集長であった。彼は、活動にすぐれた実権を示すと同時に、アメリカ合衆国のためにも勇気ある闘士であった。彼は、一八七一年、「防火都市」政策（"Fireproof" ticket）を掲げてシカゴ市長に当選し、賞賛に値する首長になった。しかし、日曜日休業法を強行したことによって市民の支持を失い、その結果、ワイド・オープン・タウン（wide-open town）つまり、ギャンブルなどに対して法規制のかなり緩やかな町を基盤にした、良識のない市長が選出されるような下地をつくった。メディル市長は現在までのところシカゴ市民の投票で選ばれた、最後の禁酒法推進論者の市長（dry mayor）であった。

ところで、アメリカで自治体の腐敗が広がっていっていた当時、すなわち一八七九年から一九一五年にかけて一〇期以上の長期間にわたってシカゴ市長を勤めたハリソン「王朝」（Harrison dynasty）のもとでさえも、タマニー派がニューヨーク市やフィラデルフィア市で行っていたような、想像を絶する横暴はまったく、存在していなかった。ハリソン一世（elder Harrison）は一八七九年から一八八七年まで市長職にあったが、一八九三年に暗殺されると息子が一八九七年から一九〇三年、さらに一九一一年から一九一五年と父親の後を継いで市長となった。

カーター一世（Carter the First）は、シカゴ大火災の後始末からシカゴ万国博覧会の準備までの期間、市長であった。彼の施政方針については時として、新聞、改革主義者、そして、聖職者（clergy）が辛辣な批判を浴びせた。しかし彼はあくまで、シカゴを、当時のアメリカの諸都市の水準以上に発展させようとした(10)。この愛すべきケンタッキー紳士の個性的な姿は、およそ三〇年の間、市政にその影を落としていた。とるにたらないボスは何人も出たが、指導力のある者は現れなかった。たしかにそこでは、はした金ではあるが公金横領が行われ、ギャンブラーや売春婦もいた。しかし、そういった者たちでさえも、隠れ忍んでいる限り厳しく追及されることはなかった。シカゴでは、アメリカの諸都市において日常化していた、政治腐敗を企む強固な組織が、台頭する機会は全然なかった。

ジョンソン（Johnson）は、カーター一世の性格を次のように特徴づけている。「彼は、多数の人々に支えられていた。その理由はこうである。彼にはボスがいなかった。また、だれをも大目にみることはなかった。いかなる階層、人種、主義主張をとなえる者とも友情をとりかわせる力があった。さらに、どんな社会問題、政治問題に対しても自由な観点を持っていた。また、質素であり、誠実であり、市長としての業務に対し厳しく心配りをしていた」。一方、ハリソン一世は、アメリカ中西部の人口が集中したコスモポリタン的都市の性格と当時の状況に添うようにコミュニティの政治的「性格」（character）を打ち出していった。さらにシカゴに、後々まで長く影響を及ぼすことになった政治態度や、リーダーシップを強調するようになっていた。一八九三年、彼は光栄にも、万国博覧会を主催する市長として選出されたが、それが最後の栄誉となった。不幸にして、この博覧会の最中に暗殺されたことは、当時のいたましい事件のひとつであった。

ハリソンの死を待っていたかのように、猟官制がもたらした勢力が目立つようになり、ヤーキス－ロリマー

(Yerkes-Lorimer)連合の指図のもとで、彼らはシカゴ中に勢力を張るようになった。市議会(the City Council)では、信じがたい腐敗の期間がはじまった。一方で、〔イリノイ州の州都〕スプリングフィールドにあり、腐敗の影響を受けやすい市議会は、住民から、その街路支配権を剝奪する立法措置をしようとしていた。しかしこれに憤った市民にも、打開策がまったくなかったわけではない。スプリングフィールドにある州議会では、演説者が椅子から強引に連れ去られ、反対する市民から、認められた時間だけ、議席に戻ることを許可される、という騒動までおこったのである。

この騒動より以前に、温厚な「国王」(king)コールという愛称でよばれていたジョージ・E・コール(George E. Cole)が新しく組織した、「地方自治有権者連盟」(Municipal Voters' League)に指導された改革運動がおこっていた。このような改革運動とあいまって、市議会は、周到かつ慎重に計画され、粘り強く執行されてきた行政の成果をもとに、次第に清廉潔白で健全な土台を築きあげた。このような緻密な努力があってこそはじめて、シカゴは、二〇年間にわたって、合衆国でも最もすぐれた地方議会を堅持することができたのである。結果として、地方公務員法(civil service law)制定、選挙管理制度(conduct of elections)改正、税制(taxing machinery)改正、新しいタイプの地方裁判所(municipal courts)の登場、さらに議会に漂う清潔な精神、職務に最も適任であると思われる市長や裁判官が誕生するきっかけとなった。活気を取り戻し、新しい自治体としての道を前進して行った。

ハリソン二世(Younger Harrison)が父親の後を継いで、市長に在職していたのは、一八九七年から一九〇三年、一九一一年から一九一五年の期間であった。父のような理想主義者ではなく、政治的な現実主義者であった。しかし、ボスに支配された猟官制や汚職組織が膨張していくことに敵意を抱いていた。さらにシカゴを征服しようという野望をもつ、ひとすじ縄ではいかない猟官者とは、相容れなかった。改革派勢力の指導に従わなかったが、改革派の敵愾心をあおるようなことも行わなかった。彼は終始一貫して、シカゴが最悪の型である猟官者たちの軍門に下ることを防御したのである。コスモポリタン的なコミュニティ（cosmopolitan community）の精神を導入し、そのコスモポリタン的な持味から圧倒的な支持を得た。だが彼は、「制圧する」（clamp down lid）ようなことはなかった。しかし支持者にとっては遺憾なことであったが、任期の最後に組織的な「赤線地帯」（red light district）を解体したのである。

その後、第一次大戦に伴う惨禍がシカゴを襲った。一八九〇年代に結成された、ヤーキス－ロリマー連合は、一九一五年にトンプソン連合（Thompson Combination）に姿を変えて蘇った。この時期、猟官制がさながら害虫のようにシカゴを喰い荒し、市庁舎は腐敗と無能力の象徴と化した。シカゴは、ハリソン市長の任期の終わりにあたる、一九一五年の隆盛期を頂点にして、その後、コミュニティに対する市民の理想は後退してしまい、歴史上、最も陰うつな低迷期に陥ったのである。事実上、市議会は崩壊し、行政サービスは不正利得の手段に使われ、選挙組織も汚染され、悪の手は教育や法廷にまで伸びてきた。シカゴは、都市として避けがたいタイプではあるが、安っぽい発展の展示会（pageants of progress）から、黒人居住区（Black Belt）の流血の人種闘争までを並べた、はなばなしい外観をともなった、偏見と激情と強欲に満ちた都市となった。

こうしたスキャンダルの全盛期には、教育委員会の評議員（school trustees）が組織をあげて告発されるという大規模な事件まで起こった。この時はディーヴァー（Dever）が市長に就任してことなきを得た。市民水準が著しく向上したのは、彼の特記すべき功績によるものであった。

しかしながら、トンプソン市長が「アメリカ優先主義」（America First）で擬装し、その実は、禁酒反対の政策を掲げて返り咲くことによって、再び汚職と悪事三昧が始まるのである。それは過去の汚職と比べてみても最も恥ずべき、不名誉きわまりないものであった。新市長が猛烈な勢いで市を支配しようとしたため、教育界で汚職がはびこったことを手はじめとして、市行政のすべての部局にいたるまで汚職は拡がった。愛国主義の仮面をかぶった無法者が、教育を喰い物にしたことは、輝かしい現代社会に特に悪評のある、政治的な海賊行為を再演することであった。このことが原因になって、一九二八年の反乱（Revolution of 1928）がおこった。有権者たちは、当初、誰もが征服不可能と見ていた選挙組織を崩壊させ、堕落を終結させ勝利した。不正摘発に熱心な州検察官の選出をきっかけとして、放埒な汚職による支配に終りを告げさせ、地方政治の信用も復活し始めた。自治体の志気が回復し、再建したり再組織しようとする勇気と機能がみられるようになり、シカゴのあらゆる方面で実質的な発展が始まった。

この時点から、市政を臨床的に観察しようとする環境が生まれてきたといえるかもしれない。

（1） J. Paul Goode, *The Geographic Background of Chicago*; F. M. Fryxel, *The Physiography of the Region of Chicago* を参照。

（2） 初期のシカゴ発展の概要については Riley, *The Development of Chicago and Vicinity as a Manufacturing Center Prior to 1880* を参照。

（3） 一八九〇年〜一九二〇年のシカゴ地域における人口、農業、製造業の指数。

年	指数		
	人口	農業	製造業
一八九〇	一〇〇・〇	一〇〇・〇	一〇〇・〇
一九〇〇	一四五・九	一一九・一	一三一・三
一九一〇	一八九・三	一一七・五	…………
一九二〇	二三九・七	一一二・七	二三四・一

この表は Jeter, Helen R., *Trends of Population in the Region of Chicago* を参考にした。

（4） T. J. Riley, *The Higher Life of Chicago*

（5） Jeter, *Trends of Population in the Region of Chicago*, *p.34* の二四表はシカゴ地域の外国生まれの人口の相対的パーセントを示している。さらに二七表（*p.44*）は一八七〇年から一九一〇年までのシカゴ地域における外国生まれの比率を明らかにしている。

（6） 第五章を参照。

（7） 黒人人口が激増したのは一八六〇年～一八七〇年と一八九〇年～一九〇〇年である。

（8） Sparling, *Municipal History and Present Organization of Chicago*, 1898.

（9） シカゴと州の対敵関係の詳細な研究は W. B. Philip の著名な専門研究書 *Chicago and the Down State*, 1870-1927, を参照。

（10） C. O. Johnson, *Life of Carter H. Harrison I* は実力のある指導者を見事に分析している。W. H. Stead, *If Christ came to Chicago*, 1894, と比較せよ。

訳注

〔1〕 ヘイマーケット暴動（Haymarket massacre）。一八八六年五月三日、労働組合の一つである「労働騎士団」（Knight of Labor）が指導して、シカゴのマコーミック穀物会社（Mc Cormick Harvester Company）の近くで集会を持っていた。会社は警官を配備していた。そこにスト破りの一団が、突入してきて混乱したが、組合員に排除された。組合員一名が死亡、組合員、警官の双方に負傷者を数人ずつだした。

警官の暴挙を訴えようとして、急進派が翌日、五月四日に抗議集会を呼びかけた。

四日の当日、ヘイマーケット広場で労働者が集会を開いていると、これを解散させようとして、一八〇人の警官が、動員された。その警官の隊列の真ん中に、爆弾が投げ込まれた。

広場が騒然となるなかで、銃声があちらこちらで響いた。警官七人が重傷、六十人以上が負傷した。市民は少なくとも二人が死亡、多数が負傷を負った。八名の急進主義者が逮捕され投獄された。裁判の結果、一人が懲役十五年、七人が死刑を言いわたされた。実際には四人が死刑執行、一人が自殺という結果になった。有名なクラレンス・ダロウ弁護士は、公平な裁判を求めて、嘆願運動を行なった。

この事件の背後には、労働条件改善闘争があった。すなわち八六年五月一日までに一日八時間労働を勝ちとる、というものだった。労働者は、攻撃的になっていた。当時シカゴは労働条件が、厳しい町であったからである。この時の有名紙の報道は注目に価いする。トリビューン紙は次のように書いていた。七五年、当初の社説では「共産主義者の死骸がシカゴの街頭を飾るだろう」と厳しかった。また八六年四月には、中央労働組合（central labor union）の行進に関連して、「ほとんどが共産主義者……ほとんどすべてが外国人」と断じていた。

この記事の中で、「地方の二〇、〇〇〇人の労働者が八時間労働を勝ちとり、六二、〇〇〇人がストライキを構える準備をしている。シカゴ市民はヒステリーに罹った」と嘆いている。少なくともこの時点で、シカゴのマスコミは、批判的であった。

〔2〕プルマン・ストライキ（Pullman strike）。一八九四年に、全米を覆いつくすほど、大規模に行なわれたストライキである。当初、プルマン寝台・特別客車会社（Pullman Palace Car Company）の二、五〇〇人の労働者が、社長であるG・M・プルマンの度重なる賃金カットに、反発して起したストライキである。話し合いが難行し、六月二六日には、米国鉄道労働組合（委員長の Eugene Debs）が、操業を放棄した。六月末までに全米の鉄道労働者に波及して、広がる勢いとなった。

この騒ぎに、司法長官のリチャード・オルニー（Richard Olney）は、三、六〇〇人の労働者に、列車を走らすよう命令し、連邦裁判所も妨害しないように、警告を発した。しかし暴徒が、郵便貨車を襲うという実力行使に出たので、クリーブランド（Cleveland）大統領は、シカゴに軍隊を出動させた。とりあえず七月下旬には、軍隊の管理下で、列車は走ることとなった。

とりまとめのために間に入った、イリノイ州の仲裁も、不調となった。一八九五年、連邦最高裁は連邦政府の労働組合に対する、対応策を支持する判決を出した。しかし、労働組合活動は、各業種ごとに結成され、一九〇〇年代初頭には、組合員二百万人を超すまでになっていった。このストライキ事件で二〇名が死亡し、多数の負傷者が出た。

〔3〕　アメリカ党（Know Nothing）。ノー＝ナッシング党ともいう。アメリカが、移民という労働力によって、辺境地（frontier）を開拓してきたことは事実である。

しかし、すべてが単純に、進んだわけではない。例えばプロテスタントは歓迎しても、カトリックは排斥されることもあった。さらに犯罪者の移民も思想犯は、一般刑事犯よりも拒否されることは少なかった。移民のなかには、先住民と同化しないで集団を形成し、母国語や風俗、習慣をかたくなに堅持しようとするものもいた。全世界とりわけヨーロッパ、アジアなどからの移民が、その地域に目立ってくると、人数のうえで移民に占領される恐怖感も、先住民に生じてきた。

その不安に乗じて、熱狂的に愛国主義を持つ多くの秘密組織が誕生した。それらは一八五〇年に大同団結して「星条旗結社」（Order of the Star-Spangled Banner）と名のり、それらが「アメリカ党」（American Party）に入党した。

この政党には、特別の政治綱領も規定もなく、何を聞かれても「I know nothing」と答えるのが常であった。そこでアメリカ党と呼ぶよりも、Know nothing Party（知らぬ存ぜぬ党）という名称が、一般に知られるようになった。

〔4〕　レファレンダム（referendum）。州民投票制度。議会が州民の意志と異なる議決を行なった場合、一定数の有権者が一定の数あるいは一定の率を集めて請願をする。

その数や率が規準を超えていれば、一般の有権者に投票を求めて、その議決の採否を決定する制度である。直接民主主義の一例である。

米国におけるレファレンダムの出現は、十九世紀末の議会としての利益分配の機能が、州民一般よりも実業界あるいは特定の組織、団体に偏りはじめたことに放する不信と警戒に発している。

サウス・ダコタ州が一八九八年に採用したことを初めとして、一九〇二年にオレゴン州がこれに続いた。

〔5〕猟官制（spoils system）。政権を獲得した政党や権力者が、情実で官職の任免を決める慣行。ジャクソン流民主主義の一つの型である。この用語の淵源は十九世紀中頃の上院議員ウイリアム・L・マーシー（William L. Marcy）が使用した「敵からの獲物（spoils）は勝利者に属す」（to the victor belong the spoils of the enemy）という有名な文句に表れている。この制度は、当初、官僚制を打破し民衆政治を確立するという崇高な使命を担っていた。しかし、やがて政党人に対して選挙運動の報賞などとして利用されるようになり、腐敗政治の温床となった。この現象が高じて一八八一年には、猟官に失敗した人間がガーフィールド大統領（President James A. Garfield）の暗殺まで惹き起した。

〔6〕ジャクソン流民主主義（Jacksonian democracy）。第七代合衆国大統領のアンドリュー・ジャクソン（Andrew Jackson 民主党）が行った政治運営方法である。

ジャクソン大統領以前の、民主党出身の大統領は、議会に対する指導力と、自分からの職権からくる指導力の均衡を考えてきた。

さらに国と、地方の行政への力の配分も均衡されてきていた。ところが、ジャクソン大統領は、このような民主党の伝統である議会政治を重視すると同時に、それよりもさらに「草の根」の選挙組織に力を入れた。

彼の私的な顧問組織は（kitchen cabinet）と呼ばれた。その由来は、大統領官邸（white house）のkitchen（調理場）に学者などを集めて彼らの意見を聞き討論して参考にしたことからきた。事実この組織は、ジャクソン二期目の時に、一八三二年、第一回民主党全国指名大会を中心的に企画した。

彼が今日まで特徴ある大統領として名を残しているのは、選挙に当選すると共和党党員を、すべての公職から追放して、民主党員を採用したことである。この方法が、長くつづいた patronage（官職任命権）に縛られる国民サービスをつくりだした、といえる。

〔7〕タマニー派（Tammany）。一七八〇年代に、慈善共済組合として設立された民主党の政治団体。ニューヨ

ーク市政上、親分子分関係を背景に不正手段で政治を牛耳った。

〔8〕政党組織（machine）。南北戦争後、米国の政治、経済は大変化の時代に突入した。とくに政界にあっては、全国政党制の萠芽があり、各州、都市、郡の各階層が小単位から順次に上位の自治組織に統轄される、三角形の党組織を構成するようになっていった。このとき、あたかも小さな歯車が、中、大の歯車に順次連絡していき、大車輪を動かすように政党組織（machine）が誕生した。またこれらの小から大にいたるまでの車輪を動かす実力者を、ボス（boss）という。この政党組織は、今日でも米国の政治を動かす重要な鍵を握っている。市議会選挙から中間選挙、大統領選挙にいたるまで、この政党組織が関与せずに集票することは不可能である。

〔9〕「地下鉄道」（underground railway Railroad）。黒人奴隷解放の秘密組織。黒人奴隷は、十七世紀初めの合衆国が英国植民地であった頃から、ヴァージニアなどのプランテーション（plantation）に売買されていた。彼らは牧畜、酪農、野菜、タバコ、製材、鉄工所で働きまた、大工、船員などとして使われた。労働時間は日の出から日の入りまで、食物は、トウモロコシ、小麦粉、動物の足、頭、臓物など所有者が食べ残したり、食べない物であった。黒人奴隷には、年期明けがなかった。南部では結婚もできなかった。もちろん投票権もなかった。南北戦争前より、このような苦境から、逃亡する黒人奴隷も多くなった。黒人奴隷を援助して、北部カナダへ逃亡させようという秘密組織を「地下鉄道」といった。一七九三年の逃亡奴隷取締法が定められたが、黒人奴隷はまだ自由への期待はもっていた。しかし一八五〇年に、この法律が強化されるに及んで逃亡活動は盛んになっていった。「地下鉄道」は、支援者に重大な危険をもたらすので、隠密裡に計画されていった。黒人奴隷の財産権からも人権の面からも、大暴動が合衆国内で勃発しはじめた。警察官がいる法廷から、黒人奴隷を救出することすらあった。支援者は主に、クェーカ教徒（Quakers）、長老教会派（Presbyterians）組合教会派（Congregationalists）などの肌の色を問わない人びとであった。数百人の著名人が参加していた。特に合衆国国会議員のジョシュア・ギディングス（Joshua Giddings）、ゲリット・スミス（Gerrit Smith）がいた。教会関係者は、法律に従うな、

と信者に説教するほどであった。組織の代表はシンシナティのレヴィ・コフィン（Levi Coffin）でメリーランド州のハリエット・タブマン（Harriet Tubman）は黒人の強烈な支援者であった。小説「トムおじさんの小屋」（Uncle Tom's Cabin）のモデルとなったジョサイア・ヘンソン（Joshiah Henson）も逃亡奴隷であった。

「地下鉄道」は主に奴隷プランテーションからの逃亡を助けた。その道筋はオハイオ州やメリーランドの東部海岸で休息し衣服を整えて、安全地のカナダのオンタリオのエセックスやケントへ行くというものであった。オンタリオには一八四〇年までに一〇、〇〇〇人、六〇年までに六〇、〇〇〇人が逃亡した。五〇年には、デトロイトから一日で約三〇〇人が脱走していったこともあり、一年で四、〇〇〇人になった。オハイオ州は、奴隷を認める南部州と南と東が接していたから、逃亡奴隷、その支援者にとって重要な州であった。この秘密組織で一〇〇、〇〇〇人以上の黒人奴隷が、自由になったといわれている。

〔10〕　スティーヴン・アーノルド・ダグラス（Stephen Arnold Douglas 1813-61）。米国の政治家（民主党）。

〔11〕　自由土地政策（Free soil Ticket）。「自由土地」とは、一八四〇年代の政治運動のスローガンであって、奴隷の雇用を認めない地域をいう。当然ながら、奴隷廃止論と軌を一にする。

南北戦争が、一八六五年に終結することによって、名目的には奴隷は、すべてに自由になるはずであった。独立直後は十三州であったが、その内訳は奴隷容認州が六州、奴隷否定州が七州であった。その後に十州が加わったが、それらを入れても容認派、否定派は半々ぐらいであった。

イリノイ州は一八一六年に州となっているが否定州であった。

一八三六年に、メキシコから独立した、テキサス州は隣接する容認州の六州に、併合されないように神経を配るほどであった。

後に一八五〇年の妥協（compromise of 1850）、として名高い取引きが、行なわれた。

メキシコ戦争の後始末として、カリフォルニアを容認州にするなどとし、ワシントンでの奴隷売買を禁止した。しかし南部での奴隷売買には規制をしない、というものであった。

しかし反面、逃亡奴隷取締法（Fugitive Slaves Laws）が、この「妥協」に入っていたため、しばらくは南北戦争の痼（しこり）となっていた。活動家としては、サーモン・P・チェイス（Salmon P. Chase）、ジョンP・ヘイル「John. P. Hale）がいる。特にマルティン・バン・バーレン（Martin Van Buren）は民主党を離党し、自由土地党（Free soil Party）の代表として一八八四年の大統領選挙に出ている。

〔12〕フリーモント（Fremont, John Chanles)。一八一三-九〇年。米国の軍人、西部探検家。最初の共和党大統領候補（一八五六年）であった。

〔13〕日曜日休業法（Sunday closing law, Blue law)。合衆国では一般的にSunday closing lawまたはSunday blue lawと呼ばれている。文字通り、日曜日にはすべての労働、仕事や商行為を禁止する法律。この法律は日曜日を休日と規定して、州、連邦政府の法律や憲法で承認されたものである。

禁止行為は食品、医薬品、ガソリン、新聞などの販売や娯楽施設の経営などを除いて一表となっている。キリスト教などの安息日（Sabbath）の、思想からきていた。ここまでする理由は、国民の健康維持や休日の開放された気分を、高めるためである。十九世紀末から激増してきた海外からの移民、国内からの移住民が、シカゴをはじめとする巨大都市に集中し猛烈な速さで増加した。労働者は休息や教養ということよりも、失業の恐怖から逃れるために過重労働に耐え、休日を返上せざるを得なくなってきた。この法律の廃止も労働者の側から要望されるようになってきた。米国に伝統的に引きつがれてきた家庭、地域の安息よりも、経済優位の方向が台頭しはじめてきたからである。

また日曜日休業法と禁酒法が重複したことによる、住民の反発から批判運動が起こっていた。

第二章　ビッグ・フィックス（Big Fix）

シカゴ八〇万世帯の平均的な関心事には、ギャングの暗躍も、シカゴを建設した人々の華々しい功績も、それほどの比重を占めているわけではない。さまざまなドラマチックな出来事に、心をとどめてはいない。日々の現実という灰色の光につつまれて、日常の生活を送っているのである。だれでもがそうであるように、市民の多くはその日その日の食物、住居、衣服、装飾品、娯楽を考えている。おそらく、彼らは十分に満足していて自分たちに関係の深い政治の動向さえ、傍観しているにすぎない。しかし、シカゴのような大都市生活に、より、明るい面や暗い面の両極端が反映されているかもしれない。そこで、まず、ビッグ・フィックスを、次に、シカゴを建設した人々〔第三章〕をとりあげてみたい。

シカゴには合衆国の他の大都市と同様に、法として知られる大組織に対抗して別に裏の組織がある。この組織は汚職を目的としているが、神を崇める加護〔Protection、保護あるいは目こぼしの意味〕という言葉を使っている。いわゆる裏の秘密結社の名称は、それぞれの時代の隠語によって表わされ変ってきている。たとえばリング（Ring）とかインナー・サークル（Inner Circle）のように時によって巧妙に工夫されてきた。最近のシカゴでは、ビッグ・フィックスがその組織の別名である。この組織には権力をもつボスを中心にして縦に集中管理されている形と、封建時代に一部の貴族の下で、独立して働いた小作地主と同じく、分散して管理されている形がある。反体制運動を行っている者の中には、組織は必要ないという者もいるかもしれない。だが、真実ではない。たしかに、合法的組織に対抗する組織は多くの点でその合法的組織よりもすぐれているところがある。裏の世界は、指導者、政策、経営、規約、慣習、統制が治め、規律は組織化され、正義の世界と同様、無情で、さらに単純で迅速である。組織は、正会員、名誉会員、特別会員、そして特別な危機の際に集められる子分たちの集団から成り立っている。

ある視点から見れば、非合法であり、略奪を企てる部外者ともいえる。が、別の視点に立てば、ひとりの子どものような存在――たとえ、それが合法的な子どもではないにせよ、少なくとも現代社会の私生児のような存在――であることは認めざるを得ない。たしかに、私生児は不幸な運命を負っているかもしれないが、両親は世間の周知するところがある。非合法な組織の両親とは、文明がもたらした慌しさや新奇さに満ちた、生活環境や生活態度である。これらの怪物を認知したくないと考えていても、先方は認知するのである。おそらく、われわれが怪物に驚嘆するのを見て、逆に驚き、さらに詳細に観察してくるだろう。

はじめに、私は、不正、犯罪、汚職が、われわれ自身の人間的生活からかけ離れているとする態度への異議申し立てを表明したい。不正、犯罪、汚職が、コミュニティや社会をそのまま代表するものではない、とするものである。もし、贈賄者がいなければ、収賄者もいなかった。売春婦を求める大きなマーケットがなかったなら、売春婦の組織など存在しなかった。ギャンブラーがいなければ、大なり小なり賭博場もなかった。仕事としての資金提供者がいなければ、〝酒類密売〟もなかった。もし、市政府に一般業務や現業に従事する者がいなければ、汚職者など出なかった、というものである。

汚職や犯罪のすべてが、われわれ多数とまったく関係ない故意の行動であり、悪意のある人々の行為である、と仮定することは、単純すぎて、時として偽善的になりやすい。さらに、簡単に矯正するには、刑法を厳格に適用させることがいい、とする考えも同じである。このような態度が、非現実的だからこそ、暗黒街が繁栄したのである。たしかに、暗黒街についての鮮明な映像は、ある都市の諸条件のもとで、法秩序が崩壊するところから描かれるかもしれない。またそれが真実であろう。だが現実の映像は、都市が再建されてゆく新しい諸条件の下で明らかにされるに相違ない。新しい環境の中で、消滅していく古ぼけた輪郭を検討すれば、事足れりというものではない。

わたしは、暗黒街の分析を続ける中で、その境界が、いわゆる一般社会と重なり合う面も、同時に示していきたい。暗黒街を見るとき、いかに一般市民はその行動が感情に左右され、無視しようとするのだろうか。どうすれば暗黒街の人々のために責任を分担しあえるのか、と考えるべきである。要するに、われわれが見ているのは、暗黒街の人々ではなく、われわれ自身なのである。

ビッグ・フィックスとは何か。それは政治情勢を思うままに動かし、そして法律の網の目から、巧みにのがれようと画策する有力者たちや、その代理人たちが連合した組織である。完璧ではないまでも完全な組織をめざした。つい最近まで検察官、警官、保安官、判事、市長、知事たちさえもが、大きな網の中で互いに癒着しあって、法律の網をかいくぐろうとしてきた。一群の買収者（fixer）には要求できない事柄でも、有利に手心が加えられると考えられていた。事実、汚職者、拳銃所持者、ギャング、暗殺団を序列の高い低いはあるが、庇うことができた。すなわち窃盗犯、詐欺師、乱暴者、必要とあれば、殺人者さえも保護しかねなかった。汚職や利権は、ビッグ・フィックスが登場する以前から蔓延していた。構成員は、縁故と贔屓のシステム（system of Drag and Pull）に順じ、忠実に組織の指令に従って、途切れることのない絶好の機会を待つのである。必要とあれば、闘いも辞さなかった。数千万ドルという、巨額な不正利得の分け前にあずかろうとして、あくことなき欲望につき動かされた多様な大勢の子分たちが、陸続と獲物に群がってきた。例外は、公けに影響力のある、本来はこの事態を批判すべきすべての組織系統が、「買収された」（fixed）のである。合衆国地方検察庁（United States District Attorney's office）である。

ビッグ・フィックスの哲学は、ごく最近の選挙違反事件や、殺人事件のケースに明らかに示されている。共謀者たちはこう聞かされていた。「知事、州検察官、保安官も抱き込んでいる。必要なら判事も。もし誰かが仕事の邪魔をしたら、そいつをつまみ出せばいい。さあ、準備しろ。武装しろ」。

いまや、ビッグ・フィックスはほとんど壊滅状態といっていいほどで、ひと握りの黒幕たちは、密かに肩をすくめて、存在しているにすぎない。彼らはかつては貪欲にふるまい、規律や抑制を歯牙にもかけない勢いであったが、皮肉なことにその全盛期を待っていたかのように、汚職王国（Kings of Graft）は崩壊してしまった。

再組織されることはないであろう。だが、その手法、目的、精神は受け継がれて、勢力と富は復活してくるかもしれない。

ビッグ・フィックスの全体像を眺めると、莫大な収益が目を引くのである。

システムの収益は、非常に様々な財源から出ており、それにも一般的な財源と特別な財源とがあると考えられている。

まず一般的な財源を表にすると以下のようなものである。

〈個人的サービス〉

公務員の財産評価、俸給の分配の評価、半日勤務、欠勤者についての評価、公務員が政党に奉仕した場合の官職任命、昇進、役得。

〈公的預託〉

クレジットの系列や政治的な動きをする銀行から、利益配分の見込みがある公債への投資、ならびに業務。

〈契約、購入〉

厳正であるか、杜撰であるかは別として、明細書付き、サービスと物品購入に関する貸付と契約履行。

〈「保護」〉

最大の目的である密売、ギャンブル、売春、あらゆる犯罪のタイプとその防止。

〈課税〉

合法的にも非合法的にも税の調整と軽減。

〈公益事業〉

サービスに関し、当然納めるべき分担金。

〈制定法〉

法令にもとづく、さまざまな支払いと条例による支払い停止。

〈選挙組織の統制〉

予備選挙及び選挙における五万票相当の割り当て。

〈善意、情実、調整〉

受益者にとって有効な政府の動静を掌握していて、素早く仕事がまわせるように手配しておく。例えば建設事業のように。また、有利な解釈、スピード、優先権、差別的利益が可能であるような、他の多くの場合。

〈臨時収入〉

公的役職からあがる役得、たとえば、貸付金や市場の手当、不動産情報、種々異なるタイプの業務上の利益、後援である。また合法的あるいは準合法的性格の法の実施、契約そして、よい利ざや。

シカゴの財源は、ビッグ・フィックスにとって常に魅力ある利権の対象である。年間歳出で三億ドルもの額のうち、たとえ小額の手数料であっても相当な額であるから、筋のとおったリベートには必ずしも制限を設けない。概して、都市の歳出をみても、コミュニティの歳入や財産と比較して、多額すぎるということはない。だが市民の目からすると、受ける行政サービスは不十分であり、そのうえ負担の配分は不公平であるかもしれない。

かつて、私は間接的にではあったが、取り入ってきた徴税課の職員に、公費の漏出の可能性と通常の漏出の形態について、見取図を求められたことがある。阿《おもね》られているわけであるが、市議会議員という特殊な立場を考慮して断ることが賢明であると考えた。この場合、納税者の納めた税財源の支出の中で、浪費された多様なタイプのリストを公開しないということで、読者はその考察に驚く必要はない。さらに、税金の専門家がこの点で、何か新しい事実をつかむために、リストを詳細に調査する必要もない。ただビッグ・フィックスの主たる収入源が、もっぱら賃貸契約、委託業務の斡旋、物品購入、給料明細書の水増し、給料簿への課税などであることが、示されれば十分なのである。

ビック・フィックスというういわゆる軍隊は国を糧として生きている。というのは、このシステムの兵士たちは、主に公的機関から給与を受けている、ということである。この侵略者の手順は次のとおりである。まず最初に、公的機関の給料簿のリストを詳細に調べる。そして一人でも空きがあれば、古い友人たちの名前をリストに書き込み、邪魔者や、中立者に、無理やり忠誠を誓わせる。次に、これ以上ないという配慮で、公務員の属する行政区や選挙区を点検し、その者をだれが後援しているか、こっそりと監視する。

シカゴにはこの古いシステムが新しい発展もなくそのまま残っている。たとえば、被雇用者課税、月給の分割支給、失業者や十分に働けない者への手当の支給などである。――これらは都市としての標準的な施策であるが、新しい施策にむけての独特の創意工夫はなされていない。かつて、シカゴでL・C・スミスという人捜しをして、大笑いしたという実話がある。彼は何週間も雇用され、給料が支払われていたのだが、実はタイピストでなくタイプライターとしてであった。このような場合、シカゴ市民にはちょっとした豪胆さとか、ユーモアのセンスを示すものとして容認される。
一つの例外的な話であるが、一〇〇万ドルをかけて不動産業者を雇用したという有名な話がある。当時、都市計画案では、多くの道路を拡幅することになっていたのだが、このために、かなりの規模で道路用地を没収する法的手続が必要であった。その時ある悪賢い詐欺師が、不動産業者たちに補償するという案を思いついた。それは、給料や日当を出すという方式ではなく、計画で影響を受ける街路に面している固定資産の評価額、しかも再建後の評価額の一パーセントを補償するというものであった。この無責任な方策がとられた結果、全体総額の四〇分の一にも値しない見積りを出した不動産業者たちに、二〇〇万ドルが支払われた。ある者は五七万七、〇〇〇ドル、別の業者も同額、他のある者は四六万ドル、またある者は五四万四、〇〇〇ドルと、平均して一人の不動産業者は、一日当たりに換算して、一、九〇〇ドルを受けとったことになる。最終的にこの事実が公表されたとき、市当局は唖然とした。しかし、さらに「トリビューン紙[1]」（Tribune）が金銭返還の訴訟を起こし、被告人として不動産業者たちと、さらに大物である会計検査官と地域改善委員会会長、そして名誉市長の名前が挙げられたのである。最初、事件はおもしろい冗談と受けとめられていた。しかし、影響が徐々に周囲に波及し広がった。事態の展開をうけて裁判所は、市長とその一味に総額一七三万二、二七九ドルの返還義務を命じた。

ある不動産業者はすでに金は手元になく、選挙運動の資金として組織に渡してしまった、と弁明した。もちろん関係していた役人たちは、巧妙な抗弁と肩をすくめて身に覚えがないというポーズをとって、責任を否認した。

だが、裁判所は次のような判断を示した。「公正なる法廷が、憲法あるいは制定法上の条項に抵触して市の公金を横領あるいは支出した者に対して、その責任を審理する司法権を授権しているということは、一般に定着している準則（rule）である。本法廷は、法人資産を公的委託とみなし、役人は、法人資産の公的受託者とみなす。そして衡平法（equity）に基づき固有の司法権をもち、法人資産に関する不法浪費を防ぐのみならず、憲法、あるいは法令により、財の管理を委任された者によって不法に支払われた金の賠償をも命ずる」。この原則（doctrine）はビッグ・フィックスはもちろん、小者の買収者たちにとっても、致命的なものとなった。

また、ある衛生地区（Sanitary District）では、七年間のうちに、支払い給与額が二〇〇万ドルから、一、〇〇〇万ドルに水増しされるという、考えられない離れ技が演じられた。しかし、この過程で、何ら特別な創意ある能力が、示されたわけではない。そのやり方の大胆さは、創意工夫において傑出していた。しかし、汚職のテクニックとしては、それほど変りばえのするものでもなかった。たしかに猟官制という軍隊には、大砲は備わっていたが、最新型ではなく、新たな戦術も考案されずにきていた。ニューヨーク、フィラデルフィア、あるいはボストンの市民は、悪質な窃盗を報じる新聞に目を通しながらも、見なれて無感動になっている記事に、あくびをするだけであろう。

市債預託からあがる利息が、政治的、財政的な不正行為の出所のひとつである。たしかに基金に対する利息率が、コミュニティにおける政治の健全さを計るうえでの、悪い指針となるわけではない。かつて出納局長であったスモール州知事（Governor Small）の大がかりな事件は、最終的に知事が州に対して、総額六〇万ドルを返還するということで決着がついたが、合衆国中の衆目を集めた。しかしそれは、まだ明るみに出ていない事件のうちの、氷山の一角にすぎない。シカゴ方式は、利益を配分した後、ある一定の率、例えば二パーセントを公に対して支払い、さらに、例えば一パーセントが役人個人に支払われるという方式であった。一九一四年、私が座長をつとめた「利益分配に関する委員会」（"Split interest" committee）は、この問題を調査し、改善案を勧告した。その案が実施された結果、一年間で多額の余剰が生じたのである。

このような例があった。ある銀行が総額二、〇〇〇ドルを地方政治家へ貸しつけた。その政治家は手形の決済時期がきても支払わないばかりか、繰り返し督促しても支払わなかった。そこで銀行は「もし、返済に応じない場合、貴殿の市預託金の一セントまでも没収します」と最後通告を出した。結局のところ銀行は、一度に一〇万ドルを回収したのだが、完済するころには、市預託金制度はつぶれる寸前であった。

しかしながら、重要かつ難解な問題は、銀行に蝟集する政治家（banker Politician）と一般政治家（reguler Politician）の、莫大な公金をめぐる癒着である。これは違法、合法を問わず富をもたらすものであり、問題が露見しにくい。ほとんどの銀行は、健全な銀行業務に少しも益にならない公金預託に協力したがらない。だが、前上院議員のロリマーは、豊かな資力を生かし、公金預託を取り扱うべく、銀行界へ手を広げようとしたが、業界の怒りをかい、結局は財政的に破滅してしまった。しかし、約五、〇〇〇万ドルに及ぶ委託された公金をあつかう権力は、やはり地方の猟官制にとってみると、いまだに重要な要素である。

シカゴ市の都市経営という側面からみて、重要なことは、税体系の問題である。いうまでもなく、すべての財産は、法に基づいて物的財産不動産も動産も、その最高額の現金価値で課税されねばならない。さらに不動産の見積りについては、公正な方法が考え出され、時を移さず適用されてきている。しかし、現代の都市で、人的財産価値の公正な査定方法を、創設したところはまだない。市民が、どれだけの株や債券、譲渡抵当権を、シカゴあるいは合衆国の他地域に、所持しているかわからないからである。この疑問に答えるための、実行でき、許容できる査定方法は、だれも見いだしていない。

シカゴにおいても、現実的な解答は混沌としている。ある意味で、動産財産税の徴税は、寄付金を集めにまわるようなものである。しかし、実際には、あまりよくない条件の場合には、大がかりな虚偽申告や脱税の温床となり、よりよい条件のもとでも情実（favoritism）と調整がなされる仕組みができている。まったく、だれがそのような法律を執行できるだろうか。かつてある税額査定官はこう述懐している。「私は法律を執行しなければ、咎められる。かといって、執行すればミシガン湖に車ごと沈められるかもしれない」。このように、動産財産税は政治家の巧みで魔術師のような掌中にあやつられる好餌になった。政治家は陳腐で時代遅れな法律の定式の中に、呪文を見いだす。彼らは、況文を繰り返すことによって投票に魔法をかけ、当惑した市民からのより多い票に、魔法をかけるかもしれない。

シカゴや州の有権者は、数年前から古めかしい憲法の条項を、改正する準備をしていた。しかしながら憲法の起草者たちは、彼らの知恵の中で、つまり自分勝手な判断で、憲法は、選挙で有効投票の過半数の賛成を獲得しなければ修正できないということにし、これをまったく問題視しなかった。この興味深い条項からすると、法律の不快な言葉を削除することは不可能である。

不動産の課税評価額は、公正な基礎データに根拠を置くべきはずであったが、実際には情実に陥り、不適当なものとなるがままにされてきた。最近の調査によると、法定額では一〇〇パーセントであるものが、実際には四〇パーセントの平均評価額となり、類似の財産評価とくらべても、驚異的な差異が生じていた。この状況を改善するため、あらゆる努力がなされている最中である。即座に改善に踏み切れない法律上の理由は、何もない。

いずれにせよ、ジョン・マーシャル（John Marshall）のいう「課税権力は破壊権力である」という結論や、財産に課税する権力は、政治的な交戦状態で、武器が重要であるのと同様であるという、経験豊かな政治家たちの結論に、落ち着くことになろう。健全で活気ある行政が行われていれば、これらの難問は克服できるはずである。しかし、もしもビッグ・フィックスが巧妙な再調整を企てているとすれば、その結果、行政は後退していくだろう。

よく組織されている政党組織とは、ただ投票を依頼するだけでなく、票読みもしようとするものである。実際、票読みができれば、投票につきものの棄権をなくすことができる。シカゴでは普通、一〇〇万の投票総数のうち、不正投票は五万から一〇万と推定される。もし中央の選挙組織がこれに関与していたら、さらにこの数学をはるかに上まわる結果となるであろう。州法では、地方選挙区の職員は、奉職する選挙区の居住者であることを条件として定めている。ところがシカゴのいくつかの地区では、特に各政党組織が馴れ合った場合、公明正大に職員の人選をすることはきわめて困難である。職員が任務上から投票者の意志を無効にするありきたりの方策が用いられている。つまり、有権者リストを水増ししたり、不在者投票用紙を偽造したり、「体の不自由な」有権者を介助することを理由に投票を誘導したり、あげくの果てには、無記名投票用紙を不正に勘定したりすることなどである。これらのケースのいくつかでさらに驚いたことに、彼ら政府は、選挙違反について調査しようとする学者に、興味深い情報をまったく提供しないということである。すでに東部の政治文化の中心地、とりわけニューヨークやフィラデルフィアではこうした面について、前進がはかられてきた。だが、それらの都市だけで、公正な選挙が実現すればよい、というものではない。たとえば、「シカゴの二〇番地区の選挙区」職員が市民から高く評価されているのは、選挙違反の内容ではなく、違反の数が少ないからなのである。敵方の政党役員を誘かいしたり、殺害したりすることは、もちろん衝撃的ではあるが、多くのものが賭けられている選挙戦が過熱してくるにつれ、目新しい手段でもなくなる。このような実情を変える必要は、明らかであるが、打開策としての創意ある能力が発揮されないできたことは、残念なことである。しかし、ビッグ・フィックスはもともとのビッグ・フィックスであり続けることはない。シカゴの場合、比較政治病理学者の見解によると、ビッグ・フィックスは、実際の力学的策略よりも、掲げていたスローガンに注目すべきものがあったということである。

組織犯罪は、都市生活の最も劇的な様相のひとつである。また、専門的に取り扱うのが最も困難なもののひとつである。問題は、都市化の条件のもとで、犯罪の防止と処罰が問題なのではなく、犯罪をどう規定してその実態をつかみ、解析するかということである。そのうえで犯罪者の更正、犯罪防止のための今日的な手法が問われているのである。たしかに読者も、犯人捜査や殺人者の公判などに関心を持つことであろう。だが、社会的条件においても、個人的条件においてもなにが原因で犯罪が発生してくるのかという研究については、それほど関心をもたれていないが、根本的にはさらに重要である。

都市問題のむずかしさは、都市の人々のほうが他の地域の人々より、犯罪にさらされやすい、という事実によって生じるのではない、ということである。あるいは、外国人が他の人々より犯罪を犯す傾向にある、という事実によっているのでもない。イーディス・アボット（Edith Abbot）〔訳注1〕は、大分前に、外国人が犯罪を犯しやすいという予想に反して、アメリカ生まれの犯罪者が、外国生まれの者と同程度に、犯罪者リストに載っていることを確認し説明した。この証言は、他の都市の別の調査によっても確認されている。(2) 都市の司法システムについては、ここで論じないが、部分的に、いく度も説明されている。(3)

私が最初に、犯罪問題の重要な局面に接したのは、刑務所で、そこで何が行われているかを知ったならば、だれも受け入れられないような実態を知ったときである。その刑務所の服役者は、二〇〇人から三〇〇人いたが、彼らの労働は、情実で政治と結託している請負業者に、無競争で提供されていた。事実、請負契約が取りかわされたことはなかった。服役者の労働は、強力な人脈で、政治とつながっている会社が、契約を結ばずに委譲されていたのである。たとえば、ある者たちは請負業者に日当五〇セントで、箒づくりの仕事をさせられていた。この請負仕事で年に五万ドルの資金が、政治と結託している会社に流れたのであった。

ある者は、槌と打ち抜き型を与えられ、革の切れはしで小さな房をつくる作業に雇われた。この仕事で、市当局には一日二五セントが入った。服役者たちは、小さな革の房を一日、一人当り一二から二〇ポンド製造するよう義務づけられていた。規定量が達成できないと、服役者は処罰として暗い小部屋の独房に入れられた。この請負仕事は情実のからんだ別の会社に出された。また他の者は革財布作りをさせられて、この仕事で市当局には一日平均一八・二セントが入った。たぶん、スリにだけ、この仕事が割り当てられていた。

私は市議会が、自らこれらの実態を調査するよう、決議案を提出した。法案が成立した結果、刑務所内では、従前から行なわれてきた請負仕事の廃止が決まった。それ以来、この刑務所の服役者は直接市当局が雇用する形となった。

後に、われわれは、犯罪状況の詳細な調査を、実施したことがある。ここで市議会は、私の決議案、すなわち「殺人・夜盗・強盗・窃盗等、類似犯罪の頻発性とその政治的傾向、及び犯罪多発の原因と犯罪を防ぐための実際的な手段についての調査と議会への報告について」を採用するという形をとった。資格のある法律顧問団が設置され、バーンズ社（Burns）や他の調査代行会社と協力して、調査に乗り出した。さらに著名な統計学者、イーディス・アボットが、犯罪類型の統計学的研究にたずさわり、また心理学者や医師なども登用された。私たちが行おうとしたことは、私の知る限りでは、アメリカにおける都市の犯罪問題を科学的に研究する、最初の試みであった。

シカゴ犯罪対策委員会（Chicago Crime Commission）は、永続的に設置されたのだが、十年の活動を経て、今日では休眠状態となっている。一九二七年当時、すでにイリノイ州検事裁判公正連盟（Illinois Association for Criminal Justice）が存在した。そこにはシカゴの犯罪状況を綿密に、各方面にわたって研究するため、有能な弁護士、犯罪学者、統計学者が雇われた。つまり、私の述べる情報は、この犯罪状況の調査に基づいている。

犯罪が横溢する世界の諸事実を明らかにすることは、それほど困難ではない。私たちは、かつて一〇〇個所にものぼる、犯罪者の巣窟をつきとめたことがある。概して、これらのかくれ家は妨害されることはなく、いくつかのケースでは、彼らは、わたしが名づけた「避難小屋」（cities of refugee）から放逐されないことを自慢しているようであった。また、法的追及を受けていない、プロの犯罪者五〇〇人のリストも調査者たちによって集められ、整理された。それは、調査の原資料としてでなく、そのような法的追及をうけていない犯罪者がいるという事実が確定され、安全であることを示すためである。リストには、スリ、「こそ泥」、万引き、「拳銃強盗」、おいはぎなど、いわば高級な、「取りこみ詐欺師」から、「金庫破り」として知られる低級な金庫爆破強盗まで、あらゆる犯罪前科を持つ者たちが記録されていた。さらにとるにたらないギャンブラーから、大勝負に登場する大ギャンブラーにいたるまで、仔細にわたっていて、いわゆる「何でも屋の詐欺師たち」までも記載されていた。

犯罪者群のなかでもスリが綿密に組織され、最も適切に擁護されていた。ブラウンというスリが検挙された時のことだが、警察に到着する以前に、留置の有無を確認する照会があった。逮捕されたスリ仲間のうち逃亡した一人が、組織の顧問弁護士に電話で知らせ、保釈や放免に必要な処置が迅速にとられたのである。

犯罪のなかでも、押し込み強盗や拳銃強盗は、低いクラスの犯罪者とみなされている。というのは、犯罪者集団には全体に対して君臨し支配する帝王こそいないが、この集団における公爵、伯爵そして一般貴族という順列があるからである。中央集権に最も近いものは、男としてときには、「主脳」として特徴づけられる小さなグループに政治的影響が集中することから見出される。完璧な組織にはなりえないが、システム上の多くの特徴を持っている。犯罪組織は、そこだけで通ずる独自の言語、法律、手段、専門技術を有している。つまり、人間に対する攻撃、そしてさらに特定すれば財産を侵犯する、という面において高度に専門化された組織といえる。

詳細にわたるシステムを知るために、われわれはかつて珍しい実験をしたことがある。二人の調査員が駅舎のまわりをふらついていたことにより逮捕され、警察署に留置された。彼らの保釈は、犯罪集団の職業的保証人が行った。二人はすぐにその足で巣窟にむかい、プロの犯罪者をよそおった。そこで、数人の警察官と知りあいになった。結局のところその警察官は、スリをはたらいている彼らの保護をすすんで申し出た。現実にスリを装った二人の調査員はスリをはたらき、盗品を警察官と山分けした。さらに警察官は獲物のいる絶好な場所を教え、そのうち一人は調査員の仕事中、介添えすることを快く引き受けた。もし、万一にも逮捕されれば、保護していた警察官が逃す手はずになっていた。この事件が、明らかになり当然のことながら、関係していた警察官たちは解雇された。その数ヵ月後、復職したのだが、彼らはその期間も、一〇割の給料の支給をうけていた。

拳銃強盗は、概して組織化されることはない。しばしば疲れ果てた専門家であり、数か月以上の複雑な技術が要求される犯罪には、もはや耐えられない。彼らに会うのはきわめて危険である。というのは、たいへんに若く、些細なことに激昂しやすいからである。少し年を経た者たちは、ウィスキーや麻薬で発作的に興奮する。ふるえる指が、簡単に作動する引き金にかかり無作為の狙撃と、殺人の原因となっている。

たとえ、犯人が逮捕されたとしても、有罪判決への道には多くの障害がある。実際、逃亡することが非常に多い。警察との癒着、黙認、あるいは無能力、プロの「買収者たち」の仕事、さらに悪質なことには、検察官の怠慢と無能力がある。また、政治権力からの強い圧力がある。一部裁判官たちの毅然としない態度、あるいは複雑で迷路のような刑法にさえも、抜け穴が開けられているかもしれないのである。われわれは、プロの犯罪者を逮捕したり、有罪判決を下したりするわれわれの社会よりも、彼らのほうが、法律に対抗して防衛するために、より強固に組織されていることを認めざるを得ない。

シカゴの行政部門をすべて比較することが可能であれば、組織の点で一番劣っているのは検察当局といえるであろう。政治システムにおいては、検察官は四年ごとに転勤することになっていて、新任の検察官は、高度に訓練された軍隊ともいうべき犯罪者たちに対抗するために投入されてくる。事実、コミュニティが検察官として教育したにもかかわらず、被告側の弁護士にすりかわる例もある。州検察庁に入所してくる新米検察官たちがどのようにすばらしい意思、有望な天賦の才、あるいは法律的な専門知識を身につけていたとしても、何年間もあの途方もなく複雑な刑事訴訟と実際に取り組んできた被害者側弁護士と対等に張り合っていくのは、相当に不利である。加えて政治的圧力の影響や、明らかな腐敗を黙認する情実によって、情状酌量がなされるにちがいない。(4)

これに関連した問題は、警察の能力についてもいえる。警察官はどの程度まで、任務を遂行するのだろうか。ある警察官は、怠慢な仕事振りでパトロールの順路さえ極めて杜撰である。深夜、眠りについた都市の、受持ち区域を巡回し続ける者たちにとって、おそらくレストラン、公認賭博場、洗濯屋、パン屋などが格好の「息抜き場所」(holes)だろう。また現実にそれらの場所のうち不眠で働いているところでは、見張りを要求することもある。この状況が警察のすべてではない。しかしどのような原因にしろ、警察官の寝ずの警戒が弛緩した状態になると、諸事件が発生する。

さらに重大な事は警察と犯罪者との癒着であるが、ほとんど軽犯罪が発端となっている。これは、あえて取り上げるべきほど深刻ではない犯罪の外縁に発生する。最終的には生命や財産をも巻きこんだ、重大犯罪にまで発展することもある。たまたま警察の幹部職員が汚職者であると知った場合、行政組織の徴税吏員として雇われている人間が無関心をよそおうことは困難であり、結果はお定まりである。このような時、真面目な警察官であればこそ、誠実さを責める自分自身を知っているので、黙認するようになり、押し流され、最後は「自分で納得して」、不法行為による利得の分配にありつくようになるのである。(5) そして、この癒着は、時に不遇な職位への左遷、昇進の停止、さらに、悪質な場合には「罪に落としいれ」たりするが、さらに警察当局の積極かつ前向きの意欲をそぎ、現状を救済しようとする警察官を思い止まらせようとしたりする。今まで述べてきたことは、私の推測ではない。実際にシカゴで語られてきた悲惨な話の結晶であり、ある者がある場所で見聞した事実である。だいたい「正義漢」が「悪漢」に堕落し、規則を守ることが例外となる時、何かが起こることになっている。

一般の都市についても言えることであるが、シカゴの警察力が脆弱であるということは、高い専門的水準が、欠如しているということである。そのような水準は、時間をかけながら向上してゆくものであり、その過程は急速に、というわけにはいかない。アメリカの行政には、一般的に高い水準が欠落していることが、その水準を高める過程を困難にしている。また、政治家には汚職や情実の機会が増えてきて、自己保全のために警察力を支配しようとする欲望が困難をもたらしている。とくにニューヨークのウッズ（Woods）やバークレーのヴォルマー（Vollmer）というような数少ない警察長官たちは、警察の綱紀を粛正し、厳正に訓練された有能な組織とする運動を開始して効果をあげている。

法律支配が緩慢になるのと正反対に、熱心すぎる少数の警察官がひき起こす、乱暴でいわば野蛮な取り締まり行為の実例がある。シカゴでは毎年二〇万人以上が、逮捕される。そのうち半分以上は、第一回の尋問で放免されている。数例をあげると、取るに足らない容疑で逮捕される。たとえばJ・Tは「二一番街とデアボーン（Dearborn）で騒々しい音をたて、犬を道路に蹴り出した」容疑で逮捕された。J・Lは「電車の車庫で眠っていた」ので逮捕された。ある男は、警官に背を向けて話をしていたという理由で、またある時は、逮捕が不当だと抗議しただけの理由で、逮捕されている。交通違反者に親切に警告したり、逆に断固として逮捕して処罰することもしないで、ただ口汚なく叱りつけたり、脅しつけることは、もし、他に適切な方法がなかったとしても、市民には、到底我慢できない誤った警察行政の見本である。しかし、警察官は、「注意」では、政治家がいかにも即座に揉み消せるはずであると即座に弁解する。つまり、口頭での叱責は警察官の唯一の手段であるということである。何千という人々が拘引され、翌日まで署に留置される。それらの人々は、かえって、裁判所に出廷命令をうけた方がよかったかもしれない。同じく、数千人という人々が、思慮の足りない警察官の手で粗暴な扱いを受けている。

いくつかの例のなかには、親切そうに見える人物が、明らかに警察官の制服を着ることによって変化し、近隣住民に従来の良好だった関係からは考えられない、非常識なやり方でひどい仕打ちをしたというものがある。たしかにすべての場合に該当する真実ではない。しかし、可能なかぎり具体的で、必要とされる改善が求められる実例が多くある。最も興味深くまた重要な変化は、警察官という職業が、徐々に変化しているということである。すなわち、衛生規則警察官、公園警察官、女性警察官が登場し、往時とくらべ警察官の棍棒の役割が重要性を失い、一種の代理業にすぎなくなっている。私たちは、警察官が何事によらず威圧的であるよりは、犯罪防止に力を入れる時代を期待したい。

私の観察の中で、いちばん悲しむべきケースのいくつかは、刑期を終えた前科者たちの場合である。彼らは、現在は真面目に生活している。それにもかかわらず、警察に未だに追跡されている。このようなことが、更生への道をより困難にしている。ある日私の事務所に中年の男が面会を申し込んできた。「何年か前のこと、未だに自分でも何が起きたか分からないが、ともかく、オレは小切手の偽造をし、道を踏みはずしてしまった。そして、隣の州刑務所で刑期を務めた。もちろんそこで改心もした。それ以来、誠実に勤勉に努力して、一応成功したといえるまでになった。ある商社で責任あるポストにもついた。ところが、警察官が過去を調べあげて、金を要求してきた。応じなければ、会社に暴露するというんだ。仕方がない、と一度金を払った。そうしたら今ではたかりにくる金額がうなぎ登りなんだ」と語った。

新しくきた移民の場合、英語が理解出来ない者もいるのだが、それを考慮されず冷酷な法律的処理をされている。私が関心をもった例では、ある男が三〇日の刑期を終えて釈放されるまで、どうして自分が刑務所に送られたのか、理解できないままであった。彼は、まだ英語が流暢に話せるというほどではなく、簡単な会話ができる程度にすぎなかった。しかし、不幸なことに、二、三の質問に生半可な答えをしたために不当な扱いをされ、有罪と判決されてしまった。

他方これとは別の例がある。あるポーランド人の少女が、レストラン経営者に暴行された。ところが、男は寝るというポーランド語の誤訳により釈放された。襲われた後で、少女は何をしたのかと尋問された。「すぐにベッドへ行きました」と答えた。だがこの時にベッドという言葉が、寝ると通訳されてしまった。そこで、もし彼女が苦もなくただちに寝ることができたということは、それほど権利は侵害されなかった、という結論になってしまった。

以上、二つの裁判は、わたしが関わってきたものだが、ともに言語の表現力が乏しかった結果生じた事例である。ある事例では、通訳者が、故意に証言を変えて通訳しようとしたのだが、裁判官がこれを見破り、この場合は、被告人の自由を確保したのである。別の事例では、アメリカではあまり話されないイディッシュ語〔訳注2〕（Yiddish）が理解できる裁判官がいた。彼は既に証言の済んだ証人が、もう一人の証人と審理中の事件についてイディッシュ語により交わした会話を偶然に耳にして、事件を解決した。この運の悪い、話好きな証人は口惜しげに言った。「アイルランド人の裁判官がイディッシュ語が分かると、気づいていればこんなことにならなかったんだ」。

毎年、数百人の人々が、わずかな罰金が払えなかったり、保釈金を立替えてくれる知人がいなかったりするため刑務所に留置される。(6) これらのことから、私たちは罰金が払えない人々には、分割払い方式を導入し、裁判所の自由裁量で罰金支払いが是認できる法律を通過させるよう、救済策を提案したことがある。かつては八〇パーセントにのぼる囚人が、少額の罰金が払えないために留置されていたことがある。

また、囚人に課せられた罰金が、不平等だと思われることがしばしばある。もし資産家であるAという人が、動産も不動産も、何の財産もない労働者Bを暴行を加えたとする。Aは二五ドルの罰金を課せられるが、即座に支払える。しかし、逆に労働者であるBが資産家Aを襲った場合、同額の二五ドルの罰金が課されるが、刑務所（house of correction）行きを余儀なくされ、そこで六〇日間の強制労働を務めざるをえない。このように考えると、確かにいわゆる法の前の平等が存在しないことになる。四人たちは、たかだか五ドルや一〇ドルの罰金が支払えないという屈辱的な理由から、刑務所に収容されるのである。そこで、刑務所生活をすることによって彼らの人生全体に重大な影響が生まれるのである。この不合理を解決するには、是非とも、罰金を分割払いできるように、法律を改正する必要がある。この制度なら、もしBが一〇ドルの罰金刑をうけて五ドルしか支払えなかった場合でも、まず五ドルを支払って、不足する五ドルを稼ぐために職業につける。これは合法的であり、罰金刑の判決が下された者にとって、合理性のあるものだといえる。なぜなら、一時に完納できる現金の貯えが、必要不可欠でなくなる。さらに現金を捻出しようとして、犯罪を重ねる不幸な人間が減り、結果として社会を犯罪から守ることにもなる。

残念なことに、ほとんどの市民は犯罪記録に冷静に目を通すということなどできない。いわんや暗黒街で発生する諸問題に対応する立場の人々が、まったく困難な状況下で、任務を遂行しなければならないという現実を理解している市民はいない。そもそも偽証が日常、平然とおこなわれるということは、容易に事実誤認が行われるということである。民事、刑事の区別なく破廉恥な訴訟が、多発してきている。そのなかには、証人が偽証する「捏造事件」(frame-up) が多くなりつつある。たとえいかに資料が取るにたりないものだとしても、裁判に直接に影響を与えないとは言い切れない。要するに犯罪が完璧に行われたということは、当然のこととして偽証や反論が頻繁であったということである。このような関係をみると、「すべての者が、汝を良く言う時、災が汝を襲う」という指摘は確かに当を得ている。標準的な方法は、常に私たちの目的とする仕事の前進を妨げる結果を生むことになった。そこには正面きった殺人の脅迫から、陰険な陰謀まで、あらゆる種類の罠や障害が仕掛けられている。

現代の自治体行政において、犯罪や非行にかかわって職務上、警察官への贈答物をどう処理するかということが、重要な課題の一つとなっている。一九一一年、シカゴ犯罪対策委員会（The Chicago Vice Commission）はこの年に売春の利益だけで、一五〇〇万ドルを見込みさらにそのうちの五分の一が警察汚職に流れていると推計している。ハリソン市政のもとでの調査、州検察庁調査、地方紙が指摘した数字、また最近の一九二八年の犯罪報告の数字から推量すると、総金額はどうみても少なすぎるといわれている。さらに、犯罪、ギャンブル、麻薬からの収益がこの額に加えられるべきだというのである。

これらの利得は議会筋や、とくに行政内部を絶えまなく環流して活発に動きまわっている。ある勢力は犯罪対策委員会の調査報告書が郵送されるのを一定期間、妨害していた。理由というのは、報告書が、猥せつでありそれゆえ郵送が不可能である、というものであった。しかし結局のところこの注目すべき調査結果が公表されたことにより、古くからの赤線地帯は壊滅したのである。野放しになっている売春は、確かに下火になった。しかし、撲滅されたわけではない。この報告書でも明らかにしていることであるが、現在でも売春は行われている。

しかしながら、一般的にみて最近一〇年間、シカゴが国内の他の都市と同様に、この社会悪を根絶させようとした努力の結果が、目に見える形ではっきりと現れてきている。ただ徒らに清教徒的な徹底した厳しさだけでは、売春婦たちの更生に実効があがらないということは、古くから明らかにされてきたことであった。今日ではますます売春の医学的側面、更生施設、売春の防止と売春に代わる仕事の必要性、売春に関わる微妙な心理学的側面、生物学的側面が強調されはじめてきている。つまり、言い換えると、現代科学は現代的な形態と方法で、古くからある売春という社会悪と、格闘しているのである。性問題についてこだわりなく口に出来るようになり、いわゆるタブーでなくなった結果、完全ではないまでも、真実、前進をめざす雰囲気づくりには数段の進歩がみられたといえる。

われわれは、一方で、なぜ売春が絶えず、売春婦を買う客がいるのか、という原因を究明するとともに、他方では、更正への強い要望について調査を開始している。また、処罰という警察行政の問題に加えて、売春問題の多くの側面を扱う調査を開始している。これはまだ将来のことであるが、医師やソーシャル・ワーカーは、売春に関して、自分の利得のために状況を悪用した政治家や警察官、場あたりの改革を唱えて困憊しきってしまったモラリストより以上に、語る資格を持つことになるであろう。

最近の汚職の形態は、恐喝などの組織的犯罪と酒類密売に関わるものである。双方ともに莫大な利益があり、公務員の保護に依存している。これらはとりたてて新しい問題ではなく、いわば古い曲に新しい詩をつけた、変奏曲にすぎないといえよう。

憲法修正第一八条〔訳注3〕では、たとえ大都市が不同意であったとしても、酒類販売を強引に禁止することと規定している。一九一九年、シカゴの投票結果をみると、禁酒反対者四〇万六、〇〇〇人、賛成者一四万七、〇〇〇人であった。議論の余地のないほどの大差であった。この結果は、市民一般の考えを反映したものといえる。一九二二年には禁酒反対者が五〇万一、〇〇〇人に対して、賛成者は一一万一、〇〇〇人であった。一九二六年は反対者が四二万七、〇〇〇人で、賛成者が一六万六、〇〇〇人となった。ここにきて酒類販売を解禁したり、個人の醸造を認めさせようとする圧力は、巨大に膨張し、十分な世論の支持の得られないままに憲法の防壁をこわしてしまった。

運動が成功するまでには、毎年数百万ドルにおよぶ賄賂が投入された。この金額は、個人の醸造を認めさせようとする組織や設備が行政的、法律的、財政的、政治的に認知されるのに十分な額であった。この賄賂による収入により富と権力を掌中にした現代の貴族階級が、収入源の管理をめぐって誕生することになったのである。長い汚職の歴史にてらしてみても、運動資金の総額は前代未聞のものであった。旧体制当時の最も革新的な精神の持ち主でさえ、この問題解決の才能には、脱帽せざるを得ないであろう。禁酒法の大きな動きがあるなかで、売春やギャンブルが当然のことながら、影をひそめて社会の片隅に追いやられたりすることはなかった。ビッグ・フィックスは、契約や給料支払い簿を利用して露骨に汚職をくりかえして、組織維持の原動力とした。誰かが、シカゴ市内へ流れ込んでくる酒類や需要の多いループ地区（Loop district）での販売を規制し、各地区への供給、市内での酒類の製造規制、卸売り、小売りを問わずあらゆる方面にわたり、組織し、統制し、管理し、さらに保護までしなくてはならなかった。常に法律で、南京錠と監獄を背景にして攻撃を加えてくる厄介な代物のいるこの世界では、保護という言葉こそが、魔法の響きをもっているのである。

ギャング同士の暗闘が始まっても不思議ではない。権力奪取の流血の抗争に勝ちを治めることが、信じられないほどの利益に、直接結びつくからである。ギャングたちは、市内の路上においてさえも堂々と争いを展開していた。ディーヴァー市長が登場するまでは、酒類の密売組織は完璧なまでに一本化されていた。ところが、彼がそれまで続いてきた酒類販売の統制をやめ、禁酒法を解禁する法律の施行を打ち出したことから、ギャング組織の間に激烈な抗争が始まった。もはやシカゴ市の強権を発動しても鎮圧できないほどであった。酒類の密売組織のギャングが地方警察や公務員を味方に抱き込んで、いたるところで流血の争いを展開していた。トンプソンが市長に復帰し、この世界を再度一本化しようと図ったが失敗に終わった。抗争劇は、保護という魅力的な賞品を求めてなおも続けられた。争いの火種は、ギャンブルや粗末な工場で隠れて行われる酒類醸造にまで広がった。なんと四年間に二一五人のギャングが殺されたが、誰一人として処罰されてはいない。一方、警察は、同じ四年間に一六〇人のギャングを射殺している。つまり、争いは狭い暗黒街にとどまらず、社会のあらゆる階層へと浸透していき、拡散していったのである。[7]

ある場合には、警察官が、一見すると犯人を追跡している風を装い街路を巡回している。しかし、実のところは、酒類を積んだトラックを待ち伏せしているのである。そして機をみて急襲し、戦争中に公海上で発砲しあうような銃撃戦となる。富のあるいわゆる上流階級の者は外出するにしても用心して、鋼鉄製のチョッキを着て防弾ガラスのついた自動車に乗ったり、人と会うのにも壁を背にして座ったりしているほどである。できるなら、古いロシアの権力者のように、勤勉に身の回りの世話をしてくれる誠実な従者をつれて、海外へ逃亡する必要性を、感じているはずである。というのは、この裏の世界では、誰も法的に戦時禁制品（contraband of war）を持つことはないし、個人の安全を確保できないので、個人の所有物といえるものはなに一つ存在しないからである。ピストルが発射され、犠牲者がでても悲鳴をあげないことがこの世界の法律なのである。いわゆる、法律では自分や自分の所有物が確保され得ないという。奇妙な世界に住んでいるのである。例えば、労働者が葡萄園で働いているとしよう。ところが、日当を支給され一日の終わりに勘定できる者は、ごく限られている。それほどまでに生命は不安定で短いという、危険な世界である。一方に殺し屋、殺人者、詐欺師が集まり、反対側にセールスマンや上流階級の消費者がいる。そのちょうど中間に、親切な法律の番人がいるという構図である。おそらく金銭の動きがある時は、暗殺者のするどい一撃があるという世界である。

経験に基づけば、一回でも保護すなわち目こぼしが実施されると、どこに境界線を引くか苦労するものである。警察官、制服警官もすべてが、酒類密売者に買収される場合、彼は狭い意味での法律違反と、一般的にコミュニティに受け入れられている法律違反とを区別して、別のものとして理解していなければならない。確かに、酒類を守るための脅迫と暴力は、この前提に立てば、合法的で、妥当性をもつと言える。〔そして次のようなことが起こる。〕警察官は、カフェで酒類が提供されていても、気づかぬ振りをする。男性が女性と入ってくる。そして二人のごろつきがやってきてその女性を要求する。その男性は拒否する。すると男性は店の隅へ蹴り飛ばされ、女性はタクシーに引きずり込まれ、暴行をうける。警察官はその一部始終を見て見ぬふりをし、黙認してしまう。酒類密売者の仲間たちは、結果を重視して選抜される。だから必ずしも情にもろい人間によって構成されているわけではない。たいてい名うてのごろつきで、弱肉強食の法則が支配する暗黒街から狩り集められてくる。彼らが買収した警察官は、事件に目をつぶることを強いられるが、まず、直接的に酒類販売に関係することはない。事件を捜査中の検察官や有力な政治家たちも脱出が不可能な網に、知らず知らずに捕えられてしまう例がしばしばある。巻き込まれてしまった後に気づくのである。それには少しわけがある。

酒類の密売は、それでなくても複雑な大都会の現状に、さらに新しく、やっかいな問題をもたらした。だれもが、遠い昔からの習慣や法令では破ることのできない法律があるかと思えば、どんな紳士でも犯せる法律がある。そして、一般社会と暗黒街の境いの地帯には、法の番人やコミュニティの安全管理者に対して仕組まれた、つかみどころのない問題がたくさんある。

暗黒街に登場する新しい型の人物は、ゆすり屋である。広い意味からすると、おどしなど「不正な金もうけの口」(racket)を持っているゆすり屋であり、特別な「不正利得」を期待して止まない汚職者と同じである。別の観点からすると、彼らは、不法な暴力の圧力を背景にして、浮き沈みの激しいあらゆる業界の調整役である。たとえば、ドライクリーニング業界の場合、クリーニングの価格は彼らが決定することになっているし、ある縄張りを超えないような警告もする。もしこの警告を拒絶した場合には、仕返しとして窓ガラスを破ったり、店内または運搬中の商品に損害を与えたり、経営者を袋だたきにしたりする。さらにひどい例としては店内に爆弾を仕掛けて爆破させたこともある。クリーニング店の経営者はあらためて、暴力をくり返すゆすり屋も、不真面目な警察官も、自分を保護してくれる立場にないことを痛感する。たとえその犯人が逮捕され、裁きの場に立ったとしても、あらゆる手段と方法で擁護されるであろう。それが手心を加えた追求であったりすれば、犯人が逃亡することもありうる。つまり、彼らは最初から免責を保障されているのである。キャンディー売り、クリーニング屋、靴磨きのような商売でさえも、ゆすり屋にがんじがらめにされていて身動きがとれず、しばしば絶望している。たしかに表向きには、警察の取り締まりは続発する殺人を未然に防止する目的のはずなのだが、実際は不正利得を求めるためなのかも知れない。要するに、境界線は系列下に入るか、ゆすられるかの間に引かれている。すべての職業斡旋業者や仕事師や零細な経営者は、世話になったお礼や、生じた利益を計算に入れているのかもしれない(8)。

それでゆすりは、恐喝と組織の間にあるあいまいな領域に、労力をかけずに収益のあがる割のよい仕事として成立したのである。ゆすりは、そのほとんどが残忍な悪漢とやくざが実行しているが、自分たちの救済のためにこのゆすりという守護神に依存しているのである。今日では実業界の各方面へ、それも、以前はそれほど組織化されなかった分野へも勢力を伸ばしている。調査によるとシカゴでは九〇ほどのゆすりの組織が、一度期に確認されたことがある。だが、ゆすりで集めた総収入額を見積ることは、不可能なほどだとされている。

暗黒街の衝突で際立った変化は、抗争方法に新技術が用いられるようになってきたことである。散弾銃は比較的に昔から使われてきた武器であるが、この種の銃は、輸送が便利で射程が短いという点が、都会という環境に適合していて特に有利なのである。それが散弾銃が最終的に決定される理由である。第一次世界大戦の結果、さらに機関銃が普及することとなった。それは、問題とされる事件で、迅速さと広角にわたる攻撃をする必要がある特別の場合に使用された。ある事件では、二階の窓に機関銃を据えつけ、見通しの良い位置から敵方の自動車に発砲し、一瞬にして致命的打撃を与えたこともあった。

爆弾の使用は、シカゴに限ったことではない。多くの都市において、さまざまな条件のもとで、爆破事件が頻発している。シカゴでは二〇年間に三〇〇件を越え、ここ四年間にその大部分が集中している。爆弾の種類には、音ばかりで殺傷力のない「爆竹型」爆弾から、威嚇するだけでなく破壊さらには殺人可能な高い殺傷力をもった爆弾まである。爆弾が使用される原因にはいろいろある。ギャンブラー同士の抗争、犯罪秘密結社のいざこざ、白人と黒人の人種間の衝突、イタリア系とアイルランド系の民族間の衝突、労働争議、商人同士のゆすり、そして、政治的な対立関係があげられる。最近では対象に応じた爆弾の需要が激増してきて、各種の爆撃に精通した「爆弾専門家」（bomber）があらわれた。たしかに巧妙に実行されれば犯行は誰にも目撃されず、また最悪の場合でも、保護の組織に入っている者は刑罰に問われずにすむ可能性もある。

しかし、一体全体、近代的な商業都市それも権力も行政の管理能力も整備されている都市で、無法者たちの組織が良識に打ち勝つことが可能なのであろうか。たしかに、コミュニティを構成する大多数の人々は売春業者、酒類密売者、汚職者、ゆすり屋ではない。有権者がトンプソンに投票し、市長に当選させたからといって、提案してくるすべての政策を支持するだろうか。あるいは、逆に彼の対抗馬に期待するのだろうか。

どうしてそうなるのだろうか、ということは都市の流動的な体質についての疑問である。これに対してよくいわれる答えは、シカゴや他の都市さらに変哲もない小さな町にさえある、社会的情勢力の組み合わせとその均衡度合ですべてが決定される、ということである。さらに専門的には、特殊な要因と思われることがいま調査されている。むしろ、「要因」（cause）という用語はふさわしくないのかもしれない。都市の発展と並行して生じる諸状況という方が正しいだろう。

次の二つの条件は最も重要である。一つは、無法社会と一般社会は地続きであるということである。もう一つは一般市民の心構えの水準と質である。都市政治にさらに一歩突っ込んだ興味と関心をもつ者は、注意深く、これらの状況を調査する必要がある。なぜなら、問題を解く鍵がそこにあるからである。

汚職王国のボスたちは、コミュニティから離れて生活しているわけではない。彼らは、巧みに資産家や実業家の間を泳ぎまわる。それというのも能力と組織がものをいう世界の魅力と権力を熟知しているからである。そして時としてボスたちは彼らと組んで一緒の仕事をする。汚職王国では、権力が通行手形であり、現在それを持っている者のみが受け入れられ、認められる。過去には、無頓着である。銀行預金額、財産、権力との関係は、産業界や実業界でこそ影響力をもつのである。

たとえば、あなたが、何百万ドルという市財源を、どこの銀行にどのような条件（すなわち制限内）で、どれほどの期間預けられるのかを決定できる立場にあるとすれば、数名の銀行家と取引きをすることができる。その銀行家の中に支持者を見つける。すべての銀行家ではないが、数名の銀行家が強力な援助を申し入れるであろう。そこで自分が銀行家になることになる。(9)

もし、あなたが、監督するのが不可能と思われている税務機関をあやつることができると分かれば、必ず同調する連中がでてくるものである。そこでさらにそれほど積極的でないにしろ協力者が増える。同志を見つけることができるし、あるいは少なくともそれまで敵方にいた、口が堅く従順で暗黒街に精通している者を中立にさせられる。

もし、あなたが現在、警察に影響力があるとするなら、経済不況の時期にストライキにかかわった人々が、当然のこととしてあなたの援助を求めてくるであろう。彼らは、あなたのボスたちが汚職者であっても意に介さず、大不況をどう打開していくかに関心をもっている。不親切であるが誠実な警察官より、親切だが不誠実な警察官に好意を寄せるのである。これは労働の場合と同じに、実業界でも真実である。彼らは「権力」の本質よりもむしろオープン・ショップ（open shop）かクローズド・ショップ（closed shop）〔訳注4〕、あるいはストライキの勝利か敗北を優先させるであろう。そしてこのような場面であなたは味方を得るか失うかもしれないし、弾劾されても忍耐することを学ぶかもしれない。さもなければ、ゆすりや強要をすることになるだろう。

あなたが、政治状況を支配しているとするなら、公益事業の攻防を含めて、お互いの利益を巧妙に取引しあう関係の仲間と連携をとることになるかもしれない。政治が腐敗するきっかけは、鶏が先か卵が先かと同じで、まず公益事業体が市当局に害毒を流すのか、市当局が恐喝や強奪の犠牲となった結果において汚染がはじまるのか、はしばしば議論の分れるところである。どちらにしても、汚職組織のボスは、市の準公的サービスを監督する立場の者に接近し懇意になる機会を窺う。汚職組織は潤沢な資金と情報交換の手段をもっている。実業界や労働界にも幅広く知己を求め、コミュニティの動静から目を離さない。抜け目のない、実際的な相談にのってもらえる法律コンサルタントもいる。公務員や政治家に取り入り、すぐに親密な関係になるのは得意である。市議会議員や州議会議員の罷免や選挙には異常なまでの関心を寄せていて、市長や自治体顧問たちをないがしろにすることはしない。自分たちの組織については、たくさんの小さな歯車の一つさえも、細心の注意を払って管理している。なぜなら、組織の徹底した統制には末端までが重要だからである。

それらの組織の理事や運営責任者たちは、立派な事業能力をもち、コミュニティの中でも社会的な地位も高くおそらく宗教的な名声をえている人物もいる。彼らは、組織を静かに援助する者また自分たちに好意をもつ者に影響を与えるが、反抗的な人々には厳しい対応する立場にいる。つまり、彼らは資金以上に、法律について的確な助言を与えたり、適時に相談に応じるのである。彼らは、公共事業の急迫した事情により、奇妙な政策をとらざるをえないことを説明するに際して業界において社会的信用をえられるような説明の仕方を教えるのである。また彼らは、実際は汚職であるが、明細書がない「正当な支出」(legal expense) といった巧妙な用語をつかい、強奪や恐喝にとってつけた形式を与えるのである。

このようなことは一般大衆には、ぞっとするほど恐ろしいものに思われるかも知れないが、実業界の上層部の世界ではそれほど驚くことではない。すべての業務は、土木工学でいう堅い、現実的基礎の上に位置づけられているからである。そこに障害があれば効率をもとめて、たとえどんなに経費がかかっても、取り除く努力をするにちがいない。彼らの間では、政治が抱える障害、さらに政治家の移り気や常軌を逸した行動や異常な金銭欲などが一喜一憂の原因といえる。

ともあれ、恐喝者、売春斡旋業者、汚職者、詐欺師、都市のゴミためで貴金属をあさる者たちの巣窟の摘発をするときの有効な働きと、公的な立場で不正行為をしたり、市民の名誉を傷つける、政治的な諸悪を行うときの有効な働きにはたいした違いはないのではないか。すなわち、上層界と暗黒街の連携は、状況の一部であり、それぞれ一方は他方を抜きにしては、存在できないであろう。また一方は他方を除いては説明が不可能なのである。つまり、両者はコインの表裏なのである。

とはいっても、ここで事柄についての政治的解釈を承認するわけでは決してない。もし、そうするならば、汚職は制度化されることになる。税金や心付けを払うのと同じ感覚で、「いつものこと」(regular thing) として汚職をするようになるだろう。一〇パーセントが付加され、たとえ不満であっても、誰もが納得ずくでその状況に従わざるを得なくなるであろう。汚職とはある者から他のある者へ与えられる不正利益であり、与えるのと与えないのとでは根本的に違う。ほとんどの商売では、リベートを贈る習慣がないから、いわゆる産業界、あるいは公益事業体に対し非難し激しく憤る人が多い。たしかに実業界の習慣では、政治汚職のからむ取り引きを、表面だって非難をするわけではないが、決して是認しているわけでもない。自らはコミュニティに高潔さを求め、公的な責任をさらに高めようとしている。そこで実業界でも、責任ある企業とそうでない企業を、厳しく分かつ一線が引かれ始めてきていて、社会的責任を求める環境へと移行しつつある。

暗黒街の存在と位置は、「不正利得」だけを取り上げ非難しているだけで、すなわち、一般社会そのものを見ないでいては、とうてい理解できないという見方がある。これは単純にして、おもねりすぎた解釈である。もちろん一般社会は暗黒街を歓迎しないが、暗黒街は一般社会のある姿勢を反映している。あるいはシカゴのような現代都市の中にある、そう呼ぶことができるなら、偉大な神である大衆(great god Demos)、つまり、市民のもつ雰囲気を投影している、といえる。この雰囲気とはいったい何なのだろうか。

それらの雰囲気のあるものは民主主義の特徴でもあろうし、人間の本性からくる特徴でもあろう。さらにたしかにシカゴだけが持ちあわせる、特異性からくるものともいえるだろう。しかし、それらの雰囲気のほとんどは、いろいろな観察者が都市の発展段階とは関係なく、すべての都市で確認している一般的な事実でもある。一例をあげれば、多様な法律が施行されると、コミュニティによってその法律を受けとめる態度が混乱する場合がある。より厳密にみれば、各集団に不統一な態度があるということは、すなわちそれなりの様々な法律があるということである。

都市には種類にしても無数の法律違反や犯罪が氾濫していることは、明らかである。しかし法律は、それぞれの犯罪に対応してこそ遵守されるのである。すなわち、すべての法律違反に法が画一的に遵守されるのではない[10]。しかしながら、人類の歴史からこのかた、有罪を申し渡されてきた法律違反がある。殺人、暴行、強盗が、それらである。一方で、法律に違反するが、広くいきわたった慣習にはそむかないといった違反行為がある。ギャンブルや売春、飲酒などである。また、今日的な都市状況からくるストレスが原因で起こる法律違反もある。車輌速度条例(speeding ordinance)、衛生規則、建築法規などで取り締まられる新しい犯罪である。現代の産業闘争から派生してきた法律違反もある。それらを取り締まる独占禁止法(anti-trust law)、税法、労働者階級が不満をもっている労働法がある。これらは、もちろんすべて法律である。そして、コミュニティやコミュニティ内部の大きな団体が、これらの法律を異ったものと見なしているにもかかわらず、理論上ではあるが、法的に同じ基盤で処理している。実際、手を血まみれにした殺人者、ギャンブルで捕らえられた市民、尾燈をつけ忘れたドライバー、独占禁止法違反の商人が、同様に護送車につめこまれて、仮留置場に送られたり、はたまた市民の面前で軽蔑の目に晒され、いわゆる晒し者になるような場合である。このとき、なぜ、こんな不合理な待遇を受けるのだろうか、という疑問で事態は混乱してくる。

私は、コミュニティの道徳と深い関係のある地方自治のあらゆる領域で、すべての対応が非現実的であり、不誠実であると特色づけられることに驚いた。たとえば、犯罪の領域では、コミュニティが産業紛争の当事者のどちらかに片よって関与することを除けば、一般市民は真剣に注目している。個人や財産に対する日常的な犯罪を扱った判決については、誤りはないものである。しかし、不法行為、ギャンブル、日曜日休業法、禁酒法、税法、独占禁止法を扱うことにおいては、コミュニティは、道徳的にみて、明らかに二重の基準を設けている。それが行政と市当局に混乱をもたらしている。抽象論では、都市はギャンブルに反対し、賭博禁止法（law against game of chance）の廃止に強硬な反対票を投ずる。しかし具体論では、市民は運を天にまかせる勝負ごとに、法律が介入してくることに、それほど深い関心を払ってはいない。場末の賭博場、豪華なクラブ、粗末な店、あるいは個人の家庭、教会においてさえ、勝負ごとが行われてきている。そこで、法律で徹底的に取り締まるのなら、警察官や地方裁判所の判事も増員する必要がでてくるだろう。いままでに、特定の曜日か週を定めて、ギャンブル人口の調査をしたことはなかったが、まちがいなく、驚くべき数字となって、あらわれてくるであろう。

同様な状況が、社会悪を取り扱うときにも見出される。犯罪対策委員会が二五〇万人の都市の不法利得がもたらす損害を、一年間で推計一、五〇〇万ドルと判断したとしよう。たとえ現実に根拠を置く反論があったとしても、理論的な推論に明らかに劣る。禁酒法について言えば、違反者は広域にわたって広がりつつある。ほかの違反と異なるのは、この法律が州や国から都市に押しつけられたという事実で説明できる。

コミュニティとしても、規則がすべて厳正に施行さるように、強烈に期待しているとばかりはいえない。代議政体の中で、人々に選ばれた代議士たちは彼らを選出した有権者以上に厳しく、しかも容赦なく法律の適応を要求するようなことはしない。現実にはこまごまとした法律や条例が、公然とあるいは暗黙のうちにまた比較的抵抗なく廃止される。市民たちがある条例の施行に疑問を感じても、提案者たちが、これは立派に警告的価値をもつであろうと、堂々と説明したならばこれは施行されてしまう。

たとえば、禁吐痰条例（anti-expectoration ordinance）が議会を通過した際に、この条例を実施することは、不可能だろうという異議が唱えられたことがある。しかし、条例の提案者はともかく警告として役立つし、時には現実に取り締まりもされようと、説明した。条例の成立後、警察は実際に権力を行使して、毎週火曜日と金曜日、ループ地区に限定して、徹底した条例執行を実施した。

もしコミュニティで抜き打ち的にすべての法と条例に基づいて、条文どおり取り締まりが強行されたとしたら、大騒動になるに違いない。そうなれば、法律を執行した者たちの決断に憤慨した市民は、彼らをリコール（recalled）するであろう。スピード違反、ギャンブル、密売行為は誰の目からも違法である。しかし一般的にみて、社会はこれらの規則が広く実施されることを、どれだけ真剣に期待しているであろうか。州は、個人財産の全評価額の五パーセントを税として徴収するとしているが、州自身も条文どおり、実施されることを期待しているであろうか。同じく、国自身も独占禁止法の条文どおりの執行を、期待しているであろうか。

さて、こう述べてきたからといって、シカゴが法を無視するコミュニティである、というわけではない。結論としていえることは、われわれが従うべき法律と、それほど真面目に従う必要もない法律との間には、たとえようもないほど混乱が起きているということである。また、暗黒街が温床とするのは、一般社会との間の薄暗い地帯（twilight zone）である。王国ともいえるこの世界は、決して孤立しては存在せず、封建的裁判権が、一般社会とは異なった保護のもとで、多くの人々のうえに名目上その力を拡げている領域である。現代社会では殺人者、強盗、どろぼう、スり、あるいは詐欺師だけが集まって構成している王国においては、自力で生きて行かねばならない。密売行為者、スピード違反者、ギャンブラー、その他諸々の小さな法令違反者たちは、集団を組んで違法者の団体やいかがわしい者の組織を形成する。

この組織は法の外側に位置して、法の壁の内側にあって守られている組織に対抗している。その一方で、同じく外側に住んできた者、あるいは内側に残留してはいるが、彼らに親切で寛容な者たちからの援助と激励を期待している。法律の枠外で生活している者たちが、なんの騒ぎもおこさずにいる分にはよいのだが不遜になり、高慢に、寛容に耐えるのではなく力を行使して非難の声があがる場合、再び一般社会の外側の薄暗い地帯に連れ戻される。たとえば、誰がみても議論の余地のない罪を犯している売春婦は、強引にでも、見せしめを兼ねて連れ戻されるのである。

いつの世でも犯罪者と非犯罪者の間はそれほどの断層はないが、なだらかな斜面はある。そして、法律が犯罪者を増やそうとするときには、さらに斜面はなだらかになる。そこで、規律の神は、ほとんどすべての人々を処罰するという仕事を抱えたことになり、困惑したり、転じて厳罰に処したり、絶望のあまり腕を組んで考えこんだりする。

法務局の役人が、英知と信念で完全に武装したうえで偏らない感情で法律の制定にあたるならば、犯罪に満ち満ちた暗黒街を活気のない低調な絶望的な雰囲気にすることもできる。また、諸勢力が一本化することを防止することもできる。このことは、ベルリン、パリ、ロンドンで見うけられるが、型はそれぞれ異なってはいても警察行政が次第に改善されてきている。さらにコミュニティの側では、現実的可能性を追及する感覚が熟している。シカゴでは、警察行政の改善にあたる大物たちがあらわれるだろう。

既に詳説したとおりであるが、さまざまな改善をさまたげる要素の中で、「最高権力者」(the Chief High Lord)はなんといっても、数年前から君臨しているジョン・バーリーコーン(John Barleycorn)である。シカゴでは二大勢力が競いあっていて、酒を手に入れたいという欲望の前には、市当局の方針も無視する。さらに酒を独占するためには、道理ある決定にも服従しない。このような状態が、大問題へと発展していく時こそ行政の順調な時代は過ぎさり、確実に前途多難な時代に突入したことになる。もし禁酒反対論者たちが、現実には実効の上がらない禁酒反対政策を支持し、あまり意味のない禁酒時代に突入したとしても、議会と法を執行する側にとっては綱渡りの時代になるだろう。

シカゴでは、禁酒反対論者が日曜日の酒類販売禁止に関する条例を設けて、住民のレファレンダムにかけることを支持し、他の週六日は解禁しようとした。そこで禁酒賛成論者は、逆に、日曜日の酒類販売禁止のレファレンダムに反対し、平日の六日間を禁酒日にすることに賛成した。しかし憲法修正第一八条が議決され、酒類販売についでは住民のレファレンダムによる、という規定ができ、禁酒賛成派はレファレンダムに重大な危機感をもった。それとは反対に、禁酒反対派は、明朗な健康生活を得ることになった。酒類販売の是非論は、肝腎な公共政策や行政として真正面から争点としてとりあげられず、むしろ軽視されがちであった。双方とも詐欺師にもて遊ばれた。「自由主義」(liberals)を信奉する議員で構成されている「自由派」(liberal)は、酒類密造者や盗みを文字通り自由に重ねてきた候補者と、取り引き以上の条件もかわしていたのである。同様に、彼らは禁酒賛成論の候補者を抱き込むために、体裁の良い盗品や略奪品を自己満足の眼でながめる反動主義者に陥りやすかったのかもしれない。州検察官、保安官、市議会議員、市長たちはこの試練を経て選出された。

不思議なことに、アメリカ全土をみても、アルコール問題について組織的な調査は、これまで行われていなかった。一九一五年、私はシカゴ市議会に調査を提案した。幸いにも決議は議会で採択され、九人の禁酒反対者による委員会が発足したが、残念なことに決議をまとめた私は除かれていた。ともかく、報告書は格調の高いものであって、まっとうな提案が盛り込まれていた。しかし、結局のところ握りつぶされ、何ら改善がなされなかった。そこで私は、アルコール度の軽いワインやビールは許可するが、ブランデーなどの蒸留酒の販売は禁止する案件を、レファレンダムに任せる条例案を再度提案した。しかし、禁酒反対論者、賛成論者の双方の同意は得られなかった。やり場のないくやしさで、私の胸は痛んだ。

私はある時、禁酒反対運動の指導者にいったことがある。「あなたの政策が、まったく理解できない。酒類輸送の規制を進めようとするあらゆる運動に、永久に抵抗できるとでも思っているのですか」。その人は、「いいや、だが、もしもある一点を認めれば、次々とむこうの言いなりになる。運動も、たぶん一〇年ぐらいしか続かないだろうと覚悟している。妥協しないことにした。今できることをして、最後までがんばるだけさ」と答えた。これは、近視眼的政策と言わざるを得ない。しかし、これは細々と経営している酒場の主人たちが決めたことではなく、当時すでに小売業界を膝下に従え、最後の一滴までもしぼりとる力をつけていた、大手酒造業者たちが陰で糸を引いていたことによるのである。

アルコール問題には、悲劇とうらはらに明るい面もあった。酒類販売認可委員会（License commitee）において、私は禁酒の賛成論者、反対論者の双方の提案に、投票せざるを得ない立場にあった。あるとき、委員会で過去に有名であった軽食自由制（free lunch）の廃止を要求する、不思議な条例について審議した。これが原因となって、一部の過激な酒場経営者が猛烈な闘争を展開した。主にビールを提供して商売している経営者は、軽食自由制と長時間かける飲酒を支持した。また、ウィスキーを提供して、客が短時間で回転してくれることによって商売が成り立っている経営者は、軽食自由制を営業妨害と考え、サービスを禁止させようと要求してきた。私は今まで、これほどまでに当時者が、熱烈な信念をもって訴えてきた審議を知らない。確かに私自身の見解が、飲酒賛成論者の注目の的となり、ほとんどすべての飲酒賛成論者から信仰に近い真剣さで意見を求められた。私はその瞬間は確かに、酒の審判官(Judge of Booze）となっていた。だが、委員会としては、結論を出すに十分な論拠を、探り当ててはいなかった。

もちろん、市政府にしてみれば、アルコール問題に比較して、さらに重要な案件があることは十分承知していた。コミュニティの投票者にしても、他に関心のあることがあったであろう。つまり、公共輸送機関、住宅供給、再開発、税金、学校、衛生などの諸問題である。だがそうではない。実際のところ、現在の地方行政を考えるとき、飲酒に抗議し、酒の悪魔（Demon Rum）を撲滅する運動の他に、どのような問題があるのだろうか。すべて人間行動の強力な動機として、渇きと良心が確認されている。そこで、現実に市にほかのニーズが存在したとしても、二の次にならざるを得ない。

ところで、ひとたび禁酒賛成者論が、市長、訴追弁護人、シカゴやクック郡の保安官として選出されると、すべての活動方針が、主に比較的に飲酒の問題に関心を向けさせるものとなるということは、あまり知られていない。それゆえ、意欲的な法の執行人は、禁酒反対論者の中から募られねばならないことになる。シカゴが、ハリソンやディーヴァーのように、誠実で、有能な、禁酒反対論者を市政の責任者に迎えられたということは、幸運の一語につきるのである。

汚職者の種類

われわれは、汚職の種類と最悪のものを検討したが、その結論として、だれもが合法的な調整や情実と考える範ちゅうと、完璧な汚職とみなす範ちゅうの間に引かれる一線が、必ずしも明確でない、という事実を認めざるを得ないのである。権力の座についている者が、奨励や昇進、情実の特権を行使して、臨時収入や手当てを得ることは、避けられないのである。それにしてもいくつかの場合は、まったく合法的なものと見なされているが、なかには疑問視せざるを得ないものもあるだろう。ある役職に友人を指名したり、官庁と癒着したりすることは、能力をはじめ他の資質が等しければ、非難されるどころかむしろ、推奨されることである。なぜならば、能力のない者を指名すると、しばしば、問題を引きおこす原因となるからである。まかり間違うと市民の生活や、安全を危険に陥れる結果になるような地位に、たまたま無能者を指名したりすると、犯罪を犯す可能性が高いと判断されるからである。またたとえ政治的には、当人同士が友好関係にあったとしても、支配と法律の解釈には一線が引かれるべきである。さらに完全に合法的であると思われる領域でさえも、どこかに境界が存在するはずである。すなわち、違法性の濃い行為と法律の精神と条文にてらして弁護の余地がない不法行為との間には、一線が引かれているということである。特権というものは、階級間あるいは政党間闘争を通じてこそ、他の場合と異なり、法律的に獲得できるものである。ある法律について、共和党や民主党が、どう説明しているのかという時、選挙中でもその法律を支持した政党からは、当然のことであるが批判の声はあがらないはずである。ところが労働者が支持したり、あるいは、逆に資本家階級が支持する法律については解釈が競合しあい、一方が賛成にまわれば、他方は反対にまわる。

もちろん好ましいことではないのだが、世間で許容される「誠実な汚職」(honest graft) と、いわゆる利権とは別である[11]。しかし、権力に付随して入ってくる臨時収入と、衆目が一致して非難する犯罪との間に引かれた一線は、抵抗なく除去されてしまう。さらに犯罪者自身が、自制できなくなってしまうのである。周囲も同様に悪事を働いているという共通の立場があるからこそ、公の財布から現金を窃盗しても平気でいられるに違いない。だがしかし、土地や濡れ手で粟の仕事に誰もが納得しない公的評価額を付けようとしても、受益者やコミュニティの世論が阻止してしまうだろう。ある事件で、ある男が詐欺師であることを認めた。ここまではよかったのだが、彼は自分の仕事ぶりが機敏であることを自慢し、運がついていることを鼻高々と誇らしげにしていた。何人かの人々は、この問題を扱うことによってまったく混乱してしまった。私はある市民がかつて市当局の腐敗と汚職を、激しく非難していたことを憶えている。彼は、水道料金が汚職政府の謀みで法外な金額になっていると勝手に信じ込んでいた。そこで水道料金検針員が巡回して来るたびに、彼らを一〇ドルを「そのように強要する汚職者」(such persistent grafters) とみなして、一〇ドルを渡さなければならない、と言いつづけていた。彼にとっては、自分の行為はあくまでも正しいのだった。

汚職が発生する背景には、一般にそれほど詳細に調査されていない、公的扶助によって強化されている心の態度がある。例えば、保護や情実という巨大なシステムによって労働者を支援している政党の態度は、安易に、汚職や窃盗へと道を踏み外す危険性が多分にある。以前、ある著名な政治家がこう言ったことがある。「多くの事務量と多少の汚職があってはじめて組織が運営できる」。公務において、最も真摯な人々でさえも詳細は分からないものだが、不正を犯している他の人々と一緒に働かざるをえない。しかし、彼らは、実業界では、信用できる人が、その部下をよく知っているのと同じように、一般的に言えば、同僚、部下をよく理解している。普通の組織ではこれが常識であるが、とくに政党ではこの傾向が顕著に見受けられる。

友情と同族意識が次第に汚職を生みだす意識へと変化していく過程も、含まれている。美しい友情を発端としながらも、そのほとんどは気づかれる前に次第に、目に余る違法行為に変化することになる。犯罪がひとたび成功すると、仲間は保護され援助されねばならない。そこでは仲間に忠誠心を示すことは、すばらしい特質となる。もちろん互いに軽蔑し合ったり、みくびったりしてはならない。こうして最終的に政治には、友情という美しい花々が咲き乱れるのである。私は、戦争以外に他人や集団のために、個人の利益をひたすら犠牲にする関係を知らなかった。自分自身の快適な生活を失ったり拒絶したり、他人をかばうために名声が失われたり、大罪を犯しながらも黙秘権を行使して天井をみつめ静寂と対峙しているといったことは、実際、容易なことではない。しかし、政治集団の歴史をみると、こうしたことが、日常茶飯事に行われているのである。ある場合、実は報酬を得るまでの抜け目のなさであったり、永年の年の功ともとれる。しかし、ほとんどの場合、失った自分の利益を取り戻そうということなど、少しも期待していない。仲間の忠誠心が崩れるなどということは決してないのである。

もちろん、政党が殉教者たちの犠牲のうえに成り立っているわけではないが、またまったくマキャベリストたち（Machiavellis）によって成り立っているわけでもない。上べだけの友情や、本気でない忠誠心もある。だが表面にあらわれた虚勢の奥に、友情や最も純粋な忠誠心というかけがえのない財産がある。しばしば私はなぜ一般社会が、実際に汚職を犯した者たちの勇気、組織に対する誠実さや献身を善用できないのか、また、どうして彼らの才能や資質が公共サービスに活用できないのか、かねがね不思議に思ってきた。もし彼らの経験がそのまま公共的な現場へ利用できたなら、あるいは両者を一本化できたなら、公共サービスの特質からして数段の進歩が図られるであろう。戦時中あるいは大災害時には、これらの人々は、偉大な国家の精神を追い求めて勝利のために活躍したものであった。だが悠長な平和な時代には、国家とか政府が後退して、国家権利や国民への要求も、曖昧になり意味を失ってしまったようである。

結局、階級意識がもろもろの汚職をはびこらせることになり、ある意味では正当化する働きさえしている。言っても無駄であるが、実業界や労働界がその力によって権力や買収がもたらす障害を排除する必要があるにもかかわらず、その準備すらしていない。そして、下部組織が動かなくても大目にみている。少なくとも彼らは、汚職を徹頭徹尾、非難しようとはしない。仲間同士が助け合うようにして、企業の責任者は、「株主の立場に立ち」買収した公務員の力を借りて彼らの利益を守る。そして、彼は自らが、ひどく骨の折れる事情のもとでさえ、信頼できる誠実さをもっていることを称讃することによって自分の良心を慰めるのである。一方で、労働者の代表は、その行くべき道が認めがたいものであったとしても、同僚たちに「いま何が必要なのか」を明らかにしようと、努力するだろう。

たしかにシカゴでは、過去三〇年間に相当額の賄賂が闇から闇へと動かされてきたことは疑いようがない。誰もが「それを受けとったのは誰だ」という疑問を持つであろう。しかし、ここで同じく重要なことは「誰が支払ったのか」ということである。それは富豪、名望家、身分の高い人々たちだったのだろうか。たしかに過去においては彼らであったが、現在でも同じことが行われていて、彼らが生存していれば、支払っているのは彼らである。彼らはまちがいなく、一流階層に属し紳士録に載り、上流社会とも自由に行き来し、機会をとらえては福祉、芸術、慈善、教育に寄付している。もちろん寄付者リストに氏名を連ねている人たちである。もし彼らの名前と寄付総額が公表されたとしても、たいていの人は、莫大な金額を信じられない、と思う。王様は、不正など行いうるものではない。たとえもし不正を働いたとしても現在、個人として尊敬されているように公的にも容赦されるにちがいない。たとえば銀行家、弁護士は汚職者一味の秘密を知りつくしながらも、告解において懺悔された秘密のように隠蔽する。もとより速記者、書記、出納係、会計係も承知しているのだが、素振りにも出さない。彼らの妻、子供、友人たちも、シカゴの安全を危うくする事態が予想されていたとしても、検事を応援しようとはしない。

公然と知られていることであるが、個人的には高い地位にある者でも、市役所の公務員に賄賂の報酬を出し惜しんだり、支払えずに釈明している、非のうちどころのない企業を恐喝したり、法律や習慣さえも都合よく解釈して仕事の「潤滑油」（grease）としている、という事実すらある。われわれが「尊敬すべき社会」（respectable society）で、汚職者同士の確執が口にされるときは、一般には贈賄者よりも収賄者が追求されるようである。これらの事実から目をそむけ、あたかも存在していないように振舞うようでは、事態は少しも進歩しない。私は決して皮肉からではなく現実の状況を研究しようとする一人の現実主義者として指摘しているのである。

私は、しばしば「都市では、新聞のコラムが指摘しているとおりの汚職が、行われているのか」、という質問にぶつかる。これに対し、「そうです。すべてといってよい都市で、もっと悪質な汚職があります」と正直に答える。地方自治体の分析研究が進むにつれて、それまで発覚しなかった汚職が暴かれ、関与した人々が増加していくことになる。しかし、たとえばわれわれが現実に目撃した事実があり、行為そのものは理屈で非難されたとしても、コミュニティにおいては、その事実は鷹揚に許容される場合もある。言葉を換えれば、法律は、習慣によって一部無効にされることがある。コミュニティの水準を代表するのは何か。コミュニティは何を主張し、何を執行するのか。法とは何で、そこには何が書かれているのか。もちろん、あらゆる人々が汚職者であると言っているわけではない。なぜなら、そういってしまえばすべての人々が、犯罪人であるというに等しいからである。だがしかし、われわれが普通、想像している以上に法を無視している者がいることも事実である。

私が犯罪調査をしていた時のことであるが、盗品買取り所や盗品買い取り人の、調査をしたことがある。いろいろな方策を検討した結果、われわれは多種類の品物を集めて店開きをすることにした。もちろん買い手は盗品だと承知していた。調査員は、売約済みの長いリストを手にしながら、実験に成功した満足げな微笑みを浮かべてもどってきた。「やあ、本当に証明できたんだね」と私は笑いながら言った。事実、多くの人が喜んで品物を買っていった。これで初めて、われわれは十分に社会習慣が理解できたのである。

私は、知識人や皮肉屋が断定するように、現在の状況が絶望的であるとは思わない。まるで反対である。いまこそ政治的実践の水準を向上させるために、毅然とした態度で不屈の努力を、しなくてはならないのである。実際、この方向に向けて前進がなされているのだが、単なる技術変革や人間性の探究だけで目的に到達できるわけではないと確信している。また、たしかに公共財産を横領した者は、それなりに処罰されるべきである。しかし、ここにいたる原因をすべて個人に転化するわけにはいかない。問題は制度である。現行の制度は、個人やコミュニティの知性を、適切に組織化できず、将来についても、近視眼的展望にかかわる長期的展望を、打ち出せないことの結果である。いうならば、私たちが所属し、共有している統治組織、司法組織を監視することに失敗した公的社会態度の反映こそが現制度だといえる(12)。

そして、さらにすすんで、汚職は統治機構に限らず、実業界や労働関係団体にも同じように拡がっている。とくに大企業は汚職事件に関係しやすい。鉄道会社などの大きな組織では、地方自治体と同様の汚職が行われている。しかし、私企業ではたまたま事件が、訴訟にもちこまれ明るみに出た場合は別として、公金横領などの損害は隠蔽する。ただが公的不正は、当然、コミュニティの利害に関わる問題でもあるので、新聞の一面で正確に報道される。新聞は不正利得、汚職、暴力などから蒙ったシカゴの一年間の損害記録や、準公的組織や団体のあらゆる不正資料を、すべて公表するように要求している。

もしも、われわれが前進をもとめる、死にものぐるいの闘いを回避していたなら、汚職は今日までに制度化され、広義にいう間接税として定着していたにちがいない。現在、現実に東洋の諸国で行われている例で、シカゴがそうならないとは断言できない。しかし、汚職は、民主主義や正義の規範とも齟齬をきたすのである。汚職組織が非知性的、非民主的であることは誰の目からも歴然としていて、われわれはそれに闘いをいどんでいるのである。行政にかかわる問題が本腰を入れて検討されはじめると、あらゆるコミュニティが、一丸となって団結して汚職組織に対抗し、最終的には良識ある判断が勝つであろう。その前提として、目下のところ行政組織を弱体化させ、堕落させている汚職の習慣を根絶することが必要である。もちろん、コミュニティが諸々の経過から個人的な繋がりや、他の理由で選別的に対応してきたものをきっぱりと白紙状態には清算できないであろう。しかし、規則、あるいは法律に従って公平な処理を徹底させ、さらに公共財産の保護を推進していくためには普遍的な責任の自覚が重要だ、ということである。

私立公園が新設されたとなると、すぐさま塵芥やごみが散乱し、たちまち美観が損なわれることもあるだろう。そのような時、行為者は逮捕され、処罰されるであろう。そうされることが当然である。しかし本当のコミュニティの勝利といえるのは、次の場合である。まずコミュニティが、公園は市民自身のものであり、管理責任は彼らにあると認識する。そこでさらに市民が、お互いの利己心と無関心を注意しあい、気まぐれや頑固さを正し合うようになった時である。市民の意識が低下して公共財産を大切に使用しなくなると、警察官だけでなく父親、母親、遊び場を使う子供さえも不愉快になる。

行政府という社会的財産についても同じことがいえる。これまで数世代にわたって、少数者のための公共財産にすぎなかった。だが今日では多数者のための公共財産となり、個々人の市民が行政府に対して、責任ある所有権者としての姿勢を、身につけている。

ところで、究極の汚職者は、あまり一般的には承知されていない。それは、やはり万物の霊長でいながら、行政府を維持、存続させるのに必要な応分の責任をずる賢く避けている寄生的な市民である。彼らは、喜んで過去から継承した自由な行政府の遺産を受け継ぎ、自分の目的のため浪費し享楽する汚職者である。その挙句に、荒廃して疲弊してしまった残骸を子孫に引き継がすのである。このような人間は実りは収獲するが、種を蒔き、苗を手入れしたりはしない。彼らは他人から受領するが、他人に供与することはしない。文字どおり誰かが供給してくれる蓄積を、収賄するにすぎないのである。

実は、これらの問題はシカゴに限られたものではないが、あらゆる都市が法律や正義にそれほど損傷をうけずに解決してきている。酒類販売、不正行為、暗黒街、一般社会、公務員にみられる無秩序な態度は、あらゆる都市に存在する。それにもかかわらず、秩序は基本的には保持されているのである。シカゴとどこが相違するのか。

われわれは行政府構造についての種々の理由でシカゴを弁護できる。たとえば、シカゴは行政機構が複雑であった、本来の人口が市域内に包括できなかった、また新興都市で、人口が民族的に不均質であり、流動性が激しく、組織的でなかった、と指摘できる。政治的、社会的、経済的原因が重複することによってかえってそれぞれが曖昧となり、真実が見失われてしまった。

たまたま数日間、雨天が続いたからといって、気候が変わったといわない、と結論づけるのと同じである。シカゴでは年間を通じても太陽が日中は照射するし、他の都市と同様に悪天候は過ぎ去ってしまう。決してシカゴだけの典型ではなく、嵐が吹きすさび、大空いっぱいが雨雲でおおわれた暗い時代である。シカゴ市民の資質は、他のコミュニティと比べても劣っているとはいえない。それどころか、彼らの秩序と正義を求める理想の気高さは、いまわしい汚職と利権の高潮をはるかに超越している。

これに似た苦難の歴史をもたない都市があるだろうか。例えば、ニューヨーク、フィラデルフィア、ピッツバーグ、シンシナティ、あるいはサンフランシスコ、セントルイス、ロサンゼルス、ニューオリンズはどうだろうか。地方自治体でほんの短い期間にすぎないとしても、汚職や赤裸々な欲望に翻弄されず、正面から正義に挑戦されたり、公民権を自分の都合のよいように歪曲して、堂々と高唱されたりした経験のない自治体は、幸福というものである。

シカゴは、大火災という歴史に残る災難から再生してきた。次の世代は、汚職者と脅迫者のもたらしてきた社会的害毒からも蘇生するだろう。シカゴが現在でも、忌わしい大火の日にちなんだ記念式典を挙行しているように、いつの日か、ビッグ・フィックスを絶滅させ、都市につきものの難病から解放された、快気祝の儀式が行われることになるだろう。

（1）トリュビューン（Tribune）社が原告となりウィリアム・ヘール・トンプソン（William Hale Thompson）一派を訴えた裁判。一九二八年の巡回裁判所ヒューゴ・M・フレンド（Hugo M. Friend）判事の意見。
（2）Chicago Council Committee on Crime, p. 52, を参照。
（3）*Survey of Criminal Justice in Cleveland; Report of Illinois Association for Criminal Justice*, 1929, を参照。
（4）*Report of Illinois Association for Criminal Justice* に掲載されている、柔軟な意見を持ち、未だに検察庁に残っている前検察官ジョン・ヒーリィ（John J. Healey）の報告を参照。
（5）Battley Cormack, *The Racket* はシカゴの現実に詳しい。
（6）A. L. Beeley, *The Bail System in Chicago*, を参照。
（7）前掲の *Report of Illinois Association*, を参照。
（8）「現実の問題として、銃器保持者とギャングは九〇を越す経済活動の不可抗力の統制下にある」。*Illinois Assn, Criminal Justice*。

（9）Steffen, The Honesty of Honest Tom, *McClure's Magazine* , Vol. 45 No, 3. の笑い話を参照。

（10）E. A. Ross の著名な研究、*Sin and Society*, を参照。

（11）"Honest Graft" については W. L. Riordon, *Plunkitt of Tammany Hall*, Frank R. Kent, *The Great Game of Politics ; political Behavior*, に詳しい。

（12）拙著 *American Party System* の七章でこの問題について詳細に検討している。

訳注

〔1〕イーディス・アボット（Edith Abbott, 1876-1957）。アメリカの統計学者であり、社会改良家。本書が執筆された時期にはシカゴ大学のSchool of Social Service Administrationの学部長であった。

〔2〕イディッシュ語（Yiddish）。合衆国への移民の中に、珍しいイディッシュと呼ばれる言葉を話す集団がいた。この言葉は、ドイツ語にヘブライ語、スラブ語が混和した結果、成立したと言われている。合衆国には、現在も唯一の日刊イディッシュ語が残っている。

〔3〕憲法修正第十八条（Eighteenth Amendment）。禁酒法ということで、広く人口に膾炙されているが、正式には禁酒法という法律はない。

このアメリカ合衆国憲法修正第十八条とヴォルステッド法を合せて「禁酒法」という。ちなみに修正第十八条の全文を引用する。

第一節　本条ノ批准ヨリ一年ヲ経タル後ハ、合衆国及其ノ管轄権ニ服スル総テノ領土ニ於テ、飲用ノ目的ヲ以テ、酒類飲料ヲ製造、販売或ハ運搬シ、或ハ其ノ輸入若クハ輸出を行ウコトヲ禁止ス

第二節　聯（連）邦議会ト幾ツカノ州トハ適当ナル立法ニヨリ本条ヲ施行スル共同ノ権限ヲ有ス

第三節　本条ハ合衆国議会ヨリ之ヲ各州ニ提議シタル日ヨリ七年以内ニ於テ、憲法ノ規定ニ依リ憲法ノ改正ニ必要ナル諸州立法部ノ批准ヲ得ルニ非ザレバ、其ノ効力ヲ生ズルコトナキモノトス

（『高木八尺著作集』第一巻より）

合衆国の禁酒運動は、南北戦争以前にさかのぼる。道徳や宗教の問題として議論されてきた。第一次大戦中にも第二十八代大統領ウッドロー・ウイルソンは禁止布令を出している。彼は大国の理想主義の立場から連邦憲法修正にまで押し進めた。一九二〇年一月十七日から施行され、三三年一二月五日に憲法修正第二十一条が批准されるまで、十三年十ヵ月と十九日間にわたって酒類問題は、合衆国国民の毀誉褒貶の渦中にあった。

〔4〕「オープン・ショップ」とは、労働組合員であるか否かを問わず、労働者を雇用する事業場である。これに対して、「クローズド・ショップ」とは組合員である労働者のみを雇い入れることを義務づけることを意味する。

第三章　シカゴを建設した人々

シカゴは、暗黒街とは別に建設者の都市、という一面も持ち合わせている。シカゴには建造美や壮大さを象徴する、代表的な建築物が林立しているが、それらのいくつかは、現代都市における世界的にも重要な建造物である。アメリカの都市の歴史にあっても異例な出来事であり、まぎれもない事実でもある。つまりシカゴは醜悪な不正行為や、政治的腐敗に侵されていた時代にあっても、アメリカにおける都市生活のヴィジョン、知性、勇気、さらには計画能力という点では、最高に美しく、かつ重厚な都市構造をデザインできたのであった。

シカゴの都市計画（Chicago Plan）は、最近における都市開発の奇蹟のひとつといえる。シカゴの発展は、すでに注目されているが、完成に向ってあらゆる角度から見て、最高に美観の整った、都市計画の全貌を明らかにするであろう。注目すべきことに何マイルにも及ぶ道路や並木街路の開通や拡張、芸術的ともいえるいわゆるレイク・フロントの開発、港湾や鉄道ターミナル機能の再組織、シカゴ川の直線化が都市計画に追加されている。

シカゴの公園計画システム（park system of Chicago）は、同様にコミュニティに欠かせない財産のひとつである。市内の小公園と、中規模の公園の配置は都心部から少し外れた森林の保存とともに、世界中のレクリエーション研究家の興味と関心をひき起している。シカゴの都市政策を、直接的に観察しようとするならば、都市生活の暗黒部分と併存している実際的な都市開発の成功した事例をも検討すべきである。一体これらの計画はどういうもので、どのようにして誕生してきてどこに都市としての重要性があるのだろうか。

シカゴの都市計画は、広義において、また最も現代的な意味で、都市構造に根本的な再組織化を求めるものなのである。初期の段階では何かと制限が多く設けられていた。しかし今日では、都市計画の本質である包括的な開発を含んだ都市計画となっている。この計画事業を詳細に説明、分析をすると、一冊の本の分量が必要であり、本書では不可能である。従ってここでは、シカゴの都市計画を概観するに止めることにする。大雑把に言うとこの計画案は、約二〇〇マイルにわたる道路の拡幅、延長、改良、空港ターミナルの乗客施設および、貨物施設の再編成、市港湾の検討といった内容である。そのシンボル的な特徴のひとつとしては、すでに美しい景観で知られているが、大胆で芸術的な設計のシカゴのレイク・フロント開発が描かれている。

行政当局は、一時期、民間の所有に委ねられていた川岸の土地所有権の返還を要求して、美観とは程遠かったそれまでの殺風景なレイク・フロントを、都市美を誇る名所にしようという計画を推進し実行した。そこで果てしなく広がるミシガンの湖岸は、埋め立てられ開拓されていった。ミシガン湖上に、島々をつなぐ道路が建設され、公園道路の外縁線と岸の間に幅六〇〇フィートもある潟ができた。このユニークな計画が完成したことにより、南はジャクソン公園から北はリンカーン公園までのレイク・フロントに、湖岸沿いに数マイルに及ぶ並木街路が貫通している。もともと当局の、立案した設計に関連する経費そのものは、それほど重要ではなかった。ところが暗黒街からの介入が始まり、それを考慮に入れた費用統計がはじき出されるようになってから、事情は一変した。すなわち市計画事業の竣工までの費用総額は、二億五千万ドル程と言われている。しかしながらすでに、市当局に追加承認されただけでも、さらに五千万ドルの支出が見込まれている。この都市計画が最終的な完成をみるまでには、すでに支出済みの額の他に二億五千万ドルが必要と推計されている。

シカゴが都市として目覚ましく開発されはじめたのは、市の中心部に高層建築物が建設され、驚くべき変貌をとげたことと不可分である。鋼鉄製の摩天楼の発祥地であるシカゴの近年の建築物は、高層建築構造が変化しデザインが驚くべき進歩がとげられた。その摩天楼のうちで二つだけを挙げるとすれば、トリビューン・ビル（Tribune）とリグリー・タワー（Wrigley Towers）である。高層建築群とこの新しい建築物の出現が描く印象的な背景を観察すれば、レイク・フロント・プロジェクトの美しさは高く評価せざるを得ない。

現在のところ都市計画全体は未完成であり、将来も完成を見ることはないであろう。しかし、個々の重要な計画は、一応完成している。ミシガン通りおよびローズベルト街路の拡張、ワッカー大通りの建設、さらにウェスタン通り、アッシュランド通りの開通はすでに実現をみた。レイク・フロント・プロジェクトは、ごく近い将来、遅くとも五年以内には完成することが期待されている。さらにノース・ウエスタン鉄道やさらにペンシルヴェニア鉄道にあるような巨大な鉄道ターミナルの設計も、都市計画に織り込まれている。現にイリノイ中央鉄道ターミナル（Illinois Central Terminal）は目下建設中である。イリノイ中央鉄道郊外線は電化され、他にも大規模なターミナルを建設しようという案が審議されている。ポーク通りと第一八番通りの間を流れるシカゴ川の蛇行をまっすぐにする大事業も法的、財政的、政治的に困難な段階を乗り越えて、徐々にではあるが進行している。

少し遅れて、公園計画案や住宅計画案も提出された。ところで、市全体が低迷期であった時期に、どのような経過で、シカゴ都市計画は実現をみたのであろうか。

もともとシカゴは、世界の大都市と同じく、明確な計画の所産ではなく、偶然的で自然発生的な都市といえた。このような都市成立の過程を考える時、シカゴにおいて不動産投機、産業の振興、市電の延長、偶然が及ぼす影響は絶大であった。当時、行政当局には、自治体開発を調整できる権力は存在しなかった。またそれを望むことすら不可能であった。政府も市民も、他の事柄に耳目を向けていた。たとえ都市が成長していく過程を科学的に研究したり、再検討を提唱するような者がいたとしても、空想家と見なされたであろう。もし彼らが、自らの考えを強引に打ち出そうとしようものならおせっかい者とされた。さもなくば、シカゴでは多分に考えられることであるが、アナーキスト（anarchist）の烙印を押されたであろう。

私は、幸運なことに、市民自身がコミュニティ計画に興味を示し始め、さらに、その運動にある役割を果す時期の目撃者になった。当時、私は都市計画委員会の委員であり、用途地域制限法（zoning law）の立案者で、鉄道ターミナル委員会（Railway Terminal Commission）や地域計画連盟（Regional Planning Association）の発起人を務めていた。つまりそこで都市の本質的性格がもたらす諸問題に対して、賢明な処置が迅速に講じられていく様子を、手に取るように観察できる立場にいたのである。シカゴの都市計画は、商業クラブが主導したのだが、それは、現在でも賢明な先見力を持っていた推進者たちの、りっぱな記念碑である。もともとはD・H・バーナム（D. H. Burnham）が構想したのだが、それは威厳のある壮大なデザインであった。コミュニティがいかに発展できるかという住民の想像力を刺激し、次第に計画の全体像が明瞭なものになっていった。

都市計画の実現までの闘争は、一筋縄では解決できる代物ではなかった。すなわち法律上の障害が克服されなければならないし、財政的困難は解消されねばならず、無理解と利己主義によって生じる反対を回避しなければならなかった。この都市計画運動の開拓者ともいうべき有名な人に、チャールズ・D・ノートン（Charles D. Norton）、また、後に活躍したチャールズ・ワッカー（Charles Wacker）があげられる。このワッカーは、長年にわたって都市計画委員会の委員長であって理論や実施計画について、献身的かつ実力のある主唱者であった。ノートンやワッカーの説くシカゴ再建の思想は、必要を感じ熱意を持った人々からは、絶大な支持を受けた。加えて、いくつもの新聞や商業関係者も計画を支持し、多くの反対をはね返す働きをした。市議会も精力的に活動して、有権者に都市計画のシステムを機会あるごとに説明した。また市議会はいかなる時でも法的、財政的な援助を惜しまず積極的であった。たまたまある市議会議員が、財政支出のうちで「無駄な支出」（frills）を削減する要求をしようとしたこともあった。しかし、議員たちは都市計画がとにかく大規模都市建設運動の一部であるという誇りから、長年の間、政治が介入してこなかった。この計画についての手引き書が作成され、小学生も学んだ(1)。他にも図を用いた講演会や新聞を通じて、広報が間断なく続けられた。

最高に綿密に準備された計画で、シカゴの計画以上に明瞭に描かれているものは、どこにも見当らないのである。市民の大シカゴ（greater Chicago）への期待が高まり、都市についての想像力を刺激したことにともなって望ましいコミュニティ感覚に支えられたことにより、自治体計画が際立って進行したのである。しかし、シカゴの求めていた理想は、模倣を専門とする建築家の手に委ねられてしまった。その結果、二つに分かれた尾と悪魔のような顔を持った、グロテスクな怪物像のような不均合な建築物が、美観の都市（City Beautiful）の建築計画を飾ることになったのである。シカゴ市民は、この期待外れな光景に呆然とし、建設を進めるにしても修正するにしても、損失が甚大であるとして、態度を決めかねている状態にあった。しかし最終的には、世界的にも注目されている計画を完成させるということで、すすめることになったのである。もちろん、耐え難い批評や、途方もない支出がともなったが、もはやこの動きをとめることはできなかった。

「ニューヨークの地域研究」（Regional Survey of New York）は、この計画について次のようにコメントしている。「今世紀、アメリカ大陸におけるシカゴのバーナム計画（Burnham's Plan of Chicago）は、都市建造物、都市の区域拡張のどちらをとっても稀有なものである。おそらく、単一の計画であって、これほどまでに市民を勇気づけたものは、絶無であろう」。

この都市計画は、自動車運転者たちのための並木道の建設を含むのみならず、市全体の生活環境を考慮した計画であるという点が最も重視されなければならない。すなわち、生活環境計画という形を採っているということは、長期的に、都市生活の水準全体をさらに一歩高めることを目標としたのである。この結果、コミュニティが獲得する利益は測り知れぬものがあり、評価しすぎることはない。

「われわれが空間を経済的に高度利用することによって留保される用地面積を考えれば、この利益は容易に計算される。また、移動時間に関していえば、利益は容易に時計で計れる。疾病による健康被害や死神の犠牲が減少したことも計測できる利益であろう。しかし人間価値の獲得、すなわちさらに豊かな生活に対する熱意や明敏さ、より広い生活空間のもたらす幸福や喜びであるが、すべてに勝るそれらの個人の諸価値は、定規や秤、コンピュータでは測り得ないのである。これらの諸価値を保護し推進していくのは、政府がめざす最終目標なのである」[2]。

一九一四年に、私はのちの用途地域制限法の基礎となるシカゴ市の諸条件の調査を完成させ、それを特別報告書の形にして出版した[3]。この調査では、現行制度では産業地域と住宅地域の混在を許しているが、その制度が次第に悪用されていることを解明した。これらの事例については、イリノイ州の決定の下で、われわれは、現在の個別行政協定の制度が不適切であることを明らかにした。そして必要な法律を立法すべきであるという救済策を提案した。何が起っているかについては、言及するまでもない。すなわち、製氷工場が住宅地域の中心街の一角に居座り、周囲にとっては迷惑千万であり、近隣の資産価値を低下させることを、思い浮かべれば充分である。かつてシカゴにはこのような事例が数百と存在した。他の都市にもあることだが、シカゴでも産業が成熟したからではなく、宅地用途という目的から、何エーカーもの土地の資産価値が下がった。いうならば建築区域の曖昧な地域（twilight zones）は、時として安価で不衛生な借家地域となり、簡単に建築許可の下りる赤線地帯となる。あのシカゴ大火災ですら、無秩序に行なわれる建築が原因でもたらされる莫大な損失に比べれば、たいした損害ではなかったといえるのである。

こうした動向に対するシカゴの対策を、各方面すなわち保健局、消防局、保険会社、検死官事務所、不動産業者が支援し、それらの部局は問題をいち早く見抜いていった。工業協会（Manufacturers' Association）は、当初、立法措置に反対したが、慎重に討議を重ねた上で、用途地域制限法は、合法的な産業の発展を阻止するのではなく、援助するものであるという結論に至った。保健局は、住宅地域と産業地域が分離していてこそ、衛生的な環境が保持できると示す準備ができていた。また消防局は、火災保険業者と契約していた地域の方が、火災の危険性が少ないことを発表した。さらに検死官事務所は、自動車事故で負傷した子供の数は、住居・産業の混在地域の方が、住居か産業の専用地域よりも飛び抜けて多いと公表した。

そこでわれわれは、市議会に用途地域制限法が立法できる権限を法律で定めるよう、多くの実態資料を集めることができたのであった。市議会議員たちは、初めのうち無関心であったが、最初の公聴会の日には、立法措置の重要性を確信するようになった。それというのも、市のあらゆる地域から集まった狭い土地しか所有していない地主たちは、その殆んどがいろいろな地域改良運動のメンバーであったが、当日、彼らは市庁舎を取り囲み、要求項目を熱烈に訴えて、われわれ審議委員を圧倒した。苦情の種となっている実例を次から次へと披露し、絶対に一歩も後へ退こうとはしなかった。会員数の多い不動産評議会（real estate boards）、商業連盟（Association of Commerce）、労働総同盟（Federation of Labor）なども、計画に賛成しているようであった。そして以上のような背景から市議会も、立法措置の支持者になったと推量される。

シカゴの公園政策について触れよう。殊に外縁地帯公園システム（outer-belt park system）という小規模の公園は、現代的な公園の発展を顕著に物語るものであり、世界中の公園の専門家たちの注目するところとなった。手の込んだ工夫を施した小規模な公園や遊び場が造られ、いくつかの事例では体育館が併設されているし、他の事例では、遊器具の備わった遊び場となっているものもある。維持管理は、市当局、教育委員会、あるいは三大公園委員会が行っている。

市の管理外にある森林地域は、郡政府の援助で開発されている。開発規模は、北はグレンコー付近のミシガン湖から、南はインディアナ州との境界となっているミシガン湖まで、シカゴをとり囲む形で三万エーカー以上の広さである。この開発は、他のコミュニティがすすんで目標とする再開発の画期的な典型のひとつとなっている。シカゴのこの開発行為の見通しがきわめて妥当性の高いものについては、時が経つにつれて明白になっていくことであろう。

そもそも公園計画は、チャールズ・E・ズーブリン（Cherles E. Zueblin）、ジョージ・E・フーカー（George E. Hooker）、そしてドワイト・H・パーキンス（Dwight H. Perkins）——彼らはすでにシカゴを次の世代に引き渡すために、あらゆる分野を分析しマスタープランの概要を示している——が、総合的な問題に関する驚くべき報告書を出したことが、端緒となっているのである。当時のシカゴの公園当局者は、この計画がかつて見たこともなかった特殊な設計であったので、無視しようとしていた。ところが、市議会議員たちは選挙人の支持を意識して、小公園の設置に関心を示すようになった。そこで住民に、満足してもらえるような努力をしはじめた。その後この運動が、南部公園委員会においても推進されるようになり、驚嘆すべき開発が相次いだのである。外縁地帯公園システムは、クック郡委員会がつくりだしたが、もともとはその委員長のヘンリー・G・フォアマン（Henry G. Foreman）の推進があった。後になってディーヴァー市長が、再開発問題の詳細な調査と、時宜を得た提案を得る目的で、再開発委員会を設置をした。しかし、委員会の仕事は完成をみることはなく、いまでもシカゴの懸案事業の一つとして保留されたままになっている。

シカゴやその他の都市が直面している最大の難問の一つは、適当な鉄道ターミナル施設を建設する問題である。特にシカゴのように、鉄道が集中してくる都市では、鉄道ターミナルを設備し、さらにそれらの施設を有機的に適合させることが全市にかかわる、最も重要な課題である。地方自治の観点で、都市計画の進捗の例示として市議会でノース・ウェスタン鉄道のターミナル計画がとりあげられた際に、一般市民のジョージ・フーカーが登場し、当時議会に提案されていたターミナルと他の施設との関連性が考慮されていないのではないか、と疑問を呈した。彼の疑問は一笑に付され、まったく無視されてしまった。鉄道会社がどこに駅舎を設置するかは、シカゴの関与するところではなかった。シカゴは問題処理にあたって、何かをなすべきだったのか。

一九一三年の、イリノイ中央鉄道や、ユニオン・ステーション鉄道のターミナル建設の場合には、シカゴはあらゆる角度から総合的に考慮して、積極的に乗り出し鉄道当局と協力した。私が想像するところ、鉄道ターミナル委員会（Railway Terminal Committee）が任命した有名な技術者のジョン・F・ウォレス（John F. Wallace）が、市と契約を結んだ。それと時を同じくして有名なエンジニア、B・J・アーノルド（B. J. Arnold）が、市民団体の要請を受け、ターミナル建設計画についての注目すべき調査を行っている。この調査結果が市に法的に提出された。というのは街路や小路を動かす必要があって、それも自治体の同意がなければできなかったからである。両鉄道会社とも政治的な立場が強力で、当初は、大胆な攻撃をくりかえし、シカゴを翻弄しようとした。しかし、所詮、市議会を脅かすまでに至らないことは明らかであった。そして最終的に主要なターミナル建設権は、自然な成り行きで市に委譲されることになった。提案された計画は、都市計画委員会のそれと一致するものであった。ここにおいて南部幹線の電化が、確定されたのである。

利害関係者間の長い折衝と闘争の結果を待って、ペンシルヴェニア＝イリノイ中央鉄道条例は可決された。このことは鉄道ターミナル委員会の活躍と同様、コミュニティの歴史に残る画期的な記録といえた。こうしたすべての結果はプロジェクトの計画や要求が、具体的に生かされて、実際に建設が進行していくまで確認できないことであろう。同時に、市が得た目に見えない途方もない利益は、次第に明らかになってくるであろう。すなわち、レイク・フロントの改造や電化、シカゴ川西部の大規模開発などが、シカゴの形態的な輪郭として、全貌を現わしてくるであろう。さらに未解決のままシカゴに残されているターミナルの将来構想も、自治体開発に対して、理解ある支配力が発揮されるようになれば、具体的な影響をうけることになろう。たとえばシカゴと同様に鉄道が重視される都市が独自の提案を求めていたとしても、鉄道開発の求める方向を考慮せずにシカゴの都市計画を模倣すれば、まったく意味のないことであろう。

シカゴは、最終的にいろいろな曲折を経て、シカゴ都市計画の原型を作ったバーナムの息子を中心にして、地域計画連盟を設立して、一般的な地域へすぐに援用できる計画案や、用途地域制限法の調査に力を入れていた。その地域とは、ステイト通り、マディソン通りから半径五〇マイル以内の区域のことと考えられている。それは、五、〇〇〇平方マイルにも広がり、人口は約五〇〇万を数える。そこで私は率先して、シカゴ都市クラブ（City Club of Chicago）を提案し、クラブ員たちの先導で会議が招集され、連盟が組織された。ダニエル・H・バーナム二世が強力な指導力を発揮し、スタッフが精力的に活躍し、コミュニティにとって最大の難関を突破しようと、懸命に奮闘したのである。とにかく今日のシカゴ地域は、改革の終末がどうなるかは別として、組織化への途上にある。高速道路の建設、用途地域制限計画および地域開発の基本的な要点の調査、といった素晴しく聡明な計画に向けてすでに重要な段階を経ている。

快適な住宅環境の開発も、都市計画の重要懸案の一つとして検討されるべきである。率直にいって、今までこの方面の計画が無視されてきていたことは、認めざるを得ない。しかし数年来、この分野にも重要な変化がもたらされてきている。そのなかで特に際立っているのは、シカゴ川北部地域のモデル・ハウスの開発を目的としたマーシャル・フィールド・プロジェクト（Marshall Field project）であって、また最近になって、シカゴ市内の有色人種居住区のモデル・ハウス計画に先だつローゼンヴァルド・プロジェクト（Rosenwald project）も打ち出され、実行され現在完成の途上にある。二つの事業は、要するに、シカゴ市内の、荒れはて、見苦しく不潔な居住区を、快適で健康的な住環境に改革していく住宅計画として、将来にむけて前進させていく発端となったといえよう。ディーヴァー市長は任期終了直前に住宅委員会を設置したが、建築区域の瞬味な地域では改良運動は消滅してしまっていた。運動は再燃させなければならない。

裁判所

前節でシカゴ司法システムの暗部の多少については、触れた。しかし、そこには別な一面がある。シカゴの市裁判所組織は、他の都市で裁判所が設置される際には、その典型となってきた。とくに青少年裁判所（Juvenile Court）は、創設以来、二五年を経て青少年犯罪で彼らの行動を裁く上で、重要な問題となる法律の原則と運用について注目すべき調整の事例として、多方面から評価されている。

一九〇七年以前、シカゴ司法システムは「『売買裁判』システム」（"justice shop" system）として有名だった。それは、古い町の時代から続いてきた悪習であったが、むかしの裁判所の中では、選ばれた治安判事が権力を持っていて、売ったり、買ったりして金銭で動く裁判が行われてきたからである。しかしながら市裁判所条例（Municipal Court Act）が制定されて、確固とした司法行政の中央集権化が基礎づけられることにより、絶望的な状況は終焉した。現在は高等裁判所首席裁判官、ハリー・オルソン（Harry Olson）の指揮下で、裁判所が司法行政に、めざましい改革を行ってきている。なかでも、軽犯罪、交通違反、貸借問題を扱う道徳裁判所（Morals Court）、家庭裁判所（Domestic Relations Court）、少年裁判所（Boys' Court）にめざましいものがある。特定の事件名を表示して専門的に処理する、特定の裁判所が設置されたことは注目に値する。これらの裁判所では、確定された事件だけを扱っている。だが、最近ではこうした裁判所でも、同時に関係者個人の堕落といった憂慮すべき傾向が出てきている。つまり当初には維持されていた公平な裁判の水準が低下し、油断のならない傾向になりつつある。それでもなお、裁判所は依然として、自治体行政における司法の運営のすぐれた典型であることには変わりがないのである。

同様にシカゴ少年裁判所も、一九〇〇年以降、法革界の全国レベルの評価をうけてきている。(4) この裁判所は、一八歳以下の年少者の審理は特別な手続きに従うという重大な原則を、また法廷に対しては各専門家の助言も可能である、という慣行を確立したのである。初代マック裁判官（Judge Mack）、そして歴代の誠実な裁判官、現在、女性のメアリー・バーテレム（Mary Bartelme）まで続くこの司法制度は、非行少年たちの裁判処理にめざましい進歩を見せた。この裁判所内部の機構の研究をすすめてきたジョン・ヒーリー博士（Dr. John Healy）の実績は、国内中の注目を集め、裁判領域の著しい進展に寄与した。裁判所を中核として青少年保護連盟（Juvenile Protective Association）、青少年研究協会（Institute for Juvenile Research）、犯罪行動研究基金（Behavior Research Foundation）、他に似たような研究機関が次々に発足してきている。

社会福祉

シカゴをいわゆる造形的な面で再開発しようとする計画は重要であるが、社会を再組織したり、コミュニティの開発を練る方が重要度において優っている。すなわち市民の健康、学校、生活、労働環境、貧困、失業、そして犯罪といったものは、市行政に直接結びつく関心事である。すなわち、コミュニティの生活の質は、市民の問題意識に影響される。大部分これらの諸問題は、一般的な政治の領域外にある。それゆえに、さらに慎重に熟考されなければならないのである。私が発案し助言した結果、設置された社会福祉局（Department of Public Welfare）もある期間しか効果的に活動しなかった、というのも事実である。しかし、その他の部局は著しく充実している。

保健局（department of health）はその行政の本質から言って一般に他の部門と比べて、政治から自由な活動がしやすいと言える。というのも手法は科学的で、活動がそのまま職務を遂行する力となり、取り立てて政治に逆らう利害を持つわけでもないからである。それとは逆に、消防局（Fire Department）の場合のように、政治から出される要求を増幅するような強力な商業的利害関係者——この場合、保険会社——が存在する局もある。さらに一般的にみて時代の流れとともに、以前と比較にならぬほど、医療問題に対する要望が、出されるようになってきている。コミュニティには、高圧的な警察関係法案よりも、予防的な保健関係法案の方が好まれ始めてきている。表面的な結果よりも、根本的な原因に対処することを行政に求めることが、有益であることが明らかになったからである。それはどの局よりも保健局の専門的基準が信頼されてきているということである。

この動向を踏まえて、大方のシカゴの留置場が病院に改造されてしまった。先々こうしたケースはさらに増えていくであろう。精神病理学研究所（Psychopathic Laboratory）は司法システムの重要な付属機関となり、将来にむけてさらに有益なものとなるであろう。社会悪への対処についても警察の手から医者の手に移されつつあり、この変化によって社会は多大な利益を受けている。例えば、学校での学業遅滞の子供たちは、かつてのように教師が、体罰を与えて矯正するのではなく、医者が治療するようになった。ある統計によると、警察をはじめとする治安維持への支出は減少しつつあり、逆に健康維持、治療、予防への支出が増加しつつある、という興味深い報告が出ている。学校、健康、そして社会福祉への支出が市予算に占める割合は、実際に増加の傾向にある。

一般的に、保健局は暗黒街の地域であっても、他局に比較して、特段に優れているものである。これは、シカゴにも該当することである。もちろん、医療の分野にも政治は存在するし、また保健局にしても社会の毒気に免疫を持っているわけではない。しかし相対的にみると、被害が極めて少ないと言える。あらゆる職業には常に技術基準があり、それによってその職業に携わる者の仕事が、公平に判断されるのである。古い学派と新しい学派、「学識ある人」と「そうでない人」との間には激しい敵対関係があるものだが、これらのことは広い視野からすれば、あまり意味の無いことである。たとえば、保健局長が警察長官より有能であるか否かという問題の方が公平にみて、一般的な同意を得やすい。警察の例の場合には、訴えるべき警察の専門家のいる地方団体が無く、公共の分野に関する警察の決定が、政党や階層、公共政策によって歪められてしまう場合がある。保健局の場合には、公認の医者、巨大な団体が存在している。彼らは、在職能力を公平に判定し、援助を与えるべきか否かの意見を述べるのである。われわれは医者たちに適格証明書を発行することはできないが、概して、彼らの診断は片寄りがないと承知しているのである。

今までの保健局の最大の弱点は、元来、病気の治療や一時的な鎮痛よりは、健康の基本的条件について強調すべきであったのだが、それを怠ったところにある。ウッズ・ハッチィンソン博士（Dr. Woods Hutchinson）は、何年か前に次のように言った。かつては医者は患者に、そこらの薬剤師でも簡単に調合できるような、処方箋を渡してもかまわなかった。だが今日では患者に出す処方箋は、近所の薬屋などでは、渡すことができない。要するに、新鮮な空気や、太陽光、自然食品、そして快適な環境といったものである。これらは、コミュニティだけが供給し得るものなのである。保健局は、もちろん個人的に立派に活動してきた多くの例外もあるだろうが、こういった根本的な事実を市民に充分訴えないまま今日に至っている。保健局は、現況の下でシカゴ市民の健康、人口に対応する充分な医学的ケア、適切な住宅政策、快適な生活環境、必要最低限度の効率的な社会組織、などを統治組織そのものを切実に求めているにもかかわらず、それに対する勇気も見通しも示さずにきてしまった。

シカゴは疫病との闘争というよりむしろ疫病との戦争を闘いぬいて、見事に勝利した。すなわち一八九一年に腸チフスによる死亡率は千人中一七二人であったが、一九二七年には七人に激減している。新しく建設された排水用運河（drainage canal）が、腸チフス感染を防止する手段ともなったのである。それまでミシガン湖に流入していたシカゴ川の流れを転換し、運河に流入させ、最終的にミシシッピー川に合流させたのである。すでに一億五、〇〇〇万ドルの巨費が費やされてきている。この大事業計画は緻密で、しかも多額の予算を必要とする偉業であって期待通りの成果を得るまでには長い道程がつづいた。当然のことながら、運河建設と平行して腸チフスに対する知識の普及と、予防を目的としたきめ細やかな広報活動が行われた。結果として、かつては非常に多かった死亡者数が著しく減少したのである。(5)

シカゴの学校制度史における決定的な出来事が、教育論争の中心主題として、この制度について考えさせる源となったことに疑いの余地はない。しかし、事実に則してみると学校制度の発展は、市行政組織がもたらした大きな業績であり、その結果、組織に対する強い関心が盛りあがり、明らかにコミュニティにとっては、組織が必要であることを証明することになった。シカゴは、他国の例にたがわず、国家の教育庁及び、州の部局からの援助は皆無だったが、独自の教育制度を驚異的に発展させていって、羨しがられるほどにその進歩を守りつづけてきた。市の公立学校は、国内のあらゆる都市が、あらゆる国籍やさまざまな信条に基づいて建設してきていることにより言葉で言いつくせない程強い影響力を持っている。なぜならこうした勢力が無ければ、合衆国の都市は今ある姿で存在できなかったであろうとも言われているからである。立派な教育制度を運営するために、複雑で困難を伴ったが、シカゴはすばらしい手法で事業をなしとげた。科学だけは、いまだに未熟な段階にあるとはいえ、この制度は、教育について現在のところ考えられるあらゆる施策が取り入れられて、大幅な改革がなされていることも疑いのないところである。しかし、大都市コミュニティにおける教育行政の失敗と成功を客観的に見ると、教育が、ヨーロッパ諸国に多く見られるように、市自らの直接的な権限の下で外部からの監督や支配を受けずに発展していくことが、最も重要であるということを無視できない(6)。

シカゴの学校制度についての「ニュース」(news)と、教育やコミュニティという見地からみて、重要な問題とは別のものである。トンプソンがマクアンドリュー(McAndrew)教育長を攻撃したことは「ニュース」である。学校でイギリスの宣伝を非難することも、事件である。また、レイク・フロントの公立図書館で、イギリスの図書を焚書するという脅迫も事件である。このような事件は新聞の第一面を賑わし、刺激的な記事をおもしろがったり怒ったりする人が、熱心に読むのである。

しかし、一方で、一億ドルの費用をかけた立派な校舎の建設は、人騒がせな事件ではない。新しい教会も徐々に建設され、巨大なシステムに組み込まれてその一部になりつつある。学校が壊れればニュースにもなるだろうが、学校が建設されたところで何のニュースになるわけでもない。今や通学している児童生徒は、着実に六〇万人近くにも増加し、教師も約一万二、〇〇〇人に増員されカリキュラムが改善され、教育水準が高度化され特殊学校や技術学校が充実され、新しい教育が試みられても――これらはどれも「ニュース」になるものではない。確かに非常に重要なことには違いないが、しかし世間の興奮を呼び起こす程のニュースでは無いのである。

新聞社の責任でも何でもなく、絶え間ない発展よりも、常軌を逸したもの、異常なもの、例外的なものに興味を覚えるという、人間の一般的な性向に根ざすものである。教育制度の発展は、政治の激動の渦中で激しい非難や怒号が飛び交う世相にあっても、地道に続けられてきている。シカゴの教育制度よりも優れているのは、ニューヨークぐらいのものであろう。

結局のところ、繰り返されることは好ましく無いが、トンプソンは、前述のマクアンドリュー教育長に関連した事件とは無関係に、自ら打ち出した教育制度が禍して再選を逸した。マクアンドリューが解雇されたのは、彼の愛国心が欠如していたからではなく、中学校制度、二部授業方式〔訳注1〕（platoon system）、知能テスト、教職員評議会に関して説得的な論争を挑んだためである。トンプソンは、一九二八年の予備選挙で教育制度に触れた演説をしたことによって、生涯ではじめての痛手をこうむった。

シカゴ市民機関（Civic Agencies of Chicago）は、暗黒街ほど組織は固まっていないながらも、団体数はほぼ同じである。この団体は近隣やシカゴの利害が、個人の利益や私欲に優先するという、市民生活の隠された別の一面を明らかにしたのである。シカゴでは、そのような組織は五〇〇以上も存在し、そのうちシカゴ全体を活動範囲とするものは一三〇ほどあり、狭い範囲で活動するものが四〇〇ほどと称されている。こうした組織に参加する会員は、総合すると一〇〇万人以上にも達し、年間予算は数千ドルにものぼる。

夥しい団体の目的は、米国への帰化問題から輸送問題まで多岐にわたっている。その他の目的の中には、市民権、住宅供給、公園整備、社会改革、人種関係、治安、衛生、教育などが含まれている。全体として、これらの団体は無秩序の団体で構成されているようでもあるが、長い目で見れば、有力な団体が現われ、互いの競争心を静めるような傾向になってきている。

社会的団体の分野でも、その多くが集まり社会団体会議（Council of Social Agencies）を形成している。福祉活動をしている団体が共通の組織をつくる計画もあったが、特殊な目的を持つ場合を除いて、大きな団体が一本化することはなかった。

つい最近になってクック郡委員会が、郡にある財政的に組織化されていない公共機関を統合させ、すべての団体にとっての共同計画――それは長い経過を要しはするが、しかし共同事業のための賢明な計画である――を探り出す努力をするため、重要な活動に着手した。一般的には、こうした特殊事業の成果も、大都市地域の統合を求める一般的で困難が多い努力の成果も、簡単には予測できない。しかしながら、いずれにしてもコミュニティがこうした問題を意識し始めてきて、現在の混沌とした状況を克服し、具体的な改革に着手しようとしていることは明らかである。

犯罪者の世界や暗黒街と同様に、市民生活との仲立ちをする準公共的な制度（quasi-public institutions）が、政治活動の境界に位置している。コミュニティにおける文化的生活は、重要な制度そのものを発展させ、地域生活だけに止まらず、広い分野に重要な意味と影響を与える。シカゴ大学、ノース・ウェスタン大学、そしてロヨラ大学の三大学は、研究者の養成機関、研究機関としての大役を果している。とくにシカゴ大学には社会科学という特殊な分野で、地域社会研究委員会（Local Community Research Committee）や、社会や市政事情についての広範囲にわたる研究プログラムがある。現在すでに多数の著名な研究の実績が報告されているが、他にも多様な研究が進行中である。またノース・ウェスタン大学には、不動産経済研究所（Institute of Land Economics）、公共事業研究所（Institute of Public Utilities）が開設されていて、シカゴの都市生活を理解するうえで大きな貢献をしている。ロヨラ大学はジーデンバーブ神父（Father Siedenberg）自身が科学的な観点から、シカゴの社会的な発展に寄与している。他にもシカゴにある多教の財団が、文化的及び人道主義的な研究目的に資金援助している。これらのうちヴィーボルト財団（Wieboldt Foundation）と、コミュニティ・トラスト（Community Trust）は、特に地方情勢の調査に関心をもち、きわめてすぐれた貢献をしてきた。ジュリアス・ローゼンヴァルド財団（Julius Rosenwald Foundation）は幅広い分野を手がけているが、地域コミュニティへも深い関心を示している。行動研究財団（Behavior Research Foundation）、青少年研究協会は、特殊な分野における科学的研究において中心的存在である。シカゴ大学のハリス財団（Harris Foundation）は、国際情勢の研究が専門で国際問題の研究を通じて、ますます重要な任務を果すようになってきている。

フィールド博物館（Field Museum）は伝統ある人類学と考古学研究では、あまねく知られてきている。ローゼンヴァルド産業博物館（Rosenwald Industrial Museum）は、産業資料の保管で有名であり、また産業研究の中心でもある。シカゴ歴史学会（Chicago Historical Society）はここ何年間か地道に研究を続けている。音楽研究にしても、美術研究にしても何千人もの研究者がシカゴの諸団体に登録されているが、市の文化的発展の一翼を担うものとして、評価されるべきであろう。

シカゴには、ビッグ・フィックスのシカゴと建設者としてのシカゴという相反する二面がある。そこに同じ市民が二つの雰囲気をかもしだし、同じコミュニティに生活している。常にそれらは互いに否定し合いあるいは無視し合っているが、シカゴ全体の真実の描写にとっては両面ともが不可欠なのである。とにかく、同志、敵を問わず片方だけに好感を持つのは容易なことである。しかし、称賛も批判もされないような研究であっても、決して怠ってはならないというのは、厳然とした事実なのである。

（1） Wacker, *Manual*, 参照。
（2） 一九一七年にカンザス・シティで開催された都市計画会議で、“City Planning in Chicago”が報告された。
（3） *Building District of Chicago*, 参照。
（4） その事業と業績を再検討した青少年刑務所の二五周年記念議事録を参照。
（5） 結核や後の性病撲滅のキャンペーンは効果があった。しかし、この研究では論じない。
（6） 学校問題は G. S. Counts' *School and Society in Chicago*, 1928, に詳しい。

訳注

〔1〕 二部授業（platoon system）。二〇世紀に入り、合衆国の工業化は本格的になっていった。工業化の進行とともに移民はもとより合衆国内からの、人口の都市集中が激しくなった。労働者の移動にともない、学齢児も都市に多くなった。とくにシカゴは、教室の確保が困難となり、市政問題の大きな論争点となっていた。そこで市は、数の限られた特別教室、普通教室に比較して、数多い児童、生徒を、軍隊用語でいう、小隊（Platoon）に分けて、二部制にして授業をした。

第四章　地方政府――見える政府と見えざる政府

シカゴには、いわゆる公式の地方政府と、非公式の地方政府とが存在する。双方が微妙に絡みあって、さらに複雑な関係を生み出している。

まず、公式の地方政府だが、無秩序状態である。現時点では八つの主要な統治組織と、二五の小規模な統治組織で構成されている。主要な行政府とは、独自な課税権や財政力をもって公務員を採用し法律や規則の制定権を有しているものをさしている。すなわち、独立していて、小さいながらも公権力を賦与されている組織である。

これらは封建的な支配関係にある。

都市自治体――市長と市議会で構成される。

教育委員会――市長と市議会が任命はするが、その後は独立した機構となる。

公共図書館理事会――市長が任命し、その後は独立する。

保健衛生地区委員会――シカゴ全域とその周辺部を領域とし、他の団体とは関係なく選出された九人の委員からなる組織。現在、年間に約六、〇〇〇万ドルの経費が必要である。

クック郡――シカゴとその周辺部の区域で、郡委員会と独自に選出された多くの公務員で構成されている。

リンカーン公園委員会――イリノイ州知事が任命する。
西部公園委員会――イリノイ州知事が任命する。
南部公園委員会――クック郡の巡回裁判所の裁判官が二〇名程度を任命する。
このほかに二〇におよぶ小さな統治組織があるが、ほとんどが独立した公園制度を管轄するものである。そして、巡回裁判所、上位裁判所、市裁判所、郡裁判所の各裁判所に約七五人の選挙で選出された裁判官がいる。シカゴの有権者たちは、六年間に一六一にのぼる公職を選挙しなければならないが、彼らにとって、かなりの負担である。
しかもこれだけではない。シカゴ大都市圏がある。現在の行政区域内のシカゴ自治体をはるかに上回り、組織としても複雑である。その領域はシカゴの周辺半径五〇マイルに広がり、有名なマジソン街を抱え、約四〇〇万の人々が住む約五〇〇〇平方マイルに広がっている。
そこには、約一、六〇〇の独立した統治組織が存在し、シカゴ・コミュニティの運命が握られている。次のように分類される。(1)

州	四
郡	一六
市	二〇三
町	一六六
公園地区	五九
衛生地区	一〇
下水地区	一八八
その他	一、〇二七

合計………一、六七三

このなかには、もちろんシカゴ地域にある連邦政府や、州政府の下部組織は含まれていない。合衆国政府のみが公的な調整機能をもっていて、他の組織は調整機能をもたない。

関係する統治組織が錯綜しているため、政治支配に深刻な問題が生じてきている。一体四〇〇万人の住民が一、六〇〇もの統治組織を監督しつつ、自分の仕事に従事できるだろうか。同様に三〇〇万人の住民が三〇の組織を管理できるのだろうか。たとえば、先に述べた八つの主要な統治組織にしても、住民が八種類にものぼるそれらの公務員、予算、法規に注意を配っていられるものであろうか。どんなに機敏に動く目の持ち主でも、八つの輪の曲芸を同時に目で追うことは困難である。市長と市議会が市庁舎で対立している頃、一方で郡委員会と郡保安官は、論争の最中かもしれない。また保健衛生地区では、一億ドルの追加予算を必要とする計画を立案しているのかもしれない。教育委員会は、学校管理問題で揺れ動いているかもしれないし、三大公園委員会は、市民の要望に沿った計画を、練っているかもしれないのである。

たとえば真面目で責任感の強い市民がいたとしよう。彼が時間をさいて、これらの動きを調査しようとしても、こうした統治組織の活動実績を整理した記録や概要書はないのである。[2] ふつう、新聞の論評は政府当局の行動にはなはだ寛容である。そしてまた、結局のところ政府活動についての新聞報道というのはすべて内容が断片的で、新しくて刺激的なその瞬間だけを記事として掲載する傾向がある。しかし、往々にしてそれが重要な事件だとは限らないのである。国際関係は言うまでもなく、国家、州の出来事は、ドラマチックであるとみなされ、地方の生活に密着した事件には遠くおよばない、市民の目を引く派手さがある。

では、公式の統治組織である地方政府が無秩序であるということは、真実ではないのだろうか。

一方、公式の地方政府の裏側に、非公式で責任のない統治組織が存在している。シカゴを理解する前提として、まず理解しなければならない。多少なりとも地方政府の性質を帯びていて、連続的あるいは断続的な活動を行う社会集団のネットワークである。集団の組合せはともかくとして、この種の集団は世界中いたるところの都市で、見受けられる。

たとえば、非公式な統治組織は次のようなものとして形成される。

政党と派閥。市民社会。実業界。労働組合。人種集団。宗教団体。職能団体。女性集団。新聞。暗黒社会。

都市の政治的支配の秘密部分が、勢力群や各集団や組織の間の相互作用や均衡の中に見出せるのである。つまり、一〇から一二の主要な集団は、さらに細分化された集団が寄り集まっていて、数百にのぼるより小規模な統治組織を包含している、八つないしはその程度の主な政府機関に対して、働きかけをしている。あらゆる集団は公式、非公式のいずれも多様な態度が入りまじっている。多かれ少なかれ親密な絆によって結びついた人々を束ねたもので、あるものは永続的、つかの間のものと呼ぶことができる。多様な態度は、都市そのものの伝統からきているのかもしれないし、将来の予想や希望が原因となっているのかもしれない。合理的なあるいは不合理な個人に対する、また政治的支持の原則に対する好悪によって成り立っている。

たとえば、政治家を信頼するかどうか。[3] 新聞を信頼するのか畏れるのか。法を執行するにあたってあらゆる方面から出される様々な見解に対する異なる態度。公共資金を支出する時のいくつもの態度。政治世界における原則主義、近代主義なのである。政治支配という巨大な網の中で、諸集団がその時々の風潮と公式、非公式に関わりをもって絡みあっている。諸集団はときとして、その微妙な性格にもかかわらず、生命、自由、財産との特別な関係について明確な姿勢で臨むのである。

生き生きとした人物とは、複雑な場面を通して形成される。すなわち社会集団や態度が統一と分裂をくりかえしながらも、その時代の意志として、時間をかけて形成されていくものなのである。例えば一時代を画したハリソン王国は親子でそれぞれが五期ずつ、市長の椅子を独占してきた。民主党のボス、ロジャー・サリバン（Roger Sullivan）、彼の後継者ジョージ・ブレナン（George Brennan）、ウィリアム・ロリマーと後継者たち、ランディン（Lundin）とトンプソン、デニーン、ローソン（Lawson）とマコーミック家（The McCormick）〔訳注1〕、ダン（Dunne）、ロビンス（Robins）と急進主義者たち、ウォルター・フィッシャー（Walter Fisher）、ジェーン・アダムス〔訳注2〕（Jane Addams）、ボーウェン（Bowen）夫人、ジャネット・フェアバンクス（Janet Fairbanks）などがいる。産業界や労働界の著名な指導者や、さまざまな信仰の聖職者たちであったり様々である。彼らは無限にくり返される人間同士の離合集散を映し出す万華鏡に、公式な統治組織、あるいは非公式な統治組織を問わずしばしば登場する。ところで現在、シカゴでは全国政党制度は事実上の壊滅状態にある。その巨大組織は、地方に対する原理原則も計画もなく、現状の理解にもまったく疎いのである。

政党

シカゴにおける政党についてみると、従前からいくつかの無党派グループが活動的であったが、市行政の中央舞台は常に民主、共和の二大政党が主軸となってきた。社会主義党も第一次大戦までは弱少勢力ではなかったが、一九二八年の選挙では、わずか八、〇〇〇票を獲得したにすぎなかった。労働者党（Worker's Party）は存在こそするが、その集票能力は極端に劣る（一九二八年は一、八七九票）。市議会議員は無記名投票で選挙されることになっているが、このところ無党派勢力が活発である。彼らの奮闘ぶりは後述の市民団体の項の冒頭で言及する。

ところで、ここ数年来、共和党内には影響力の強い三派閥が存在してきている。まず、デニーン上院議員をボスとするデニーン派は、市の周辺部に圧倒的な勢力を有している。特に財界、中産階級、体制改革派や新聞には影響力をもっている。そしてこの派閥は、揺るぎない信念をもって、支持者の利用価値については徹底して抜け目のない情報を入手していて、明らかに敵対している勢力と分かれば、敢えて関係を絶つことさえも辞さなかった。

次にロリマー派はもともとロリマー上院議員が組織したのだが、ウェスト・サイド地区に影響力をもっていた。しかし、しだいに力ある組織をシカゴ全域に根づかせていき、政治的支持者に対する恩恵授与権[訳注3]（patronage）、汚職、特権など、その時点で有利と思える、あらゆる政治的癒着を利用しつつ今日まで勢力の拡大を重ねてきている。

ロリマー派の組織や手法は、そのままランディンやトンプソンに継承されてきている。ロリマー派の影響力は、一九二七年に行われたトンプソン市長の選挙運動をみても隠然としていることが明らかであった。

ブッセ（Busse）市長派は、ノース・サイド地区でこの界隈を中心に伸長した。ブッセの没後、彼の前自治体弁護士（Corporation Counsel）で、後の司法長官エドワード・J・ブランデージ（Edward J Brundage）が後継者となった。彼がボスになるのと同時にメディル・マコーミック上院議員とその派閥がブランデージ派に参加し協力した。マコーミックの死後、ブランデージは再び派閥のただひとりの継承者として残された。彼の派閥はデニーン派ともロリマー・トンプソン軍団とも交互に親交を結び、決して単独支配をもくろむようなことはなかった。

また、現在のトンプソン派は、旧ロリマー派の継承者が主軸となっている。一九一五年、一九二七年にはブランデージ派と、さらにデニーン派とは一九二四年にメディル・マコーミックに対抗するために手を結んでいる。そして、一九二七年には市長選挙に関連して暫定的に協力しあった。旧ロリマー派で州南部の継承者、またシカゴのロリマー派の一部の者たちは、一九一二年のロリマー・リンカーン同盟公認でロリマー派の知事候補者になったレン・スモール（Len Small）が引き継いだ。スモールは辣腕家のランディンの支持を受けて、一九二〇年と一九二四年に知事に選出されている。だが一九二八年にはトンプソン派の応援と自分のシカゴ勢力の総力をあげて闘ったにもかかわらず、見るも無惨な敗北を喫してしまった。しかし、一九二三年以降、トンプソン派誕生の当初から関係し、ボスでもあったフレッド・ランディンがロバートソン博士[4]（Dr. Robertson）と共にトンプソン派から離脱してスモール知事と手を結んだ経緯は、研究に価する。

トンプソン派の組織は、いつも一九二七年には、民主党の大組織によって強化された。また民主党の市議会議員や選挙区委員たちと連携を図って、彼らの理解を得つつ、民主党の領袖であったブレナンと組んで全盛を極めた。トンプソン派の目立った特徴といえば、有色人種選挙人の支持が際立っていたことである。第一次世界大戦の勃発をきっかけとして開始されたシカゴへの有色人種の移民は、もともとはきわめて少数であった。しかし黒人票は実質として七万五、〇〇〇と見込まれるまでに膨張した。トンプソンへの有色人種の支持は、その後、移民抑制策がとられても続けられてきた。その結果、最近の選挙運動では、トンプソン個人を支持することは勿論、トンプソン派の候補者をある程度まで支援する傾向が見られるようになった。大戦以来、トンプソン派は、大戦の間にトンプソンがとった態度により、ドイツ系住民の強い支持をとりつけた。

民主党の派閥は、ロジャー・サリバンとカーター・ハリソン親子、この二組のライバルを中核として約三〇年にわたり展開されてきた。(ホプキンスの後継者である)サリバンは、党組織の最高責任者であり、普段は政党組織をわがもの顔で支配していた。一方、ハリソン親子の個人的な人気に便乗し、市庁舎を一〇期にわたって占領してきたのは、ハリソン派であった。そして長期政権を維持することによって、サリバン派への闘争体制の足固めとしてきたのである。サリバンはガス会社や公益事業会社と手を結び、持ち前の個性と影響力の強い人脈を駆使することによって、派閥の絶大な権力をも堅持することができた。後に、彼は莫大な富を獲得し、一九一六年には、上院議員になろうと熱望したのだが、結局は当時のウィルソン(Wilson)大統領からの支持がえられなかった。サリバンの没後に彼の派閥は、前中尉のジョージ・ブレナンに引き継がれた。ブレナンは政治戦略の基本路線についてはサリバンを踏襲しながらも、ハリソンの融和しがたい問題のいくつかと折り合いをつけることもあった。しかし、一九二八年にブレナンも死に、この派閥はしばらくは指導者を欠くこととなった。

ハリソンの伝統は一九〇七年に市長に就任し、後に州知事になったダンと、鉄道輸送市営化計画を立案した彼の参謀のオコーネル（O'Connel）が確立したのだった。ところが一九二三年の市長選に、サリバン派のブレナンがハリソン派の重鎮であるディーヴァーを応援したことで、民主党の派閥抗争は一時的ではあったにせよ、休戦を迎えることとなった。

こうしてそれぞれ派閥は、連邦、州、郡、そして後援者たちをも敵対関係に巻き込み、それぞれの政治力の盛衰とともに浮き沈みが激しかった。彼らの人脈や結びつきは、私には、たとえ試みても到底解けないほど、複雑に絡みあい錯綜した状況にあった。しかしながら、いったん事が起これぱそれぞれの政党の名のもとに糾合し、全国政党制度が徹底していない地方選挙の時などは、政党の枠にこだわらず、共闘することもあった。現実にその時点をとらえて、個々の問題を取り上げて連携することは、可能であり現実であった。党内あらゆる派閥をコントロールできるほどの実力あるボスはいなかったからである。概して、彼らは派閥の先頭に立って争ったのである。ところが、トンプソン市長は例外であり、一時的にではあったが、彼の多くの職務を後援団体の議長であるフレッド・ランディンに委託したことがあった。しかし、その他の多くの人々は、いわゆる自分自身の権利に支配され、自分本位に行動した。色彩感覚が鋭い有能な画家がいれば、これらの集団を利権屋、政治家、興行師と、それぞれにふさわしい色分けをして描くかもしれない。実際のところグループには歴然とした相違があるのだが、私自身は描く意志はない。もとより、派閥の人数や派閥が使える金銭の数量を推計するつもりもない。ひとことで言えばデニーン派は共和党市政、ブレナン派は民主党市政のもとで隆盛を迎えた。二派に共通していることといえば、新聞に全面的に支持されていたことである。デニーンは改革者たちに、ダンは急進主義者たちに頭抜けた支持を取りつけていた。一方で、ハリソンは世襲の根強さと、知名度と倹約家の後継者が慎重に管理している、資産を武器としていた。(5) サリバンは政界に関わりはじめた頃、時の最高権力者の背後にいる、蔭の実力者でいるつもりであった。ところが時がたつにつれて、政治生活に幅の広い見解をもつようになり、上院議員である名誉、そして社会的な名誉を競う人間になっていた。他方、ブレナンは着実に自分の道を歩み、一九二六年の上院議員候補にもなった。

シカゴの政治派閥には、依然として封建制度が残留しているように思われるが、これはとりもなおさずコミュニティが封建的な組織だからである。コミュニティ問題にしても、中央集権的な統制がなく、八つの主要な統治組織や小さな多数の統治組織が分散している。それと忘れてならないことは、シカゴにはいわゆるボスが存在しないかわりに、シカゴとクック郡の三、〇〇〇の行政区に四、五の大派閥から無数の小派閥までが混在していることである。

これらの独立した行政機関の中で、勢力争いに敗れた派閥は少しでも、恩恵授与権のお余りにあずかろうと避難場所を探しだすものである。そこで、過去の日の当った時代の思い出に勇気づけられたり、運が向くまで辛抱強く待機しているのである。シカゴには選挙で選任される一六一の公職がある。その他に公選や指名で選出される州や、連邦の役職もある。これらの公職は、公選または指名によって決まるのだが、任期はそれぞれに異なっていて、すべての派閥により承認されるか、承認されないかという動向にうまく合致している。シカゴ市の職務が消滅したとしても、郡の一部ではその職務が存続するかもしれない。たとえば、六年任期で選ばれた公衆衛生区の管財人が、牛馬に飼葉を与える仕事をすることになるかもしれない。同じく六年任期で選ばれる巡回裁判所の裁判官が、五年任期の南部公園委員会の委員を選ぶようになるかもしれない。任期四年で選ばれる知事が、任期五年のリンカーン公園委員会や西部公園委員会の理事を選んだり、州職員が選挙や指命で任命されるようになることもありうる。連邦の官職任命(権)のおこぼれにあずかることになるかもしない。不真面目な市議会議員、州議会議員や都市裁判所の裁判官や下院議員その他の人々も、必要なときは軍隊にとられるかもしれない。あるいは、「大義」と連携することもできた。そして、よい統治のためにボランティアを募ることができたし、法規制の緩い都市、オープン・タウンのために、自治権を主張することあるいはその無効を主張することもできた。つまり、ある政党の派閥が、その党の主張では厳格に禁止している反対政党をいつも優遇しているということである。これらの派閥がヴァリー・フォージ〔訳注4〕(Valley Forge) を回顧してみれば、当面、難局で苦しんでいる政敵に非人情に対応するべきでないと分るはずである。時として無原則になりがちな党則を、多少なりとも犠牲にして公に発言したことを、実行しなければならない時もある。

アメリカの現代都市では、国民政党が地方行政に果す役割は、伝統と欲求の他には何もない。国家規模の行政については、人々をうまく分類できても、地方行政はそうもいかない。無理にそうしようとしても、不可能であることははっきりしている。都市の選挙で有権者に示される争点は、一般に、候補者に相対的な適性や適応能力があるのか、判然としている汚職集団と未整備な組織であるコミュニティとの相克をどうするのか、歳出政策や法規制の極端に緩い都市(ワイド・オープン・タウン)でよいのかどうか、財産の市有化をどうするのかとか、あるいは時おり勃発する人種問題や宗教問題などが挙げられよう。国家的な争点は、特にこの二五年間、なかなか解決の場が求め難かった。ネブラスカ州のサーストン上院議員 (Senator Thurston) が、ニューヨーク市議会議員選挙の際に、関税制度の利点を演説するために来訪した時代は、もう過ぎ去ったのである。

おそらくシカゴの封建的組織と封建的政党制度は、政治行動の原因でもあり結果でもあるのかもしれない。そうであれば、それらは一対として存在する。要するに、シカゴの政治行動は、このさまざまな要因との相関関係によって解釈されなければならない。こうしてみると、ニューヨークの中央集権化した統治システムと政党システムや、フィラデルフィアの完全な共和制、デトロイトやシンシナティの非政党制 (non-partisan system) などと、安易に比較できるものではない。シカゴは、不可解な政治的事件が起こっても、まったく不思議ではない背景を持った政治組織や、政治支配の特殊な構造下にあるということである。

投票を支配し、票を配分する権力組織の周辺には、とりたてて秘密があるわけではない。ただささやかな情実と便宜を蒙っているということから、影響力が生まれるのが現実である。情実や便宜についてはたしかに、やむを得ないものもあるが、それ以外は不必要であり、不法でもある。情実が恩義を生み、恩義が要求されれば、選挙の場で投票に影響を与えるのである。こういう現象があまりない地域では、住民が投票を軽視している。そこで質の悪い地方政治屋には、その低劣な活動振りに適合した得票しか保障しないことであろう。シカゴの新住民はまだ環境に溶け込めず、経済的にも不安定である。それであるからこそ、彼らにとって大きな懸案となるのは就職問題であって、情実や調整の結果に関心を持つのである。

市民が選挙に参加することを効果的にするためには、市民が選挙に参加したいという気にさせ、選挙に参加する機会を設けることが求められる。そのために、自治組織は人々を雇い、彼らはコミュニティや、組織それ自身に奉仕する仕事に就くのである。というのはほとんどの市民はこの事業に参加する時間をさけないからである。そこで、コミュニティと組織のために働く人々は組織の資金から給料を支払ってもらう。これが公的な給料である。それは、地域の事情によって、いちがいに言えないまでも、種々雑多な不正利得によって補われている。組織への納付金は、略奪して生きている金持ちから、必要とする貧しい人に分配するという理屈から徴収される。もしそうでなければ、このことは、金持ちから盗んだものを貧しい人々に分け与えていた、ロビン・フッドの冒険に照らしてみれば、裏切り行為と見なされる。

多くの欧州諸国のように、階級差がはっきりしているところでは、労働者階級や貧しい人々でも、地方の利益と情実を通して、地方政治屋に動かされることはない。大方のところ、彼らは社会主義者や共産主義者など、階級の利益を擁護する立場の人間に、好意を示すものである。もとより時には保守主義の側の特権や計画に魅力を感じることもあるだろう。アメリカの二、三の都市の傾向として、コミュニティの有力者が自分の望む地位を、手に入れることもある。オハイオ州トリードのゴールデン・ルール・ジョーンズ（Golden Rule Jones）、クリーブランドのトム・ジョンソン（Tom Johnson）、デトロイトのポテト・パッチ・ピングリー（Potato Patch Pingree）、ミルウォーキーのホーン（Hoan）らが、そのようなタイプである。しかしながら、彼らは例外的な存在で、普通の都市では彼らに続く者は出ていない。彼らが選挙区にひとたび現われると、政治屋たちは、選挙区の地盤を確保するために、この大衆の味方のドラマチックな訴えに厳しく対抗する。しかし、たとえ改革の必要性を主張する訴えであっても、有能な人物の口から出たものでなければ、同じ魅力ある内容であっても、人々を納得させることはできない。概して、それは富裕な階級と上流階級を攻撃する、大衆に向けての変わりばえのしない訴えに座礁したようなものである。そういう場合には、地方の有力者は、ゆったりと構えるように努力するのである。

統治や政治について学んできた聡明な人々は、統治メカニズムの改良を提案し実りをもたらしてきた。しかし、彼らでも情実で動く地方政治の、変則的なシステムに代わる制度を、案出できなかった。もし代わる制度があったとしたら、貧しくて生活が逼迫している人々が、過去の生活を反省して出直し、集団組織や集団活動を活発にして、制度が提供されたであろう。もし労働者、急進主義政党、社会主義政党が、進んで新しい組織と関係しようとしなければ、当然ながら選挙区担当委員の特別な地位は、剝奪されたはずである。すでに多くの都市で地方選挙の日程を変更することで、事態を認識している。そのことによって、州選挙、連邦選挙の日と重ならないようにしたり、地方行政にも無党派の投票形式を、採用することになった。もちろん投票形式を変更したところで、国家政党制を排除したことにはならない。だが、その行動で、現在の地方政治の状況と、非常に重要な気運（sentiment）が明らかになるはずである。

市民団体

非政党組織は時によりいたるところで結成され、地方行政において、国家政党が行う事業、すなわち人事や政策の立案、執行にまで関係している。そのような団体をすべて包括する適切な用語ではないかもしれないが、市民団体

(civic organization) という用語で分類されている。(6)

非政党組織は、政党組織以上に新聞と密接に結びついていて、あらゆる政党の指導者にある程度の影響力を及ぼしている。市民団体は組織がまだ弱体な間は、心情的な団体を代表しているといえる。ある時は十分な怒りや直観が、直接的な政治感覚といえる選挙の投票を決定する。また絶え間なく圧力を受けることが明らかな場合には、しばしば安全な結果を求める。

こうした協会や組織の団体としては、地方自治有権者連盟、市民連合 (Citizens' Association)、市クラブ (City Club)、市民同盟 (Civic Federation)、公共効率協会 (Bureau of Public Efficiency)、女性市クラブ、女性有権者同盟 (League of Women Voters)、シカゴ犯罪対策委員会がある。これらの組織すべては、実際に地域問題を熱心に検討している。だが、それらの組織は、元来が行政的な事がらではなく、地域の著名な活動を展開している多くの事例に関心がある。このうち際だって頭角を表してきているのは統一連盟クラブ (Union League Club) である。

商業クラブと商業連盟 (Association of Commerce) は、以前から産業組織として議論されてきているが、もともと商業活動に関心はあるのだが、市民団体とも密接に関係している。数多くの改良をめざした団体のように、もともと資産家たちはコミュニティの物理的な発展に興味をもつものだが、市民団体と共通のものを多くもっている。

多くの場合、これらのグループは、公職選挙で候補者を推薦しなかったりあるいは反対したりするが、しばしば役人の行動をほめたり批評したりすることもある。それとは別に、地方行政の問題で、公共政策を提案して法制化させ行政に反映させるよう努力もする。シカゴでは他の都市と同じく、これらの団体が政党の政策立案機能の多くの部分を引き受け、かなりの度合でシカゴ市行政の中枢部にも携わっている。

どんな都市でも、市民団体が協力して行動し、とくに新聞に強く支持された場合、まったく同じ結果になるとは断言できないが、成功する確率は高い。別の例であるが、市民団体は、たとえば、懸案となっている公共政策問題を討論したり、広くニュース性を持たせたりするために、公開の場を設定したりする。いままでのところ彼らに、正面切って反対した政党集団は、彼らの提案を少しも配慮しなかったトンプソン派だけであった。

市民団体は、中流階級と慈悲深い心をもつ富裕な人々に支持され、援助を受けている。恐らく無意識のうちに、彼らの運動はある程度までコミュニティに順応している。だが、いくつかの理由から、コミュニティに対し効果的なリーダーシップをとることができないでいる。公益事業問題に対する攻撃的態度が足りないために、結果的には分裂したりする。また労働者の利益を無視したり、それほどでないにしろ彼らの利益に無関心であるためである。また、国家的集団の中にあっては科学的技術や知識に欠けていることにより、相対的に主張が弱いことなどのためでもある。また実業界からは急進的集団、労働界からは保守的集団、政治屋からはおせっかい者とか気むずかし屋、汚職組織からは危険な敵とみなされている。このように、市民団体は、一方では多くの点で強さをもっているのだが、他の面では弱さもある。その運動は、多くの地域で、誠実さと熱意のあるものと受けとられているが、一方では狭量で加入が難しいとされている。

市民団体に属する人々の多くは、こうした限界を十分に承知している。そして、これを乗り越えようと懸命に努力している。しかし彼らは、これまでに確固たる基盤を築くことができなかった。たとえば鉄道輸送への態度、禁酒問題に対する立場、労働者の地位などについて、その態度が熱心であったり冷淡であったりすることによって、結束力は、簡単に崩れさってしまうのである。彼らは、行政が効率的でないことや検察官が常駐していないことによる溝を埋めようとしてきたし、政党が機能性に欠けていること、分析的で知見のある世論を喚起できなかったことに対して、その溝を埋めようと全力をあげてきた。しかしながらそのために彼らは、専門技術者、ロンドン警視庁（Scotland Yard）、共和党（や民主党）、そしてローマ・フォーラム（Roman forum）、宣伝機関、圧力団体（lobby）などが持っている特性を、心もとない資金と結びつけなければならなかった。

ビリー・ケント（Billy Kent）は、かつて地方自治有権者連盟の有名なビーフステーキ夕食会（beefsteak dinner）に出席した時に、次のように述べている。

「改革者の皆さん、われわれの課題は、自ら善良さを強く咎めすぎることなく、いかにして仲間の状況を向上させることができるか、ということなのです」。

このような市民団体の組織や行動にみられる特徴は、アメリカの都市では共通したものになってきている。この点でシカゴも例にもれない。いわゆる大都市では、同じような努力や実践を経験して、似たような社会の整備が行われている。なかでも地方自治有権者連盟の行動は、方法も結果も注目されており、他のどの団体よりも詳細に調査されるべきだろう。地方自治有権者連盟の結成は、一八九六年の動乱の時代だった。当時、鉄道輸送の利権を追求するように命じられた勢力が、シカゴ市民の反対を押し切ってアレン法（Allen Law）を成立させた。それは、シカゴ市議会に現在ある街路鉄道輸送特権を、将来の五〇年間にわたって、延長する権限を与える内容であった。市民の怒りは高揚して、大衆集会が開催された。結論として、誠実な議会を選出して、公共の利益を守るための委員会が設置された。まず最初の調査では六八人の市議会議員のうち正直だと思われたのは、ほんの六人にすぎなかった。他の議員は疑惑に包まれていたのである。市民団体が二年間にわたって活発で良識的な活動を続けた結果、買収された議員の大多数は追放され、信頼できるグループが議会の主流を占めるようになった。その後になってトンプソン主義（Thompsonism）の隆盛により、連盟の勢力は後退してしまったが、無党派型の市民運動の実験として、今なお有名な事例として語り継がれている。合衆国の歴史において、この運動が深い意味をもっているのは、運動の継続期間が長かったこと、独特な戦術を駆使して見事な成功を収めたことによるのだろう。

地方自治有権者連盟の運動方法は、あくまで単純そのものである。〔まず〕、「市民の目」（eyes of the people）である常設の秘書補佐が置かれている。秘書補佐は、市議会や委員会で何が起っているかを報告する。なかでもとくに大切なことは議員の能力の詳細な調査を、市民に報告することである。連盟は大きな影響力をもっているが、その秘密は実際のところ構成員の勇気と、活動的な秘書と秘書補佐が行う知的な観察にある。連盟の指導者たちも有為な人格者である。名前を挙げると、一般にオールド・キング・コールとして知られているジョージ・コール（George Cole）、チャールズ・R・クレイン（Charles R. Crane）、後にウィルソン大統領の顧問となる、ウォルター・フィッシャー――後に内務長官となる――、ヘンリー・ファーヴィル博士（Dr. Henry Farvil）、ウィリアム（ビリー）・ケント（William（Billy）Kent）――後のカリフォルニア選出下院議員――、アレン・ポンド（Allen Pond）、グラハム・タイラー（Graham Taylor）、エドウィン・B・スミス（Edwin B. Smith）、ケロッグ・フェアバンクス（Kellogg Fairbanks）、レッシング・ローゼンサル（Lessing Rosenthal）、ブルース・ジョンソン（Bruce Johnson）、ジョージ・サイクス（George Sikes）、デイヴィス博士（"Doc" Davis）、サイラス・ワトキンス（"Si" Watkins）などである。彼らが成功を収めたのは、組織や活動方法よりも、むしろ彼ら個人の現実的な能力、勇気、誠実さに負うところ大である。

地方自治有権者連盟は、市議会に候補者を指名しないが、最もその公職にふさわしいと思われる人の選挙や指名へ推せんをする政策をとってきた。好ましい候補者探しをしたり、激励し助言し、時には財政的援助をしたりもした。その中には、既存の政党が指名するような雰囲気の議員はひとりもいなかった。この連盟は、市民が十分にそして正確に、議会の進行や特定の議員の履歴・資格を知っていれば、ほぼ賢明で妥当な選択をすることができるだろうという理論を持っている。そこで、候補者の履歴の要約や人柄に問題はない、という推せん文を連盟の公報に載せている。議員にふさわしい候補者を励ます一方、そうでない候補者を思いとどまらせる。そして推せんされた候補者は連盟に呼び出され、連盟綱領に署名する。

もちろん、この広報活動が成功した背景には、正しい事実認識や公平さ、率直さ、そして判断力があったからである。連盟の指導者は、現実の政治と向き合う時に、政治屋と同等に「ゲーム」(game)のかけひきを熟知していたからである。連盟は共和党員、民主党員、社会主義者、禁酒党党員、無党派議員、急進主義者と保守主義者、禁酒反対者と賛成者など、あらゆる信念、人種、階級の人々を公平に是認してきた。運動の過程で確かに誤りもなかったわけでもなかろう。だが、あらゆる角度から判断してもその可能性は驚くほど少なく、無謬といっても過言ではないくらいである。

設立初期の戦いでは、連盟は誠実な候補者のために戦い、その結果として誠実な議会を構成できた。後には、能力のある市議会議員というものは足と同様に頭脳も本質的に必要であることを宣言し、進取の精神と競争心に富んだ建設的な能力を伸ばそうとして、誠実な人と同様に有能な人材を、獲得するために努力を払った。かつて連盟内の弱小な委員会が、ある強力な組織に条件を書きとらせたことがある。その結果、M・V・L(地方自治有権者連盟)は、腐敗こそしていなくとも怠惰で、無能な市議会議員を批判し、落選させる手助けもした。連盟は、議員が、たとえ善意に満ちていても愚かであれば、ずる賢い野心家から都市の利益を守ることはできず、単なる個人的な誠実さだけでは、市民の権利も展望も喪失してしまうことがあることを、体験から痛切に学びとっていた。

後年になって、連盟の基盤は大打撃を受けた。それは、主にトンプソン市長が、連盟への攻撃を激しく行ったためである。市民が第一次世界大戦とそれに引き続く出来事に関心を集中していたためでもある。このことに関連して、一時期、連盟は指導者の名前を公表することや、女性を会員名簿に載せられないほどの痛手をうけたが、それも克服してきた。

しかし、連盟は二五年にわたって、市民の利益や関心を集中し、市議会に代表をおくる世論形成をするための強力な代理機関であり、今日もなお存続していた。一般に、社会の改革を目的とする組織は政党組織のように一〇年程度で寿命がくるものである。というのは誤りがくり返されたり、ライバルが勢力を増したり、同志間が険悪になったり、無関心になったり、人材が枯渇したりして闘争心が失われるからである。そうならないように、組織は内部のあらゆるしくみを絶えず点検し刷新しなければならない。こうして、M・V・Lは設立以来、四半世紀たった今日でも、まれにみる強力な組織力を保持してきている。シカゴ大火災の前年に設立されている市民連合と同じく、このような機関の寿命を考えると、規則を様々な角度からチェックし変更してきているのも当然である。

地方自治有権者連盟の組織と活動は、他の都市で模倣されてきているが、連盟ほどの成功は果せなかった。政治機構と同様に政治組織においては、人間的な要素が力を持っていることを示す。つまり、運動の指導者たちは抜きんでて、鋭敏な政治感覚の持ち主でなければならなかった。また指導者たちは、その当時の政党の指導者、一般市民、そして新聞と効果的に対応することができなければならなかった。そして連盟は大きな成果を得たのだが、その陰には連盟の役員たちの関心と献身的な取組があったのである。イリノイ州立法有権者連盟（Legislative Voters League of Illinois）も、州法立法のために同種の目的で活動しているが、かなりの成功をおさめてきた。しかしこの連盟は、累積投票制度〔訳注5〕（cumulative system of voting）のために派生してくる大変に、困難な条件を背負って活動していた。一方で連邦議会に同様の改革を求めて組織された、全米有権者連盟（National Voters League）は、それほどの成功はおさめていない。

地方自治有権者連盟の活動は、代議政体の発展からみて興味深い現象を呈している。予想がつかない新しい状況に順応しつつ可能性を切り拓いている。そのひとつの例が活動の基本的原理である。すなわち彼らは、候補者が公平無私であることや世間の評判、候補者の分析に対する選挙民の反応、公僕としての履歴や資格に関する時宜を得た情報を、衆知することに価値をおいているのである。

商業団体

シカゴの経済関係団体で、国内の他都市と同じく名実ともに、最も組織化されているのは商業の分野である。これに比べると、労働者組織は何といっても脆弱であり、専門職の組織はまとまりに欠けている。もとより中産階級も未組織であることは衆知のことである。商業団体が本腰を入れて団結し行動するならば、実際にシカゴを支配するであろう。だが、一般的にみて、彼らは政治には無関心であり、たとえ関心があったとしても、積極的に団結することはまずないだろう。つまり、とるに足りない会社員たちの一団や商人は、飛び抜けて強大な経済的権力を持つ者たちに、依存しながら生活しているということである。彼らの利害は、本来、財界で力のある管理職や手腕家たちの利害とは、異なるはずである。しかしひとたび政治抗争が始まると、常に表面に現われてくるのは、巨大な権力をもつ財界指導者たちである。指導者たちを中心にして非公式な運営委員会や集団が組織され、大勢力が迅速に遅滞なく対応できるようになっている。時には一、二の政党派閥の政治組織を利用することさえある。まず手始めに新聞、選挙運動資金、宣伝、それに、政治指導者やボスを利用する。これらの勢力は選挙運動中に、あるいは選挙運動と選挙運動の間に、特殊な争点に決断を下さなければならないような場面がもちあがると相当な力を発揮する。

シカゴでは、商業連盟や商業クラブ、連邦クラブ、シカゴ・クック郡不動産委員会(Chicago and Cook County Real Estate Boards)、百貨店協会、製造業者連盟、銀行家連合、工業クラブが、有力な商業団体とされている。これらの団体はすこぶる強力な影響力をもつが、たいていの場合、行政府を十分に統制することはなく、行政府の運営に完全な責任を負っているのでもない。たしかに商業団体は権力を充分に持ちあわせていて、自分の利益を主張する必要があると思う時には主張もする。しかし、彼らは概して責任をとるべき階層が動き出したなら、いつまでも続けて統制しようとはしない。地方政府は結局のところ言うとおりに動くことになるのだが、商業団体は自治体の公共事業の遂行に対する当然の責任を、喜んで引き受けようとはしてこなかった。往々にして企業家たちは、市政府の直接的責任をいつも批判してきた「政治屋」(politicians)に転嫁した。しかし政治屋たちは通常は企業家たちに要求されて政治に取りくんできたのである。このことは、シカゴの最重要問題の解決に、あらゆる面で最強の権力をもつ集団が、統治していないという変則的な状況にあるということである。権力と責任とは分離している。支配する能力のある者が、その意図をもたない。また支配しようと熱望する者は、相応の権力に恵まれていないのである。

ジェームス・ブライス(James Bryce)は、かつて次のように発言している。「アメリカも、世界の他の諸国と同様に、連邦政府はある苦しみを背負っている。それは堅実に愛国者として指導すれば、容易に従ってくるような下層階級の人々の無知や無謀さではなく、リーダーシップをとるべき裕福な人々の無関心さや先見性のなさである」。

驚くべきことに「市の事業」を多くの商業組織が行ってきていた。とくに、コミュニティの改良事業、慈善活動、さらに財政分野の事業などである。ところが、当然、商業組織の利害がコミュニティの大半の利害と衝突する場合もでてくる。このような時には、多数を相手に苦闘し、心ならずも対立状態に入る。たとえば、特権問題、公的所有権、ストライキ、学校や同様の問題である。そこには少数あるいは多数の住民の尊重すべき権利に関連した問題が含まれる。数々の争いの中で、商業組織が公共精神に満ちたコミュニティの奉仕者であることを喜べないなら、栄誉は、消え去ってしまうであろう。

近年のアメリカの公共生活をみると、いくつかの顕著な現象があげられる。その一つは、行政の各範囲にわたって活動する集団が、政治の諸計画の着手から展開に至るまで、一貫して積極的に参加しているということである。(7) このことは、それだけ政治が衰退してきているということを意味しない。むしろ、逆に、市民自身に本当の満足感を与え得る、活発な社会的勢力を伴ったその集団の生命力があることを意味するのである。政治は人間生活の一断面であり、現実生活から遊離したものではない。もちろん社会の残りの部分を支配するものでも、また、他の人々が、ときどき便利な道具として利用するものでもない。現代都市は、生活状態を将来に向かって、さらに進歩させようとして協力しあってきた人びとによって、構築されているのである。ただ残念なことにシカゴの場合、社会発展の初期の段階では行政が何よりもまして経済優先主義を採ったことによって、もともと普遍に果すべき政府の責任が、損われてしまったのである。だが、後の段階で自治体の衛生、都市の美観、都市の秩序が統治組織のタイプと同様、産業社会の財産でもあると認識され始めてきた。

最近二五年のアメリカの都市生活の中で、シカゴほどこの基礎的な事実を確認するために注目すべき都市はない。また、そのことがシカゴほど特徴的に現われている都市もない。商業組織がコミュニティの都市としての発展において興味を示すおびただしい数の例を詳細に目録にまとめることはとても無理でもあり、また無用なことでもあろう。とは言うものの、とくに大規模な計画については、討論する価値があるかも知れない。一例を挙げるとシカゴ商業クラブは、バーナムが提案したシカゴ都市計画に寄付をし、長年にわたって支持してきた。この構想が結実したことにより、最近三〇年間のあらゆる自治体の歴史の中で、著しい事業となったことは誰の目にも明らかである。自治体の事業として不朽の功績であり続けるであろう。さらに、工業クラブは、イリノイ州における犯罪状況の貴重な調査記録を報告しはじめた。統一連盟クラブ（Union League Club）は、清潔な選挙運動を推進してきた。さらにクラブ内にある行政委員会は、コミュニティで市民生活が順調に発展できるように、多方面にわたって協力してきている。なかでもシカゴ商業連盟は、組織が一体となって、住民に広範な利益をもたらし、重要な役割を果す市民プログラムを発展させてきた。(8) とくに、最近の事業のうちでは「都市交通に関する調査」（metropolitan traffic survey）は人目を引く事例である。しかし、これは商業連盟の同種の数あるプログラムのうちの一つにすぎない。

一方で政治統制の分析を念頭に置くと、次の点に目をとめなければならない。それは一九二七年に商業連盟内の立法委員会が、次の法案（measures）について反対したことである。すなわち、女性の八時間労働制、老齢年金、消防士年金、所得税法案、すべての公共事業に完全な自治を実現するための二法案などである。現実には、それらの法案はすべてシカゴ市民の間では、人気があり広く支持を得ていた。商業連盟と労働総同盟の紛争も、それぞれの活動目的が違う場合に、起こりうる例である。(9) 同様にまた、トンプソン市長の公債発行問題への反対運動、また一九二八年に商業連盟の了解も求めないまま、評判の悪い無能な州検察官を選挙しようとした際の、反対運動も注目されなければならない。これらは最近三〇年ほどにおける重要な問題であり、特に後者は、最も重要な問題と言える。

あらゆる都市の公益事業団体は、政治支配の組織と活動に密接に関係している。それらは自治体から新たに公認の権力を獲得することを願っている。あるいは既得の権力を擁護することを願っている。さらに他の勢力からのゆすりを恐れたり、自分自身で積極的な略奪の計画を立てているかもしれない。理由はどうであれ、それらがあらゆる政党組織、政治支配のすべての構造に深く結びついていることがわかる。しかも、この公益事業団体はいざという時に役に立つ莫大な資金を持ち、市の職員と同程度の従業員をかかえていて、宣伝や広告の策略にも精通している。つまりコミュニティの行政に、積極的に参加する準備をしているのである。一般的には、市の政治支配体制の主要なものの一つにもあげられるにちがいない。シカゴではこの団体は有名な公益事業の経営者でとりまとめ役のサムエル・インサル（Samel Insull）という人物に具現化している。彼は腕ききのマラニー氏（Mr. Mullaney）を責任者にして広報の専門家をスタッフにし、共和党や民主党の組織ときわめて親密な関係となっている。

都市行政は、現状の混乱がつづくかもしれないが、公益事業は急速に合併、統一化の方向に進むと思われる。たとえば、コモンウェルス・エジソン電気会社（Comonwealth-Edison electric company）は二つの大会社と数ある小会社が合併したものである。この会社はピープルズ・ガス・電気・石炭会社（People's Gas Light and Coke Company）の支配権を掌中にし、オグデン・ガス株式会社（Ogden Gas）と、その関連会社を合併したのである。さらにエレヴェイテッド・ライン社（Elevated Lines）を買収し、その三つの主要なシステム系統を合併したのである。またさまざまな鉄道輸送系列も、運行協定を結び統合された。

言うまでもなく公益事業と政治の癒着については、ガス会社とサリバン派の民主党政治組織の結合をみても明らかである。民主党、サリバン派のボスがガス会社の幹部役員を兼ねていて、二つの重要な組織の間を結びつけている。さらに民主党組織の党首であるサリバンが、本人自ら経営者の一人として電気業界の保護に最大限の注意を払ってきた。そしてこの組織であるガス会社は公益事業の公式の代表者となり、シカゴ市にかぎらず時には重要法案が提出される州議会における利権の追求もしてきたのである。もちろん、市議会議員選挙、市長選挙には絶対の関心をもっていて、根まわし戦術、党大会や予備選挙、そして選挙活動に際してめまぐるしく活動した。また組織には会員でありながら公職についている者もいた。すなわち各種委員会委員や政党職員など多くの人たちが名を連ねていて、企業から何らかの報酬を受けていた。政治的に仕事の処理をする際に頼りにされる人々、とくに弁護士もいた。近年、状況が少し変化し、ガス、電気を中心とする利害関係者の中には、民主党との昔からの結びつきを温存しながらも、トンプソン派政治組織との親密な関係を、重視しはじめようとする傾向がでてきていた。

もちろんこれらの利害関係者はたび重なる闘争を勝ち抜いて、それぞれの政党に決定的な影響力を持った。たとえば民主党においては、地方行政に非常に強い勢力をもつハリソン派とダン派が、公益事業はライバルを認めないという、まさにその一点で対抗しあっていた。一方、共和党内には、政治生命の支配に反対する極めて巨大な進歩的な勢力がいた。

公益事業団体が、いつの場合も支配的立場をとるわけではない。しかし、それらの団体は、自治体や新聞に進んで意見を表明した。また、政治の掛け引きが行われる時には、いつも注目深く判断されるように重要な役割を果した。彼らはいつでも誠実にしかも平和的な宣伝や説得、商売上の必要という理由によって、自分たちの目的を達成しようとしていた。しかし、時には必要性に迫られて、悪辣な手段でも商業上の必要という理由によって、正当化して行使した。(10) 彼らは市議会に対して、自分たちに都合よい権利の解釈を期待し、さらに多くの利権を与えることを望んだ。

また自分たちの立場に立って問題を考える知事を望んだ。そのために多分、彼らの間でまともな同盟を結ぶ方がよいと考えた。しかし、票を提供できるのであれば、誰とでも手を組もうとした。概して腐敗政治家たちが彼らの最も堅実に信頼できる友人であることを認めるのである。たとえ、まともな同盟を結ぶことが高くついたとしても、市場相場はかなり明らかである。賢い者はいつ、どんな方法で誰に流したかを知っており、結果としてこの適法な支出が巨額の年間予算からすれば、相対的に少額ということになる。公益事業団体の指導者の気高い個人的な性格は、政治にまつわる問題が生じた際に、彼のとる政治的な行動とは無関係である。彼らの公共精神は、特権や、政治的な情実が得られるところという特殊な領域において、強欲な方法や改善の見込みのない計画に参加しないということである。

一九二六年、上院で調査を行った結果、この制度の実態が一挙に明るみにされた。そこではじめて、地方行政も広く国民の話題となった。そのような矢先に、イリノイ州とシカゴ市の公益事業を統制している団体の議長スミスが上院の候補者となった。インサルは、イリノイ州や国家の公益事業の調整者たちの中でも、最高責任者であったが、公共事業団体の仲間に割り当てをして、総額一五万ドルの選挙運動資金を寄付した。もちろん上院の委員会でこの間の事実がすべて糾明された。そこで一九二六年の選挙で、イリノイ州の有権者はスミスを選出したにもかかわらず、上院議会が二度にわたってスミスの議席を、拒否したことはあまりにも有名である。

労働団体

数字の上でも、もっとも強力な勢力を持っている団体といえば、労働団体である。シカゴは一般に「労働組合都市」(a union town)といわれている。とくに、公的に組織された組合は、大規模で活発に活動をしている。組合員の数を見積るのは困難であるが、だいたい五〇万人くらいだろうと思われる。とび抜けて強力な勢力を持っている団体といえば、シカゴ労働総同盟(Chicago Federation of Labor)である。たとえば、建設業会議(Building Trades

Council)、女性職業組合（Women's Trade Union)、衣料労働者合同組合（Amalgamated Clothing Workers）といった強力な団体が、シカゴ労働総同盟傘下にある。その力は、仮に彼らが、同一歩調をとって、政治的な行動を重ねてきていたなら、シカゴの主人公になっていたに違いないほどである。しかし、組合の指導者たちは、個々の組合が統一の方向へ向かう影響を恐れて、政党抗争への参加を促進しなかった。ところがこの政策は一九一九年の市長選挙運動――これは完全に失敗に終ったが――を機会に変化することになった。労働組合は政治闘争に使える、相当な資金を持ってはいるが、シカゴを奮起させるような、激しい闘争のための団結力に欠けていた。実は、それが隘路となってなかなか古い政党組織の策略や、伝統ある政党の力をうち破れなかったのである。彼らは、選挙運動中の政治的な催し物が実行できなかったり、労働者新聞を継続して発行できないことが頭痛の種であった。

しかし、しだいに指導者たちは選挙についての技術を修得するであろう。新聞も効果的に活動するようになるだろうし、組合員も自らの要求を満たしていくために、政治的な権力を持つことが重要であると考えはじめるだろう。やがては労働団体は確固たる権力となっていくはずである。この時期に、イギリスやヨーロッパ大陸諸国でも同じような動きが見られはじめ、合衆国の東部、西部を問わず、小都市では労働団体の発展が著しかったが、まだシカゴの政治生活の域にまでは発展していない。

一般の労働者は、行政の効率の面に重大な関心を持つことはない。しばしば彼らは地方政府を闘争相手の個人経営者と同一視しがちである。それゆえに、労働者は、むきだしの敵意をもたないとしても、行政の動向を疑い深く見てしまうのである。といっても、組合員が誰の目から見ても、明らかに不公正な政治的処遇を受けていた場合をのぞいて、彼らは事実上、公正な行政府を支持している。収賄者は、階級からくる理由を除けば、労働者の支持を得ることはないし、労働界において最も厳しく非難されそうである。しかし、労働者は、いわゆる「実業政府」(business government) が、労働者には少しも同情を寄せない高額納税者の救済だけを念頭に置くことを恐れているにすぎない。

ところが、労働団体は権力をもったときは契約以上によく働くし、地方政府の行政効率の推進に協力するようになる、ということは注目されるべきである。この典型的な例は、ミルウォーキー市が社会党体制のもとで、地方自治が明らかに前進したことである。

ところで、労働団体が、労働条件の改善、賃金改定をすすめていくうえでの主な闘争手順は、団体交渉の仕組みである。折衝、協議があり、合同委員会が準備され、最終的にはストライキである。シカゴ警察や州検察官（クック郡）の態度などは、もちろん労働争議における重要な要素である。また、ピケの程度と許可、言論の自由の限界、警察の戦術、調停の見込み、恐喝、強要、暴力の規制などは、すべて根本的に地方政府当局の態度に左右される。労働の側からすれば、前記の事がらは効率や経済の問題よりもはるかに、重要性が高いと言わざるを得ない。

私が初めて行政側の人間としてとストライキと関係したのは、衣料労働者合同組合の事件の時であった。組織されて間もない四万人の衣料労働者は、何週間もストライキを続行していた。労働者や扶養家族も大変な苦しみを味わったが、企業は完全に操業停止状態であった。シカゴの重要な産業のひとつであり、事は重大であった。私は、調停委員会の設置を求める決議を提出し、委員の一人となった。われわれは、争議を一九一〇年の時代情況を典型的に表わす事件とみなした。関係団体が一同に会することは不可能なので、交渉は組合、議会委員会、雇用者を相手に隣りあわせた三つの部屋で続けられた。雇用者は、組合員である従業員と会うことを拒否し、指摘される不公平などはないと断言した。やがて、ハート社、シャフナー社、そしてマークス社の三社の経営者であるシャフナー氏（Mr. Schaffner）は、われわれが伝えた労働者の要求のいくつかを調査したところ、自分の不明から考え違いをしていた実態をつかんだと認めた。レイモンド・ロビンズ夫人（Mrs. Raymond Robins）とシャフナーは、連れ立ってやってきて、短時間で合意に達した。この協定は地方および国、さらには国際的な労働組合幹部たちが是認することになったが、肝心の組合員の立場からは、誰一人として是認する者がでなかった。そこですべての調停作業は、失敗に終わったかのようにみえた。しかし、ハート社、シャフナー社、マークス社は個別に協定を折衝し、現在、一般にシカゴで採用し、諸都市の衣料会社でも採用されている有名な協定の基礎をつくり上げた。他の企業は、協定を結ばなかったので二、三年後にまたストライキが起こってしまった。この間、ハート社、シャフナー社、マークス社の企業実績はかなりの率で上昇した。こうして、近年の衣料産業は、組合と雇用者間の知的協力の典型、産業上の政治的手腕の成果として、産業界において注目をひく立場におかれている。

一般に労働争議の特徴は、ストライキを打つ側と支援者側の暴力とか、警察側の残忍な行為、経営者側が信頼できない民間警察の雇用に拍車をかける、という嘆かわしい傾向にある。ストライキの指導者たちは、平和裡に行われる説得や、経済的威嚇の代わりとしての暴力を好んではいないが、彼らに従う一般の組合員すべてが、そのような配慮をしているとは限らない。この種の争議は、コミュニティのろくでもない連中に、狂気の沙汰で騒ぎ回る絶好の機会を提供していることにもなる。

警察の態度は、時としてすこぶる忍耐強さを示すことがあるかと思うと、はなはだ野蛮になる時もある。その格好の例として、ウェイトレスのストライキの例がある。まったく不必要な、身体的な残虐行為が行われたという悲しむべき事実が、議会の委員会に報告された。たしかに、よく知られているように女性は、男性からみて腹だたしいほどの可能性を持っている。だからといって、分別ある牛の所有者が、雌牛に対してさえも行わない仕打ちをすることは正当化されない。

また、大勢の民間警察が導入されると、どうしても火に油を注ぐような騒ぎに広がる。たとえば、彼らは明らかに挑発を目的として働いているようなところもある。制服を着ていないので民間警察であることが確認できないし、制服の公務員にはできないような手段を使って、自分たちの行動に対する免責をはかる。私が個人的に視察したところによると警察力と等しい権力が、公務員でなく制服も着用せず、バッヂや階級章もつけていない一般人に乱用されているといった実態があった。そのような民間警察の導入には、重大な危険が含まれることがわかった。公務員でない人、つまり、民間警察官は、自分を客観的に証明する方法がないのであるから、自らの都合によいように、どんな人にでも自分は警察官であると公言しうるだろう。ここから起こるトラブルは絶えない。私があるストライキを調査していた時に、頑強そうな男から、乱暴に、そこから出ていくように言われたことがある。そこで「何の権利があるのですか?」と聞きかえした。すると「署で見せましょう」と言った。「ところで君の星章は?」、と質問したところ「コートの下だ」と言った。「わたしのもコートの下にあるよ」と皮肉を言った。すると彼は、怒って興奮した雄牛のような見幕で、私を見すえた。私は、彼を正面から見つめた。われわれは、怒った雄牛を見るように話していた。彼も怒った雄牛のように行動したかったようであったが、いつものようには行動しないで結局立ち去ってしまった。つまり、彼は本物の「雄牛」ではなく、偽物だったのである。

労働団体は、組織された被雇用者たちの労働条件と賃金の問題で市と接触する。しばらく前にシカゴは、労働組合の賃金と労働条件の基準を採用したことがある。結局のところ、この基準の最終調整は、財政委員会の小委員会と労働総同盟の委員会の協議を待つことになった。全体として見れば評価すべき協定であり、少なくとも、産業の混乱した状態を考慮した満足すべき計画といえた。一番の困難は、水道局の漏水修理人や下水道の清掃人のように、市だけが雇用している場合であった。この場合、労働組合基準は、市が支払った金額すべてが基準となった。

私が議会にいる間は、塵芥収集者や街路灯管理者の小さな騒動以外は、市に対するストライキは起こらなかった。実際に、後になって消防当局とポンプ場事務所で騒動が起こった。このような場合、まず争点に関わる問題点のみに絞って厳正中立な調停を実施する。そして当事者に、調停に公然と違反しないように、約束させるのである。これは法律の問題であるといえるが、それ以上に世論水準と、労働者自身の責任感の問題でもある。この問題にいくつかの難しい状況がある。つまり、労働者が行政サービスと民間サービスの間の類似性についてどう捉えているかということがある。また一方の他方に対するすべての憎しみと偏見が転嫁されるということがある。そこには労働者の側に政府は通常は経営者団体の手中にあり、少なくとも経営者たちに同情的であるという、労働者の感情がともなっているのである。[11]どちらにしても市は深刻な労働問題を、国家の発展と関連づけて緊密な関係にある労働争議と切り離して解決することは出来ない。この問題の解決に際して、即座の結果をもたらすかもしれないが、あとで悲惨な状態になる思い切った方法をとるより、知性、忍耐、寛容、堅固な意志をもって問題に取り組む方が、長い目でみてよりよい成果をあげるだろう。労働運動の指導者だけでなく、経営者団体だけでもなく、いわんや扇動家にしても、たった一人ではコミュニティ全域に関連する問題を意のままに解決できるはずはない。公正に解決するのには、妥協と調和が必要なのである。

シカゴと労働者の関係において問題だと考えられるのは、労働詐欺師、政治詐欺師、経済詐欺師が共謀して支配しているような暗黒な部分があることである。地方政府は、結果として警察力を利用して、これらの不公正なギャングたちに、勤勉な労働者のグループを支配させているといえる。彼らは、しばしば産業や市を大がかりに支配している略奪者たちと癒着している。ニューヨーク市のロックウッド委員会（Lockwood Commission）、シカゴのデイレイ委員会（Dailey Commission）は、市民を裏切った大がかりな癒着の詳細な事実を明らかにした。このような犯罪が、何を発端にして発生したのかはたいへんに重要である。通常、事件の初めから終りまで少人数の労働詐欺師の計画で行われたと見なされて、何人かが摘発され罰せられている。その一方で主謀者のほとんどは、逃亡している。他のグループがある計画に関与していたとしても、普通は時の流れとともに市民の関心が薄らいでしまえば、忘れ去られてそのグループは決して罰せられることはない。おそらくその事実が、絶対に白日のもとにさらされることはないであろう。[12]市行政では最も暗い部分と思われるこの暗黒の密林には、調査の手は伸びない。従って状況を改善する適切な手段も提案されず、実行されるはずもない。しかしながら、この澱んだ沼を澄んだ透明のものにしない限り、コミュニティの産業や政治を浄化し、健全に回復させることは不可能である。こうした絶えず流行っている伝染病は、シカゴを衰退させ、ついには破滅させようとして都市の中枢部を絶えず攻略し続けるのである。

労働団体の運動方針は、立法改革にさらに明らかにされる。その方針は、ほとんどは地方選出の州議会の代議員と知事にだれがなるかに依存している。そこで労働者と商業団体の要求と主張が激しく対立し、衝突する。女性の労働時間、産業闘争禁止令(injunction in industrial disputes)の発動、教育統制という特殊な問題や、間断なく続けられる大規模な労働争議は、商業連盟、イリノイ製造業者連盟の系統と労働総同盟の系統との、二派に対立する戦線に分けられる。まさにこの状況は、地方政府にすれば最高に危険な領域であり、政治組織や利権屋が甘い汁を吸うために、虎視眈々と戦略展開をはかるところである。それと同時に、最も重要な義務や公約が商業側、労働側の双方によって確認される場でもある。また、皮肉にも先に述べた系統が、それまで反目していた方向へ転換する。そうなると利権屋が労働者の味方になったり、改革者が労働者の敵となったり、効率化に賛同する者が産業計画を遂行する理由から、濫費の主唱者に屈服するような事態が起こってくる。つまり、労働者が彼らの価値あるサービスを、権力や地位を通じて金銭や機会、金儲けのために最高入札者に売り渡すという日々が続くのである。都市の発展段階における混乱を徒に目撃し、都市の将来のためにその混乱の意味を理解する人々にとっては、悲しい日々でもあろう。

中産階級

シカゴでは中産階級は、他の都市と同様に、組織されておらず、それほど強い影響力はもっていない。中産階級とは、主に事務員や零細規模の小売商人や経営者、未組織の賃金労働者(ホワイトカラー)や専門職業人たちである。彼らは労働側、資本側の双方にしっかりした組織を持っているわけではない。したがって、絶えず一方では組織賃金労働者にまた他方で大資本家にその勢力をうばわれ続けてきている。中産階級の多くは、政治的な傾向として、あらゆる面で雇用している経営者の色に染まるものである。シカゴではほとんどの住民が借家人（Renters）であり、消費者（Consumers）であり、重要な存在であるが、力と活気のある組織は持っていない。この階級は、労働界や産業界が、あるいは民族意識や宗教を媒介として特殊な組織を形成したり、集団の圧力を行使したりするグループのような、特別なグループの形態を持っていない。だから、彼らを指導する者にとってみれば、中産階級が大企業に憤りをぶつけたかと思うと、今度は労働組合に鉾先を向けたり、あるいは状況によって、味方になったりならなかったり振幅が大きすぎるという不信感を持たざるを得ない。

シカゴ郊外には、数しれぬ零細な商店、小売店がある。彼らの利害は一般的には中産階級の利害と類似している。特に商業階級や少なくとも大きな商業団体とは異なっている。社会改革が必要な部分は地方に無数に存在し、これは重要なことだが、小さな家屋の所有者であっても、とくに社会改革に関連して、市の政策の状況に関心を抱いていることが多い。たとえば、建設貸付協会（Building and Loan associations）は、シカゴを都市開発していくうえで、重要な同業者が結束したものである。彼らの特殊な利害が、すぐさま課税や改革の形をとって具体的な影響を生み出すので、勢力は強大である。

中産階級は都市生活者として、さまざまな関心や理想を持っている。シカゴの経済や行政効率、誠実さや道徳を案じている。彼らは、ボス支配に対抗し、政治組織も利権屋も拒否する。大企業やトラストを恐れる。中産階級の人々は数々の社会問題を改革するために友好的に対話しているが、急進主義や社会主義、さらには最近の術語でいうボルシェビズム（bolshevism）と見なされることについては懸念を持っている。中産階級は企業、労働者――自分に少しでも得になると思えば伝統に対しても、堂々と手段を選ばず挑戦してくる――よりも現実的感覚の持ち主であり、伝統の擁護者である。彼らは、進歩は歓迎すべきであり、優雅ですばらしいものであると断言する。国家レベルでは、彼らはしばしばローズヴェルト大統領（Roosevelt）や、ウィルソン大統領のような進歩的指導者の主張に共鳴する。

しかし同時に、宗教的、人種的偏見をあおる主張や新聞に賛意を示すこともある。

彼らは一般的に、労働者や商業を対象としないような進歩的政策を一貫して支持している。さらに汚職組織や、犯罪組織集団の強制調査をも支持している。公益事業の利害関係の規制を要求する。また一九二八年の手榴弾予備選挙(Pineapple Primary)や、一九二六年の選挙組織の代表であるジャレック(Jareck)裁判官の選挙、特権問題や公債事件などの大勝利、大敗北にみられるように、時おり急進的に政治革命を引き起こす反逆者たちである。それゆえ彼らが商業界や労働者のなかでも進歩的で信頼に足る一派と団結し、独立系新聞の支持を得たなら、政治情勢の方向さえ決定できるような勢いとなる。

ところが、他の都市と同様に、シカゴの中産階級は二つの理由でしだいに消滅する傾向にある。一つは、既存の組織である労働組合、商業団体、専門職業団体にいろいろな形で吸収されつつあるということ、もう一つは、都市自治体から中産階級の集団をつくる範囲の外である新しく建設される新興住宅地域へ、止めどなく流出し続けていることである。この二つの要素は、都市の諸条件を改善する見通しと密接に関係し合っている。一つは、つまり最初の理由であるが、傾向として、企業や労働者としての立場を自覚し、各人の責任感が強くなってきつつあることから派生している。もう一つは地域統治に向う傾向であり、この動向は地方政府の行政区域の単位の性格を根本的に変えるものである。

近年、シカゴをはじめとし、他の都市でも権力をもった職業団体が次々と登場してきている。それは独特な権力をもつ医師、技術者、弁護士、教師である。これらの諸団体は特殊な職業上の、またその職業にともなう利害関係がある。さらに、彼らは大きな利権も持っており、彼らが団結することによって、中産階級に影響力を与える結果となる。

各団体は地方行政に、終始、活発に働きかけてきている。例えばシカゴ医師会(Chicago Medical Society)は市の保健局に、西部技術者協会(Western Society of Engineers)は公共事業局と連携をとりあっている。しかしながら、自分たちの計画や政策を行政に、導入させようとしても、すべてが成功しているとは言えない。すなわち医師の派閥間の論争が、保健計画への効果的な協力への障害となっている、ということである。また、西部技術者協会についても技術者たちが公共事業のもたらす利益に関心がなく、あったとしても偏見であり、それが西部技術者協会は役立つグループであるという評価を下げる結果となっている。

こうした中でとび抜けて活動的で精力的な団体は、シカゴ教職員組合（Chicago Teachers' Federation）である。かつてシカゴ事業の台風の目ともいわれた、マーガレット・ハーレー（Margaret Haley）の卓越したリーダーシップのもとで勢力を保っている。この組合は、約六、〇〇〇人の教師が加入し、過去二〇年間、シカゴの教育行政において、人事問題や政策の決定に重要な役割を演じてきている。教職員組合は教育委員会規則が制定され除外されるまでは、何年間もシカゴ労働総同盟の傘下にあったので、現在でも労働運動の指導者と、密接な交流を続けている。

教職員組合は、地方委員や地方議員の選挙、公正な課税のための闘争、特権を持つ法人企業の取り締まり、怠惰な学校教職員の告発などを積極的に行って、多方面にわたり地方行政とは深く結びついている。おそらく、シカゴの学校教育の管理に対して起こした長く激しかった闘争が、顕著な例といえるであろう。彼らの計画は教育の全般にわたることは当然であるが、それ以外の方面にも戦線を拡大していったのである。彼らの主張というのは、教育を民主化することと、もともとは商業クラブが提案した、二部授業方式を一元的なものに改正することであった。くわえてマクアンドリュー（McAndrew）が、教師たちの教育独裁化に反対する象徴であった教職員評議会の解散を、約束してしまったことがある。

社会的利害関係の均衡からすると、教職員組合と最も友好関係にあったのは労働団体であったが、商業団体とはあらゆる問題で反発しあってきていた。たしかに教職員組合は、組織が整備され、攻撃力のある集団である。だからといって、教職員組合が、シカゴの専門的政治組織はもちろんすべての社会集団の中で、一頭地を抜く組織であるのか、というとそうでもない。ただ、もし全集団が同じ程度に組織された力を持ち、政治的に活発な行動を取っていたとしたら、シカゴの政治には多彩な運動が巻き起こり、投票棄権（non-voting）が起こっていたであろう。[13]

学校問題の裏面にはそこには、基本的偏見が存在する。新聞界や宗教界の葛藤、労働者階級の闘争など、重要な労働問題が含まれている。表面で起こっている闘争は、実のところ底流で発生する問題の反映にすぎず、それが上層部を撹乱しているのである。これらの諸原因の適切な解説は、現在シカゴで何が起こりつつあるかを、くわしく理解するために欠かせない。またシカゴで現在起こっている問題は、一つの地域においてだけでなく、合衆国の都市コミュニティにおいても、典型として考えられなければならない。

ある新聞社が、校庭用地の借用問題に巻き込まれたことがある。数年前、シカゴは当時の校庭の一部を新聞社に割愛したことがある。そこで現在、新聞社は、産業の中心地となっているループ地区に建設されている。この土地の大方は売却されたが、なかには九九年の借地とされたものもあった。その借地権者には「トリビューン」紙、「デイリー・ニューズ」紙もいて、すでに校庭跡地に社屋を建設していた。当初の契約では借地権は、一〇年毎に再評価し更新されることになっていた。しかし、一八八五年、深更におよぶ交渉で、更新の条項は削除された。その結果、最近の資産価値と、従前の借地として支払った評価額の間に大きな差違が生じてしまった。この借地問題は、後になって最高裁判所が借地側を支持したのだが、一般市民の中には最高裁の逆転判決は合法かもしれないが不当である、という声があった。

この時、「トリビューン」紙と、「デイリー・ニューズ」紙を代表とする新聞論調は当然のことかもしれないが、彼らを批判する敵対者に答える形をとった、辛辣な答に終始している。もし二紙の新聞社が、自分たちの既得権を放棄して新たな再評価案を承認して、もっと以前から新しい用地に移転していれば、コミュニティにしても満足であったであろう。

第二番目の要因は、宗教上の偏見であった。学校管理や教育方針の問題には、対立する宗教間での争いは避けられないものである。かといって通常はあからさまな形をとらず、宗教界内部の問題として論議をしていた。カトリックとプロテスタントは、それまで相手は教育制度を管理し、都合よく改正しようと目論んでいると互いに攻撃し合った。確かに、非難の中には真実もあったが、ほとんどは誇張と誤解だった。たとえばプロテスタントは、教師のほとんどがカトリックであり、それ以外の教師は平等に扱われていないと抗議し、カトリックは、逆に学校運営は一般的に、プロテスタント支配であると思い込んでいた。誰がみても公教育制度を敵視した結果があらわれていて、教区小学校(Parochial school)の教育と比較して、数段と発展している状態に、嫉妬していると言えるのである。中立公平な機関といえども、プロテスタントとカトリックの攻防を調査したことはなかった。それは政治に宗教が介入してくると、教育から理念が喪失してしまうからである。だが実のところすべてが衆知のことであるから、調査もされないのである。この考え方に納得しない人もいるであろうが、判断を誤っているだけである。悪意をもって意図的に誤解しているのである。巷に流される囁き、ゴシップ、中傷、噂が、正確な調査や判断にとって代わることがある。以上のようにして、教職員組合への攻撃は、宗教的偏見や労働組合に対する偏見が原因であった。奇妙なことに、この攻撃を指導したのは、ロシアのコヴノ出身のユダヤ人で厳格な宗教と閉鎖的な階級の下に生まれ、自分から進んで攻撃運動に参加した人物だった。関係者は彼の人生経験から、当然、寛容で同情的な姿勢をとるものと考えていたのだった。

第三の要因は、産業界における階級闘争である。他の都市と同様に、シカゴでも民主主義の訓練の場としての職業訓練問題が、争いの火種となってきた。とくに、生徒の職業訓練は統一された制度をとるか、普通校、工業校と商業校との複線の形態をとるべきかについての議論が起こってきた。議論が調整された結果、一連の工業校群は、司法管轄区と実業界の管理のもとに置かれることとなった。この制度は組合と戦う予備軍を育てることになりはしないか、貧しい子供たちを自動的に商業校に割り当てることによって市民教育、社会教育を妨げるのではないか、という危惧があった。商業クラブは、ある政策に基づいて活動し、また大部分の教職員と労働団体は別の政策のために闘った。衝突は回避できなかった。すなわち両者は、家庭だけでなく、ドラマ仕立てな場所設定であるか、市議会以前に州議会においても激しく衝突した。教育の根本的な特性と範囲について、当時から見解が対立し、今なお続いている。勿論、教育の複線化などの、非民主的な内容については主唱者たちが、決して容認しなかった。

同じ問題を別な面から見ると、組織化された教職員団体と労働総同盟の協調関係があった。この関係は、即刻に断ち切るべきだとされたが、教職員組合と労働総同盟は強く存続を主張した。そして結果として教職員組合は、自分たちの要求を貫徹するために行う、ストライキの権利もストライキの意向も放棄してしまった。このこととは別に、労働組合と協調関係を結ぶ考え方こそ、コミュニティや教育行政を危険にさらすことになると思う多くの人びとがいたのである。彼らは、状況を冷静に観察できなかったのである。さらに、教職員組合は、頭の回転が早くて恐れを知らない女性、マーガレット・ハーレーが率いていた。彼らは高い課税を強いる公益事業体を相手取り訴訟を起こすなど、あらゆる分野で強力に戦った。もし教職員組合が現在よりも消極的で能力がなかったならば、間違いなくその立場はそれほど激しくなく、争いは拡がらなかったであろう。やがて一九一五年になり、ともかくこの組織は解散が決定され、教職員組合は消滅しシカゴの有力者である「マギー」(Maggie) の愛称で呼ばれていた、マーガレット・ハーレーは、追放されることとなった。

かつて、私は実業界の大物で、慈善運動にも大変理解のある紳士から、訪問を受けたことがある。彼は学校組織を管理するために、「自分の関係する団体」(his group) をどう動かしたらよいか、という構想を話した。そして、彼は、私が運動のリーダーになることはその団体の意見であり、議員に立候補する準備の第一歩であると言った。しかしながら、私が提案を受け入れるにしても、ある疑問が残されていた。すなわち、その提案には優秀な熟練者、つまり彼らの運動のリーダーが、事実を検討することが必要であり、その手続が忘れられていたのである。彼は言った。「これ以上の事実は望まない。決心した以上、われわれは前進する。賛同しない者は敵である」。彼らは、事実を十分に調査することや、これらの事実に基づく政策を立てること、適切な事情通の助言を受けることなどには敵意があると受けとるようである。そこで戦いの惨禍は痛々しいものとなる。

時にはこれらの要因が互いに結びつくことがある。そういう時点では、プロテスタントで資本家のアメリカ先住民という組合せ（Protestant-Capitalist-native American complex）が、カトリックの労働者で外国人であるという組合せ（Catbolic-labor-foreign complex）よりまさっている場合がある。不条理な宗教的偏見に階級的偏見が加わって増幅し、さらにそこに移民に対する偏見が加わって、問題は大きくなる。その結果、一時的にしても自治体は混乱し、腐敗と無能力が広がりコミュニティにひどい犠牲を強いることとなる。そうしてしばしば教育制度自体も犠牲にしたのである。市民が宗教と、人種混合の麻薬を常用してしまった都市は、報いを受けるであろう。それは、腐敗と汚職の重症患者である。トンプソン体制はまず教育をカトリックの支配から正常化しようというキャンペーンに始まり、ついで公然と街を無法化し、結局のところ教育長にカトリックを選んで自らも崩壊していった。おそらくアメリカ国内における最も端的な例であろうが、決して稀な例ではない。人間が現実に起こっているコミュニティの問題を論理的に考えることをやめ、宗教の信念や人種の偏見を前提として、単なる議論で解決しようとすれば、どこにでも起こりうる典型的な例に過ぎない。幸いなことに大多数のシカゴ市民の常識は、目前の事態を超越して、判断できるようになってきている。さもなければ公教育、終局的には民主主義制度の根本が、歪められ破壊されてしまうであろう。

大切なことは、教育制度の内、外を通じて紛争が継続しないということではない。トンプソン市長の例が二度にわたって示したように、教育の高潔さと進歩性への攻撃が、提案者自らに破滅をもたらすということである。

また、シカゴの生活の中に現われた他の専門職業団体の代表的なものは、シカゴ法曹協会（Chicago Bar Association）や弁護士協会（Lawyers' Association）である。前者は地方行政に率先して積極的な役割を果してきた。ある意味で巨大都市の心臓部において現在の市民的正義を保守しさらに発展させていくための監視者であった。さらに刑事裁判官としては、アメリカの一般的な法曹協会と同様に、消極的であり目立った存在ではなかった。しかし、シカゴ法曹協会の個々の会員は一時代前の手続きや法を、新しい時代状況に適用させる業務に実績があった。法曹協会は地方政治との均衡関係からすると、コミュニティにおいて裁判官の任命、選挙という一定の機能を果してきた(14)。

シカゴは他市にはない状況にある。シカゴでは、巡回裁判所と最高裁判所の四八人の裁判官を二大政党の地区委員が指名する。地区委員は各政党のリーダーを通じて選ばれ、民主、共和両党が統一の投票用紙で臨むこととなる。そこで同意され確認された候補者名簿が作成され、二大政党の大会が同時に開催される。各政党の公認候補者の名簿は作成されても、単独指名に必要な署名数を得るまでは公開されない(15)。地方政治の支配の重要性からすると見逃されやすいが、また避けられない事実である(16)。このような状況では、崇高であるべき裁判所の支配を、地方政治屋の手中に委ねることになる。

これらの環境の下に、法曹協会は直接予備選挙で、指名候補を選別し、または代表者会議において推薦し選挙する。彼らは協会の応援の指令のあった会員の選挙のために、遠出をしてまで選挙運動を行う。多くの選挙区で投票数の計算を監視し、選挙違反者の検挙を手がけてきた。ほんの二、三の例にすぎないが、今までに独自の候補者を立てたことがある。一九二八年の予備選挙のときに、法曹協会は州弁護士事務所を自分たちの勢力範囲に置き、重要な地位に自分たちの会員を送り出すことを決定した。次のような驚くべき出来事があった。クロウ弁護士(Crowe)は、現職であり、彼を支持している弁護士会は、四、三〇〇人にのぼる会員名簿を作成していた。しかし、弁護士協会の予備選挙における投票数は、スワンソン(Swanson)三、〇〇〇票、クロウ六〇〇票という結果であった。クロウの敗北は弁護士の威信を、失墜させたということばかりではなく、大変に深刻な要素をはらんでいた。

この例は現代都市おける職業上の発展と、活動の可能性を示唆している。特別で必然的な一般的な理由から、弁護士協会が将来にわたって都市の社会的、政治的な運営に活動的な役割を果す他の団体の、先駆者であることは疑いもない。弁護士協会がいままで累積してきた成果は、都市秩序の発展に興味深い問題を提供するだろう。それはまた評価と非難の相反するところでもあろう。すなわち、執拗に断固としてある特定利益を擁護してみても、最終的には同様に公共の福祉に対する責任が、存在するということである(17)。

社会集団は、都市の政治支配に重要な影響を与える。なぜなら、政府は社会集団間の闘争と、今日的な利益の均衡をとることにしか過ぎないからである。要するに、少なくとも政府は集団が操る道具ではあっても、逆に集団を操作する主人ではない。もちろん個人集団は、短期間的には、独裁権力を獲得し行使することがあるかもしれない。しかし、それもあくまでも長い間でなく、他の人間が取って代わるまでのことにすぎないのであって、体制樹立と転覆の繰り返しである。

これらの個人集団が、共同戦線を張ることは決してない。逆に、しばしば自らの集団利益のためには互いに反発し、政治的利益のためには、さらに強く攻撃し合うのである。なかには、インサルやローゼンヴァルドのように、まったくシカゴ市民にこだわらない、融通無碍な態度をとる実業家もいる。ループ地区と中心地から離れた商業地域、輸送業者と銀行家、製造業者と不動産業者、デパートと公益事業者、そして零細な集団同士にも利害の衝突がある。労働運動は、団結がますます脆弱になりつつある。労働総同盟、建設業会議とその連合体、社会主義者と労働党、これら相互間の汚職、暴力、他の団体との協力などについて根本的に見解の相違があることから、フィッツパトリック（Fitzpatrick）とオーランダー（Olander）とマーフィー（Murphy）とボイル（Boyle）が対立する。中産階級はさらに分裂していって選挙中はもちろん、平時でも動員は困難である。こうした傾向と政策は、政治指導者が思い込んでいるような、規律を守らせる難しさや人々の臆病心、躊躇心が原因になっているわけではない。

結局、経済の利害関係だけが、政治行動を決定する要因ではないということである。もし、そうであれば、たとえ、同じ環境にある様々な個人でも、様々な方向でそれぞれの判断を下している。人種、宗教、階級、人格、伝統が寄り集まり幾多の要素となり、影響を与え経済予測を狂わせる。同時に観察者が人間性に力点を置き過ぎて、人生の際限のない複雑さを忘れていると、動転させられたり、戸惑わされることになるのである。

(1) S. D. Parratt, *The Governments of the Metropolitan Area of Chicago*,(未刊)や R. F. Steadman, *Governments and Health in the Chicago Area*,(未刊)を参照。

(2) Herman C. Beyle, *Governmental Reporting in Chicago*, を参照。

(3) L. D. White, *The Prestige Value of Public Employment*, はコミュニティの各社会集団に公務員が評価をうけている様子を詳説している。

(4) トンプソン政権の衛生長官であったが、一九二七年には市長候補としてトンプソンに対立した。

(5) C. O. Johnson, *Carter Harrison as a Political Leader*, を参照。

(6) The Union League Club, the University of Chicago 共編, *Chicago Civic Agencies*, 1927, は地域住民に限定した五二六団体の行動を分析している。

(7) 拙文、*American political Ideas*, の"*Unofficial Government*"の章を参照。H. S. Childs のアメリカ商工会議所とアメリカ労働総同盟の研究(未刊)を参照。

(8) 一九二五年から二七年の年報、とくに一九二七年の *A Record of Progress and Achievement* は参考になる。

(9) 前掲書に詳しく論じてある。

(10) C. N. Fay, *Big Business and Government*, では公益事業に政治的側面から接近してくる人間像を明らかにしている。

(11) 今日、アメリカにおいて知的な公共政策の基盤とか、むしろ政策が受け入れられるためには必要な大衆心理が研究されねばならない、というさし迫った事情があるにもかかわらず、未だに手がつけられていない。

（12）R. E. Montgomery, *Industrial Relations in the Chicago Building Trades,* の興味深い具体的な研究を参照。
（13）Margaret Haley, *Bulletin* で連盟の状態は詳解されている。学校問題の論議については前掲書を参照。
（14）私の弟子 E. M. Martin は法曹界の実情を詳述している。彼の記述は法曹界の推薦や選挙に大きな影響を与えている。
（15）一般選挙で必要な得票は二％であるが、二万票から三万票となる。
（16）この制度は三七ある都市裁判所判事や郡あるいは遺言検認裁判所判事に適用されるものではないが直接選挙で選ばれる。
（17）商人団体の気質に関した、Graham Wallas, *Social Heritage,* の巧みなコメントを参照。

訳注

〔1〕マコーミック家。Joseph Medill McCormick と弟の Robert Rutherfovd McCormick はシカゴ・トリビューン（Chicago Tribune）紙を共同経営した。
〔2〕ジェーン・アダムズ（Jane Addams)。ジェーン・アダムズは、一八六〇年にイリノイ州に生まれている。英国で隣保活動（Settlement）を勉強してきた。アメリカで初めての隣保施設であった。帰国すると合衆国の移民の実情を改革するために、一八八八年、シカゴにハル・ハウスを建設した。
この施設を中心にして、移民の住宅改良、保健衛生思想の普及、女性の地位の向上などに献身した。彼女の行動と思想は、広く国内に広がり、同様の施設が一〇〇以上も開設されるようになった。そこには図書室、娯楽室、集合室があり、生活に生かせる各種講習などが行なわれていた。彼女は貧民救済というだけでなく、移民たちが母国で身につけた風俗、習慣、レクレーションなどを、新しいアメリカ風に徐々に切り替えさせていくことを考えていた。

他に合衆国ではニューヨークのユニヴァシティ・ハウスなどがあった。彼女はそれまでの奉仕活動と、第一次世界大戦時の、平和活動が認められ、一九三一年、ノーベル平和賞を受賞した。

〔3〕恩恵授与（権）（Patronage）。恩顧、人情、個人的支援などで、私人を公職に抜擢するなど優遇すること。米国では恩恵授与権は、権力者の自由裁量の範ちゅうにあることが多い。とくに大統領、上院議員、下院議員、自治体首長、地方議員にも恩恵授与権はある。しかし連邦政府では時代とともに、恩恵授与を生かした採用を減らしてきている。能力主義（merit system）が、徹底してきているからである。自由裁量による恩恵授与権が、ジャクソン大統領時代からはじまった米国の政党制からくる「選挙で功績のあった者を官吏として任用する猟官制度」（spoils system）と異なるのは、買収や贈賄など腐敗との関係をもたないことである。大統領が交代するたびに、ホワイト・ハウスのスタッフが全員入れ換わることは有名である。これも大統領の恩恵授与権の行使といえる。

〔4〕フォージ谷の戦い（Valley Forge）。ジョージ・ワシントン（George Washington）が指揮する独立戦争の陸軍は、一七七七年の十月から、七八年六月まで、このフォージ谷で野営を張っていた。フィラデルフィアから北西に三〇キロメートルのところにある。

一七七七年秋、義勇軍はサラトガ（Saratoga）の近くで、英国軍に完勝した。しかしフィラデルフィア、ニューヨークはまだ英国軍が抑えていた。七八年春に再び攻撃を開始してきた。

ワシントン軍九、〇〇〇人は冬場の戦闘を、避けたいと思っていた。ペンシルヴェニア民衆は、彼に東部ペンシルヴェニアを死守することを強く要請していた。また食料、装備品が全くなかった。

冬にもかかわらず靴、靴下、肌着、戦闘服にまで不自由をした。防寒用の毛布もなかった。腸チフスも流行しはじめた。兵士は春までに六、〇〇〇人以下に減った。このような時、ドイツのシュトイベン男爵（Baron von Steuben）が、ワシントンに無報酬での協力を申し出てきた。彼はフリードリヒ大王（Frederic the Great）の有能な大佐ではなかったが秀れた教練教官であって、ワシントンは高く評価した。シュトイベンは、少人数での行進、戦闘への隊列の組み方、銃剣の使い方を指導した。彼は、ワシントンのために敵軍を相手にしても、素早く一糸乱れず闘う軍隊を容易につくりあげた。二人の像は、現在、公園となったフォージ谷に立っている。

〔5〕累積投票制度（cumulative system of voting）。投票制度の一つ。連記投票制のもとで選挙を行なう場合に、有権者はその選挙で立候補している人数分の投票用紙が与えられる。

それをすべて一人の候補者に、投票することも、また何人かの候補者にのみ投票することも可能とする投票方法である。この制度は少数派の代表者を選ぶことに有利である、といわれている。この他に、ある政党の候補者に絞って投票し、他党を対象から外す投票（a straight ticket）、ある公職については民主党候補、別な公職には共和党候補を投票する、というように一つの政党に片寄らない投票（a split ticket）もある。

第五章　錯綜する政治勢力——人種、宗教、性

人種

シカゴの複雑な人種事情は社会構成の特質の一つであり、政治統制の過程に直接の影響をおよぼしている。ニューヨークは別として、世界の大都市の中でシカゴほど異人種問題を抱えているところはないだろう。シカゴの人口の三分の二は外国生まれか、両親が外国人である。また残りのうちおよそ二〇万人は有色人種である。つまり、実際にシカゴ生まれの住民が極めて少数ということである。

あらゆる行政の基礎にある住民の相互理解が急速に発展するなかで、ここでは調整と適応、態度と目標を融和させるということが、主要な課題となっている。また、毒麦の種がたやすくまかれる領域がある。悪賢くて不謹慎な人々が、偏見、無知、憎悪をうまく利用して公共の福祉に対する障害となるからである。

シカゴの人種構成の概略の数字は次の通りである。（市のみ）

先住白人	1,783,687
両親が先住白人	642,871
両親が外国人	888,496
両親が混血	252,320
外国生まれの白人	805,482
黒人	109,458

外国生まれの人口

国　籍	人　口	パーセント
ポーランド	137,611	17.1
ドイツ	112,288	13.9
ロシア	102,095	12.7
イタリア	59,215	7.4
スウェーデン	58,563	7.3
アイルランド	56,786	7.0
チェコスロヴァキア	50,392	6.3
オーストリア	30,491	3.8
カナダ	23,622	2.9
イギリス	26,422	3.3
	805,482	

次の数字は、1920年にシカゴに在住する二世を含んだ外国人の人口である。（シカゴ商業連盟の推計による）

国　籍	人　口	パーセント
アメリカ	642,871	23.80
ポーランド	319,644	11.81
ドイツ	285,216	10.55
ロシア	230,668	8.55
スウェーデン	154,051	5.72
アイルランド	145,919	5.40
イタリア	129,815	4.80
チェコスロヴァキア	116,115	4.30
黒人	109,456	4.05
オーストリア	72,531	2.70
イギリス	67,907	2.51
カナダ（フランス系以外）	62,006	2.30
ハンガリー	61,847	2.29
ノルウェー	53,891	2.00
リトアニア	43,274	1.60
デンマーク	29,450	1.09
ギリシャ	27,017	1.00
スコットランド	26,094	0.90
ユーゴスラヴィア	22,211	0.82
オランダ	22,163	0.82
ルーマニア	11,644	0.43
フランス	11,379	0.42
スイス	8,772	0.32
ベルギー	7,900	0.29
フランス系カナダ	6,039	0.23
インド、中国、その他	3,078	0.11
その他すべて	30,855	1.14
	2,701,705	100.00

これらの数字は、実際の複雑な状態を正確には伝えていない。この人種問題の複雑な状態は、より鮮明なシンボルで書き記されなければならない。つまり黒人地帯（black belt）、ゲットー〔訳注1〕（Ghetto）、ノース・サイド地区、ポーランド系街、家畜集積操車場の裏町〔訳注2〕（back of Yards）、ゴールド・コースト地区、ラベンズウッド地区、イングルウッド地区、ウッドローン地区や他の居住区を比較、検討する必要がある。(1) シカゴは民主主義制度のもとで民族的調整をはかる、という世界最大の冒険ともいえる悲劇的な問題と長期間にわたって取り組んできた。(2) このことからもシカゴには、人種問題の激動する流れの中で人間の生活の動向を識別できる理解があるといえる。

一世紀にもわたって幾多の経験を重ねて来ることによって、それまで無知な外国人が自治体の病根であると錯覚してきた誤解を、払拭したのである。南部のアメリカ先住民コミュニティを引き合いに出すまでもなく、フィラデルフィアやシンシナチのようなアメリカ先住民コミュニティが人種構成の複雑なニューヨークやシカゴより、政治行動において優越しているとはいえない。

要するに移民の犯罪発生率が高いことを示す数字はない。あるいは移民の人々が、問題や人間に対する判断を先住民より誤りやすいことを証明する数字はどこにも見当らない。ということは、それらの問題は移民とか先住民ということよりも人間性であるということである。ところでアメリカに来た移民が人間らしい住居、就職の機会、ささやかな信用、レクリエーション施設も保障されずに生活し、搾取されていることを考慮すれば、いつでも必ず全力を傾注して面倒を見てくれるコミュニティの親爺（the Little Father of the Community）を頼りにし、よそ者を信用しない生き方も不思議ではなかろう。最初に移民が抱く政治的忠誠心は、高望みな欲求は満たしてくれなくとも、かりに裏切られたとしても、日常生活のさし迫った欲望を満たしてくれる人間に献げられるものである。

新しい移民集団の内部から自然と指導者が誕生してくる背景は、現実の経験と観察を通して容易に理解できる。移民の判断は正直で健全であり、投票に来た人々と変わらない。すなわち市街鉄道特権とか市債発行などの問題が徹底的に論議され、移民の人々のレファレンダムによってはっきりとした判断と見識が示された[3]。同じことが著名な候補者への投票、たとえば一九〇四年にシカゴの全選挙区で圧勝したローズヴェルトや、有名な一九二八年の手榴弾予備選挙にもあらわれている。

もともと多くの民族的集団の団結には、土台となるべきものが初めからない。さもなければ、自分たちの候補者を当選させて自治体を牛耳っていたにちがいない。民族集団同士の敵対意識は、新しい移民と先に来ていた移民とのそれよりもはるかに辛辣で根深いものがある。たとえばポーランド系、アイルランド系、ドイツ系、チェコ系、イタリア系、スラヴ系、ユダヤ系などであるが、ヨーロッパの母国で吹き鳴らしている不協和音ほどには激しくないにしても、シカゴでの対立はしばしば激しかった。

数年前、ある地区で市議会選挙の指名大会が開かれ、その時、二人の市議会議員が選出されたのだが、その実話が残っている。昔からこの地区は、圧倒的にアイルランド系が多数だったが、ここ数年来、イタリア系が増加して市民の半数以上を占めていた。そこでイタリア系代表者は議席の一つを要求し、正当性を雄弁に説いた。だか、最終段階になって、一人のアイルランド系移民が立ちあがり、激しく罵ってイタリア系代表者の訴えを退けてしまった。「あんたたちには、すでにローマ法王がいるじゃないか。これ以上何を欲しいって、いうんだ」。

異った人種集団それ自体が団結した一集団とは考えられない。もともとは主導権争いの対立でもあったものが、骨肉の争いに発展し、時には収拾できない事態になる。派閥はポーランド系、ユダヤ系、ドイツ系、アイルランド系、イタリア系に存在し、他の人種に対する以上に内部で互いに憎悪をみせることがある。

移民してきた第一世代の時代が終り、選挙投票で示してきた人種ごとの結束は崩壊しはじめてきた。それにともなって民族的指導者の権力も著しく後退してきた。各人種の候補者に対する投票も統一がとれなくなっていた。たとえ同胞の候補者であっても、指導者の指図どおり無批判に投票することはせず、評判を確かめたうえで投票するようになった。地域的な基盤はボヘミア系、ドイツ系、イタリア系、ポーランド系は商売や婚姻関係などで地区から飛び出しシカゴ中にちらばってしまったからである。とって代わるかのように、階級や宗教の利害、地域ごとの意見の対立が噴出してきて、人種による連帯のきずな以上の影響力を発揮するようになってきた。

新しい移民の場合は、政治的な忠誠として、既に環境にうまく適応している先に来た移民との個人的な交流や、それを通しての知識が、大きな力となることは当然ともいえる。そこでは地域の指導者が駆使する日常の共通語、指導者たちのささやかな情実や調整が、大きな役割を持ってくる。この段階が過ぎ、新しい移民が経済的にも自立しはじめると、人種的な誇りと同時に広い視野や経験にてらして問題を理解しようとする能力が備わってくる。アメリカへの移民の大半がもっている、アメリカ人になるそしてアメリカ人と見なされるという願いは、それまでの田舎者としての生活を脱却して、都会的な服装、言葉、礼儀を一日も早く身につけることである。皮肉なことにこれらの傾向が強調されすぎた結果、各民族の文化遺産があらゆる分野で否定されることになっている。特に、母国語や祖国の素晴らしい伝統や思想にいたっては、嘆かわしいほどに乱れている。アメリカ人と見なされたという全く同じ傾向が、部分的にではあるが、アメリカ建国に貢献した当時のアイルランド系、ドイツ系、ポーランド系、イタリア系の場合にも見られた。

シカゴでは新設の自動車道路の名称をめぐって、スカンジナビア系とイタリア系が張り合い一歩もゆずらず、ついにはアメリカの真の発見者はライフ・エリクソン（Leif Erickson）か、コロンブス（Columbus）かという大論争にまで発展したことがあった。それは、ポーランド系とリトアニア系との間でシムキウィッツ（Simkiewicz）が、どっちの人種に忠誠心を感じているかで、論駁しあっているのと同じだ。

こうして見てくると移民のグループ、そして有色人種がアメリカへ同化しようとする活力は、彼ら自身の優れた性格のひとつといえる。単に政策ではなく、彼らの社会関係のすべてを貫くものである。(4)

このようなアメリカの慣習に強烈な関心を寄せている背景を斟酌しながら、移民の市民としての態度や諸関係を考慮すべきであろう。彼らはアメリカを夢の国、無限の富の可能性のある国、社会的平等と政治的自由のある国と信じてやってくる。アメリカ政府自身は先住民のある集団を除いて、移民の受け入れ態勢に精通しているうえに、誠実な姿勢で歓迎している。移民は一握りの排他的指導者による辛酸を味わう結果となるにしても、長い目で見ると、すぐに苦境から這い上がってきて、自分たちの責任を自覚した市民に成長する。

彼らには、何時どのようにしてコミュニティに対する忠誠心が、育成されるのであろうか。たとえば、他のグループの人と結婚したり商取引をしたりするときであろうか。あるいは、母国語以外の言語を覚えるとか、他人種の食物、服装その他を受け入れるときであろうか。政治運動の街頭行進に参加するとか、他国の軍服を着たり納税したりすることで身につくのだろうか。誰が、それこそ忠誠心あるいはさらに大きくとらえて国民感情としての忠誠心を身につけた、とその瞬間を指摘できるだろうか。かつて私はスロヴァキアの丘陵の小さな村で、昔、アメリカに住んでいたという男性と話す機会があった。彼は数年間、アメリカに滞在した後、余生を故郷で過ごすために帰国していた。だが、帰国して一年、自分が完全にアメリカ人になっていることに気がついた。そこで嘆いていた。「もう、私はもとの自分に戻れない」。他にもこのような例を聞いたことがあった。移民して完全にアメリカ風に染まった人が、帰国した。するとアメリカにいた時には、無性に懐かしかった故郷の思い出も、今は見慣れぬ外国風に思える、というのである。

過去五〇年の間に、ドイツ、イタリア、ロシアなどのヨーロッパ諸国で激しい民族主義運動が勃興してきて、それまでになかった変動が起きた。一八四八年当時の移民は、自国の政府を批判して、圧政から逃避する風潮があったが、現在では移民先の国々で、祖国の慣習だけでなく政治的統一まで保守しようとする強い意見を持つまでになった。アメリカにおけるドイツ系、イタリア系、チェコスロヴァキア系にかぎらず、ある程度はロシア系にも見られる現象である。国政に反映されるようになり、さらに地方政治にも甚大な影響を与えるまでになっている。要するに政治の発展とは、個人の影響力で左右される地方政治から、あくまでもその状況を認識しつつ忠誠心が強くさらに一段と幅広い集団に支えられた政治へと、変転し拡大していくものなのである。

シカゴ在住で外国生まれの人種のなかで、今まで最高に活動的であったのはアイルランド系で、約一四万五、〇〇〇人いる。彼らはシカゴへの移民の一番乗りをして、続いて他国からの移民が津波のように押し寄せてきて、排除されるまで政治的優位を独占してきていた。興味ある政界の話は主に、アイルランド系が、ドイツ系、イタリア系、ポーランド系、スカンジナビア系、ユダヤ系と闘うという移行期に生じている。彼らは政治の舞台では縦横に持ち前の政治的な機転(savoir faire)を発揮し、また魅力ある人柄によりたとえ数では劣勢に追いこまれても、なんとか持ちこたえることができた。最終的な段階を迎えて牙城を明け渡すことになっても、降伏した軍隊に与えられる特権は得てから撤退することができた。アイルランド系のジョニー・パワーズ(Johnny Powers)は、選挙区にイタリア系が急増したので急遽、ジョニー・デ・ポー(Johnny de Pow)とイタリア風に改名して再登場せざるを得なくなったことは興味深い。結局、ジョニーは区の広さを無視した選挙区割をするゲリマンダー(gerrymander)に救われ、選挙区外に高級住宅街に家を移し、そこから選挙区を支配した。

アイルランド系は、教えきれないほどの地域と選挙区の政治指導者を提供してきた。最近では民主党のボスのサリバンやブレナンや市長のディーヴァーやダンなどがいる。とくにある時期、サリバン派の議席数は市議会で三つを下ったことがなかった。彼らは、民主党に所属しているが、所属議員の代理もしている。そして共和党にも事務所を置き、指導力にはこと欠かなかった。事実上、あらゆる政党、派閥、そして現代の政治図式を構成しているすべての政治領域に連携し影響力があった。すべての集団にあってアイルランド系は、異常ともいえるほど政治的であった。すなわち政治闘争を通じて政治的地位を追求し、執拗に行動するのであった。

現在、ドイツ系の人口は二八万五、〇〇〇人[5]を越えている。過去も現在もノース・サイド地区に勢力を張っている。しかし、アイルランド系より政治活動が不活発な傾向がある。どちらかというと共和党所属の議員を多く選出している。彼らドイツ系の伝統は、熱心な公共奉仕、一般家庭や納税者の倹約生活、文化的著名人の輩出、個人的市民生活に対する関心の高さに象徴されている。酒類販売問題に対する態度と最近勃発した第一次世界大戦の苦い経験とが、コミュニティの政治活動にも重要な要素となり、地方政治を支配している問題を全面的に評価するうえでも、慎重な分析と研究が必要とされるであろう。

かつてスカンジナビア系は二〇万七、〇〇〇人いて、主に市内の北西地域に集中して生活していたが、次第に各地に分散していった。彼らはシカゴを左右する力をもっている。彼らは、あらゆる政治分野で精力的に活動し、注目に値する影響力をもたらし無視できない人材を送り出している。たとえば、市裁判所の創設者オルソン、トンプソン一派を組織したボスのランディン、それまでクロウとトンプソンを中心に動いていた政治の歯車を打破したスワンソンがあげられる。彼らの大部分が共和党員であり進歩主義者、自由主義者であった。というのはシカゴの政治的改革運動の強力な推進者であり、ほかの移民集団と比べ政治の独立性に熱意を持っていた[6]。

つい最近の動きを見るとポーランド系、ボヘミア系、イタリア系がシカゴの多彩な都市生活にあって人口、権力、活躍ぶりを見ても目立つようになってきている。ポーランド系は三一万九、〇〇〇人がシカゴの西北部を中心に、チェコ系は一一万六、〇〇〇人が主に南西部に、そしてイタリア系の一二万九、〇〇〇人は主に西側に居住している。もちろんポーランド系、チェコ系はそれぞれ民主党の全国組織をもっていて、大半が加入している。イタリア系は全国的にはそれほど統一されていないが、地方選挙では団結をみせる。これらの諸集団はちょうど二世の時代に入ってきていて、政治意識、指導力、権力意識に目覚めてくる途上にある。

ポーランド系は、シカゴや郡の選挙組織の中心人物、ジャレック裁判官、「デイリー・ニューズ」と港湾税徴収官のアンソニー・ツァルネッキー（Anthony Czarnecki）、若いころのジョン・スマルスキー（John Smulski）が責任と指導力を持っていたように、重要な地位についてきた。

市議会で著名な人物をあげるとすれば、猛牛のような声と行動で、しばしば反対党との間で物議をかもすスタンリー・クンツ（Stanley Kunz）市議会議員がいる。有名な話としては、ハリソン市長が市議会で野次に包まれながらも議会の合意を取り付けようとした矢先、激怒したクンツが市長にインク・スタンドを投げつけるとおどした事件が起こったのである。私はそのすぐ後に、ポーランド人の礼儀正しさを説き陳謝を要求した。彼は不承不承ではあったが謝罪した。後になって、「別に投げるつもりはなかったんだ。ただ、市長の度胸を確かめたかったのさ」と釈明した。

チェコ系には、カトリックとフリーメイソン（Masonic）を含めて、ポーランド系ほど宗教的団結は見受けられない。元来は共和党支持だったが、酒類販売禁止問題を契機に、民主党に鞍替えする者も出て統制の乱れた状態が続いている。しかし、彼らはひとたび政治的に目覚めると、最近のマサリク大統領（President Masaryk）体制下のチェコにみられるように組織、行政に高い水準を掲げて積極的な政治意欲と能力を発揮するのである。チェコ系の地域の名士といえば、まずクック郡委員会議長であり熱心な民主党員で酒類販売禁止運動の指導者である、アントニー・カーマク（Antony Cermak）をあげねばならない。チェコ系の戸主、実業家、知的専門家はコミュニティ活動の中心的役割を進んで引き受けている。

いま人口は一二万九、〇〇〇人であるが、地域で一番派手に活躍しているのは、イタリア系である。主にシカゴの西側に居住している。勿論、市内にもかなり散らばっている。彼らに責任感に裏づけられた政治意識が芽ばえてきたのは、他の人種集団より断然遅れていた。ボレリ（Borelli）、バラサ（Barasa）などの政治指導者を政界の一線に選出し、その彼らが権力の座を占めるようになったのは最近のことである。その一方では一握りの無法者たちが群がって地区の政治を力づくで蹂躙したり酒類密売組織を強奪したりする始末であった。ひときわ悪名高いのが、向こう傷のアル・カポネ（Scarface Al Capone）であった。イタリア系の特徴でもあるが、自らの人種の派閥に安住しその段階から少しも広がりを求めようとしない傾向は、結局のところ他人種を治めるボスを輩出しにくい環境になっている。ある面では中央からの強い権力の押しつけを待たずとも、封建支配の上下関係の型を、純粋に残している集団といえる。

他に人数だけでは勢力をもたい人種集団でも、地域政治や政治の派閥に何らかの関係をもっている集団がある。リトアニア系、ギリシャ系、スラヴ系など多様な人種は各党の政党や派閥の連合を利用して、政治の内外を問わず台頭してきている。リトアニア人系、ギリシャ人系には圧倒的に共和党員が多い。スラヴ人系は民主党支持の傾向がある。第一世代の彼らは、いまだに、地域活動における集団内の個人の闘争や派閥で確執し、結局は一族の長の指導に全面的に服従しているのである。このことは見逃せない事実である。

だが、何といっても、最近の人種と政治の関係で忘れてならないのは、黒人地帯に新しい課題が生じてきていること、有色人種の投票動向である。もともと有色人口は僅少であったのだが、一八九〇年には一万四、八二五人、一九〇〇年には三万一五〇人、一九一〇年には四万四、一〇三人、一九二〇年には一〇万九、〇〇〇と速い増加傾向を示している。現在は二〇万人から二五万人までと推計されている。そこで有色人種の有権者数は七万五、〇〇〇人を下らないとみなされている。彼らはさしあたりは黒人地帯と言われている、南部に集中している。有色人種が多く団結の固い地区では、二名の議員を市議会に送っていて、別の二地区でも有色人種が優勢である。ほとんど全員が共和党であるから、もし有色人種が一つにまとまれば、共和党予備選挙は彼らの去就にかかってくる。現在の傾向としては、白人有権者がシカゴ市内の住宅街から郊外へ大移動を開始する一方で、有色人種の有権者は市内に流入しはじめてきている。このことは、当然のことながら政治状況に構造的な変化をもたらしつつある。とりもなおさず、政党支配の重大な問題でもある。今日まだ有色人種から選出された政治指導者は、一般市民から歓迎されず、いわんや信用されるところまではほど遠い。集団内部では、人種意識と解放の象徴として尊敬されているかもしれない。しかし外部からは政治腐敗システムの仲間としかみられていない。近年、有色人種にも責任感と誠実さにあふれた、政治指導者が出現してきている。だが彼らが日常活動する地域に、確固たる地盤を培養できずにいるのが現実である。だが、一連の運動は彼らが活躍する新しい時代が、到来しつつあることを示唆していると、考えるべきである。しかしながら、黒人地帯はトンプソンを市長選挙で応援した以外は、特別の団結を図ることもなく今日に至っている。(7)

有色人種は社会参加や教育の機会が極端に制約され、経済的にも立場が弱いということが原因で、移民ほどではないにしても、悪徳政治家から徹底的に搾取され餌食にされてきていた。したがって二世の時代になっても、その環境から這い上がることは容易なことではなかった。彼らは少数の人種代表でも議会に送り、たとえ不適格で政治家としての器とはいえない人物であったとしても、集団の地位向上を果そうとして支援と支持をしてきた。この不謹慎な詐欺師たちは支持の力を利用して賭博や悪徳などの汚職をして資金かせぎをしている。そして、他方では有色人種が持っている住居の改善、公衆衛生の徹底、レクリエーション施設の充実、教育機会の提供の推進などの期待と願いを全く無視している。有色人種の真の理解者といえば、ローゼンヴァルドのように黒人の生活環境改善をめざして、一生懸命に活動した人々があげられる。だが残念なことに彼は有色人種の間に広く、政治的な影響を及ぼしてはいない。

しかし、生活の実質を民族の代表という幻想と喜んで取り引きしてしまうということは、異民族の関係の歴史からするとよくあることである。事実、それは誇りを持ち、責任を果したいとする感覚が高まっていることを表わすものである。見方によっては、誰からも認められずに相手にされないよりは、たとえ相手が詐欺師であったとしても、認められ代表として扱ってもらえる方がいくらかでもましである、ということである。これが唯一の選択肢とはいえないまでも、目的が達成されるとなればそれほど問題ではない。

ここで、黒人地帯の犯罪、売春、賭博、政治的保護など政治条件の生々しい実態に触れる必要があるだろう。だが、私には今その関心はない。言うまでもなく、それらはかつて奴隷扱いされてきた人種が、コミュニティで少しでも高い地位と、可能性を求めて挑戦する姿にほかならないからである。白人の指導者たちは、有色人種の背後に隠れて、弱みにつけこんだ強欲な組織をつくり、莫大な利益をその白い手でつかむのである。そのうえで強者としてさらに富を得て、社会の責任ある立場についていくのである。(8)

より健全なリーダーシップによりすぐれた能力と人種の問題についての洞察力と理解力のある有色人種の代表が、リーダーシップを引き継ぐであろう。白人扇動者や無法者を一掃する時に、現在ですら商業や職業的指導者が台頭してくるにつれ扇動者や無法者が駆逐される時期は早まり、指導者のための条件は改善され広がりつつある。その結果は避けられないものである。指導者の何人かが、黒人をいかに援助するかという問題に取り組んでいたら、黒人を政治的にどのように扱うかをもっとすみやかに理解していただろう。そして、実質的な進展が実現されたかもしれない。

アメリカで移民たちが、政治的に同化されていく過程をつぶさに検討するためには、それに関する単なる数字や前述した概観だけでは不十分である。あくまでも外見にすぎない。何が起こっているかを本当に知るためには、イタリア人、スラヴ人、スカンジナビア人等が移住してきた背景を理解しなければならない。すなわち、どのような伝統や政治風土を持ちこんできたのか。古い因習を新しい国のそれにどう工夫して適合させたのか。新しい慣習は、一方では地域の指導者によって、他方では商業や教育機関によっても解釈された。ここにこそ、政治適応の貴重な資料がある。すべてのものを無駄にすることなく、詳細に、そして政治過程の理解をもって書かれている。政治学の偉大な研究であり、政治史には匹敵するもののない叙事詩である。

地方の指導者たちは自分たちに都合よく移民を情実にからめたりして懐柔しようとする。しかしローズヴェルト、ウィルソン、スミスなどのような大人物には、逆に移民の方から興味と憧れを持つのである。しかし多分、学校では地区の生活と正反対の政治的態度で移民の子弟を教育している。経営者や実業界関係者は移民に視野を広く持つように習熟させる。外国の新聞とその国の新聞は移民に彼らの考えを押しつける。平凡な戸主が、税率改正に立ち上がる。移民の家庭近隣を売春婦が練り歩くことに憤慨する。さらに自分の気質、体験、観察、価値観、個人と集団の利害関係から離れることによって、シカゴの政策と特徴についての態度が形成されているのである。(9)

政治的観点からすると、たとえどのような種類であっても政治的関心を持つことは持たないよりは好ましいことであるという論議もある。そうなれば、私たちが最悪と考えている汚職者も、詐欺師も自滅する結果になるであろう。また、不本意ながら（malgré lui）も社会の中心人物となるかもしれない。汚職や犯罪は伝染病のようなものである。もしわれわれが汚職に手を染めれば、自ら堕落していくに等しい。なぜなら、だれもが例外なく共通の基盤に立っているからである。例外が例外でなくなるとき、汚職は公認の制度になる。この意味でわれわれはしばしば汚職者の中に、自らの個人的利害の影響のないところで、広く市民的責任とコミュニティの福利厚生に貢献する人間を見出すのだ。もともと汚職者はコミュニティの計画や発展に関心を持つのである。それは汚職者が莫大な行政支出と権力の時期を個人的に利用するという理由だけでなく、無意識のうちに市民の立場から行動したりすることもあるからである。もしかするとこれが新しい国民性になるかもしれない。

宗　教

シカゴは宗教によっていくつかのグループに分けられる。カトリックは約一〇〇万人、プロテスタントの各教派に所属する信者は四二万九、二六五人、(10)ユダヤ教徒は約四〇万人いる。これを人種別に比較すると次のとおりである。カトリックはアイルランド系、ポーランド系、イタリア系に多い。プロテスタントは先住民、黒人、スカンジナビア人に多い。ドイツ系とボヘミア系はプロテスタントとカトリックに二分している。リトアニア系、ギリシャ系およびユーゴスラビア系はギリシャ正教徒である。(11)

宗教集団は、自分たちに取り立てて関係する事柄以外には、政治に介入する意図はまったくない。彼らは、政治行為においては主役とはいえないであろう。しかし、政治を現実的に研究分析しようとすれば、宗教は政治権力の要素として無視されるべきではなかろう。なぜならば、一般的にみて宗教的行動と宗教的人格は、根本的に重要であり、ある場合によっては、政治に決定的な影響をおよぼすこともあるからである。地方政治ひとつをみても、ある場面に聖職者集団が強い発言力をもつことがある。たとえば、犯罪の処罰、道徳の涵養、飲酒問題、学校教育問題などが常々論議の的となる。一般的には、宗教集団や大規模集団は、政治的要求を掲げてそのもとで統一されることはありえない。小集団すなわち各宗派の代表が連合して、時おり強力に結束することがある。また教会連盟（Federation of Churches）、すなわちプロテスタントの集団は、特に政治と密着していて、重要な公共問題を取り上げることに、積極的である。

聖職者たちは、個々人の立場で、政策や人物について、あらゆる機会をとらえて信者や一般人に忠告する。地域の問題を扱う際には、聖職者たちは人間関係より事件の紛争解決をよりうまく処理してきている。[12] とくにプロテスタントの各派が飲酒問題でコミュニティの立場と相違したほかは、全体として成果をおさめているといえよう。

しかし、宗教は、いつも時の賢明な指導者が、決して敵にしたがらない手ごわい連合を構成してきた。近年になって宗教団体の組織が、急激に設置されている。すなわち、反酒場同盟（anti-saloon league）、政府改革連盟（Better Government Association）、キリスト教市民会議（Christian Citizenship Council）などの問題別の組織である。これらの活動については、注目すべき成果が報告されている。

政治に働きかける各宗教団体の態度や偏見を観察してみると、宗教が政治にかかわる場面は意外と少ないといえる。政治は、道徳や宗教に、利害も含めて直接に特別な関係がないはずである。生活している人間が、生々しい現実の問題——悲惨な結末で終ることが多い——の原因を明確に理解しようとする際に、憎悪や敵愾心が原因である場合が多いはずである。私は、大勢のプロテスタントの有権者が、能力や人柄がどうであれカトリックの候補者を落選させるため、札つきの候補者に投票をしたのを目撃したことがある。同様なことが、当然のようにカトリックからプロテスタントになされたことも知っている。どういうわけか、ユダヤ人もまったく同じ嘆かわしいことをしている。このように宗教につきものの偏狭さが投票に現われると、得をするのは汚職者である。ひとたび宗教問題が取り上げられると、本来は根拠もなく時代の問題と無関係であるのにもかかわらず、有害な影響をもたらすのである。であるから宗教団体間の敵対意識や憎悪を扇動すると、その動機が何であろうと市政に悪影響として、跳ね返ってくる結果となる。

私も経験から次のことが分った。多少なりとも政治的経験があれば、どの宗教にも悪意の人間と善意の人間が、いることは熟知しているはずである。たとえば政治に危機が到来した時に、ある人の宗教的誓約がそのまま現実の行動に、忠実に生かされるものではないということである。それゆえに私は、誰それが特定の宗教の信者だから支持すべきだ、と言うのを聞くにつけて、まず候補者の資格と情報提供者の判断を疑ってかかることにしている。もちろん例外もある。ディーヴァー市議会議員は敬虔なカトリック信者であり、トンプソン判事もそれに劣らず敬虔なプロテスタント信者であった。そしてシュワルツ市議会議員も敬虔なユダヤ教徒であったが、シカゴ市政の福祉に関係する重要問題には、宗教の違いを超越して全員が一致、協力した。

かつてローズヴェルト大佐が私にこう言った。「もし、政治活動をしていてあなたの宗教を尋ねられたら、それは良い目的からではないだろう」。フランスの著名な哲学者ルソー（Rousseau）が、民主主義の理想から除外すべきだった一種類の人間は、他者の宗教を尊重しない人びとである、「なぜならば、そのような人びとは他者とは民主的に共存できないからである」と主張している。もしこのような不寛容が正当化されるとすれば、宗教間の不寛容に道を拓くことになる。ことさら政治の場に宗教闘争の火種を持ち込み炎と燃え上がらせようとする者を、厳罰に処する追放制度を復活させたらどうだろうか、と思うことがしばしばある。とにかく、私は現在の政府の形態のもとでは、これらの人間がイタリアの大詩人ダンテ（Dante）がありありと描いた諸宗教が共存する世界の中で、ある時期をすごすことができるようひたすら願っている。

地域

シカゴの地域組織は社会、政治組織と同様に重要である。シカゴ川で分断されているノース・サイド地区、イースト・サイド地区、ウエスト・サイド地区は、かつてはある程度までは一体化していた。未だに、当時あった地域への誇りを持っている住民もいるがそれも減少しつつある。いずれそのような誇りも住民もいなくなるであろう。ただ同じ街で生活しているという意識よりも、近隣地域意識や地区意識の方がより現実的である。そして、より重要なのは、未だにループ地区と言われるシカゴ商業の中心地域と市郊外には反目があることである。これらの市郊外にあるチェーン・ストアや商業改良連盟（improvement associations）は、シカゴ商業連盟と激しく対立し、特に市全体の輸送機関に影響をおよぼしている。建物の高さ、地下鉄、中央高電圧方式（central high-pressure system）などが対立の原因となっていた。もちろんこの地域的な対立の背景には経営規模の小さい企業家、不動産仲介人と大規模経営の企業家と不動産仲介人の間の深い対立である。後者は、隙あらば前者を吸収したり、駆逐しようとするのである。そのうえに支社やチェーン・ストアが抗争に油を注ぎ、競争は果てしなく続いている。

コミュニティの利害を伴った狭い地域や近隣地域は、アメリカの都市生活の特徴ともいえる急速な流動性にもかかわらず、それほど変化していない。例えば、イングルウッド地区、ウッドローン地区、ラベンズウッド地区、オースチン地区、ユダヤ人ゲットー、ヴァリー地区、家畜集積操車場の裏町などである。これらの地区には、特有の歴史があり、古い市民、地域改良委員会、地域商業連盟、学校、教会、友愛組合が存在している。[13] しばしば近隣感情が大都市からはなくなったといわれているが、厳密にはそうとも言えない。なぜなら、これらの地区は未だに市政の政治的支配のもとで、重要な要素である。市の重要な各施設を地域に譲渡するか、市政府が管理するかという問題がある。これらの利害によって、地域住民が結束しそれを中心とした組織ができることがある。まず地主が組織をつくり、それに続いて地元の学校区として、警察、公園、プール、消防、運送機関に直接関心を持つ所有者が組織をつくるようになる。もし地域が、人口の推移に従って区として整備されていたら、権力を備えた行政単位として、発展していたかもしれない。しかし、区域の境界線がめまぐるしく変動したので、政治の中心として発展することが、さまたげられたのである。

自治体のあらゆる計画において、区域の問題と近隣住民同士の対立関係を考慮しておかなければならない。そうでなければ、どんなに優れた計画も不成功となる。同一地域あるいは近隣地域に居住していることによって、接触し、知り合い、関心をもつことは、徐々にではあっても、明確な影響を与えている。長い目でみて、たとえ都市生活が激動しているといっても無視できないものとなる。

都市では、「これが私の生まれた家です」と自慢して言えたり、古い懐しい場所と若い日々の闘いと勝利を結びつけて語れる人がいない、ということは事実である。ある日、私は聖ルカ病院を娘と車で通りすがった際に尋ねた。「この病院は君が生まれた所だよ」。「それがどうしたの」という答が返ってきた。しかし、このことは印象深い場所であっても市民の目には、もはや何も感じなくなったという意味ではない。シカゴ市民は、市の建造物の発展のすばらしい景観を自らの伝統としてすぐさま受入れている。つまり、公園、川、ウォーター・フロント、教会、高層ビル、有名あるいは無名な通り、印象的な記念建物や、荘大な建築物の展示はまたたくまに市民をとらえ、地域の関心と、郷土愛を深めさせることになる。都市の変貌する速度が早ければ早いほど、新しさはすぐに時代遅れになってしまう。そして、同じ理屈で市民の適応の速度も早まり、それに従って順応していくのである。

性

私が地方政治を通じて女性問題とかかわりをもった経験は、数年前に女性団体からアメリカにおける女性参政権の歴史についての講演を依頼された時にはじまった。歴史上の過去のさまざまな運動をたどりつつ、その主題について前もって用意した原稿を慎重に読んだ。聴衆は関心をもっていたが、同時に、何かを期待している風でもあった。私の講演が終ると、一人の女性が立ち上がってこう言った。「しかし、あなたはこの問題について自分の立場を明らかにしていない」。私は、「ご希望が参政権の発展を歴史的に検討する題目でしたから」と弁明した。しかし、満足のいく答えではなく、的はずれのようであった。その時またある一人が「彼のために祈りましょう」と叫んだ。座長はその時をとらえて、私のために黙とうすると発言した。この間が、私には数時間にも感じられた。翌日の朝刊にこの記事が大きく載り、メリアム教授が赤面して着席していたとあった。誰でものこのような場面に遭遇したなら、女性の祈りの効力を否定できないであろう。実験によって決着をつけるような問題ではないのである。

一九一三年、イリノイ州議会では、州法の範囲内で女性参政権を認めた。この時に、憲法に規定されている職務は別として、大統領選挙人や市の役職のすべてに女性が登用される門戸が開かれた。シカゴでは、過去にいくつかの部署で役職につく資格のある何人かの女性の候補者がいたのだが、一度も市の役職に選ばれたことはなかった。だが現実としては、女性は投票権が与えられる以前からコミュニティの政治に積極的に参加していた。例えば一九一一年の私の選挙と、いわゆる一九一二年の革新的選挙運動（the progressive campaign of 1912）の時がそうであった。シカゴでは一九二〇年までは男性と女性の票数は別々に開票されていたので、他の都市よりも分析しやすかった。

当時、シカゴ市民に、他の州ではすでに女性が普通に投票している、という調査が公表されたが、二つの点でシカゴ市民は驚いた。一つは女性が思ったより大勢、投票しに行ったということである。もう一つは男性の投票傾向と類似していたということであった。すなわち予想されていた男女間の、大きな相違はなかったのである。だが考えてみれば別に驚くべきことではない。一般的にはもともと投票者の性別ではなく、社会的判断によって投票されるからである。このことは女性が一方的に男性の指図を受けやすいということではない。かえってその逆も数多くあるのが事実である。女性が男性を説得したりいいくるめたり、威嚇するのである。

女性が男性を管理する技術は、何世代にもわたって研究されてきている。これまでに影の権力者として男性に与えてきた影響は計りしれない。さらに現在は法的に平等になったからといって、彼女たちの目に見えない指導力と統制力の技術をともなう女性の知性がなくなったと考えるべきではない。例えば女性が「主人と同一候補者に投票した」ということは、すでに自分で心に決めた候補者を、彼にそれとなく仕向けたのかもしれないのである。

女性の地域問題についての関心は、多方面にわたっている。たしかに市政は各家庭の家事にたとえられるように、市に起こる数々の問題は、母親が家庭を管理している場合の家事と同様に考えられる。特に女性の関心が高いのは学校システムである。母親は父親より子供により深く関わるからである。父親は母親ほど家庭の事情に精通していないので、実際の学校の状況を知らない。さらに子供や若者に関係の深い健康、住居、公園、運動場や、レクレーション施設にも深い関心を示している。彼女たちは道徳問題ともいうべきものにも目を光らせて、数知れずある商業化した悪習や不健康な酒類販売にも制限を求めている。しかし、不思議なことに女性の大多数はその指導者に考えられているようには、整然と従うことはない。彼女たちが大衆化して大集団になると、ときどき主張されているよりは穏健になることがある。それぞれの地域で酒類販売で大金持ちとなったり、暗黒街を牛耳ったりしている悪名高い政治的指導者たちに女性たちが批判行動を起こしたためしがないからである。もし起こしていたなら、利害を追求するために悪徳を働き、搾取している者たちが満足して座っている議席が今ごろは空席となっていたであろう。これらの不道徳に対する思い切った改革運動は、フェミニト（feminist）の指導者たちの手によってあらゆる手段で開始されるかも知れない。だがひとたび女性が集団を組むと、そこに形成される忍耐や知恵によって慎重に進めていくことになる。

社会衛生の道にそった知力の基準となることは例外である。不思議なことに男性が集団化した場合と明確に異なる現象がある。それは健全な行動よりも感情的な説教が目立ってくるのである。

私の経験からすると、女性たちは教育、レクリエーション施設、健康管理、生活廃棄物、住居、女性たちと子供たちの保護、移民の世話など、全般的に弱い人々、助けを受けられない人々を救済することに、鋭い感覚を持ち合わせている。なかには力を持っている人もいるが、大半は財政、工学技術、公共事業、産業論争、公益事業などの諸問題にあまり関心がない。私にとって数人の忘れられない例外ともいえる女性たちがいる。ヘレン・カルバー（Helen Culver）は、シカゴ財政を組織的に調査するための基金をはじめて提供した女性であった。そしてメアリ・マクダウエル（Mary McDowell）は「家畜集積場の天使」（Angel of the Stock Yards）という愛称でシカゴ市廃棄物委員会の組織的活動をはじめた。マーガレット・ハーレー（Margaret Haley）は、自治体所有権と公平税制の不動の擁護者でもあった。前述したことと矛盾する、という指摘を受けるかもしれないが、一般的にこれらの主題に対する女性の関心は、まだまだ低いと言わざるをえない。

何百年前に哲学者プラトン（Plato）が指摘していたように、男性と女性の特性だけで一般化するのは甚だ冒険である。過去数世代にわたって思いこまれてきた教条的結論は、女性が現実に教育界、実業界、専門職の分野に著しく進出することによって覆された。基本的に相違していると考えられていたものが、実は習性と習慣のなせるわざであり、比較的に短期間で克服できることが理解されてきたからである。女性たちが政治的生活や経済的生活にうまく適合しないという伝承は、女性の立場が弱められてきた伝統の中では過去においても散見できる。

ところで女性が政治活動を活発に行うことによって、党組織に影響を与えたということは、国家的な領域では断定できない。ある有力なシカゴの定期刊行物が書いたように、女性は傍聴席に必要とされるが、議場には、その場をはなやかにするという目的の外には必要とされない。そのせいもあって、いままで国家的分野での活躍は不可能であった。彼女たちは大会の議案審議のためにではなく、議決の際の単なる一要員として、議場にいるにすぎない。政党の伝統がすこぶる弱体であり、女性組織が古くからあり、しかし強力な地域では女性の影響は次第に大きくなってきてはいる。たしかに女性に投票権を与えて有権者数を二倍にしたからといって、仕事を二倍にしたわけではない。だが党務は実質的に二倍になっている。そこで選挙に対する規制が弱まった。全女性有権者に接触するということは、たいへん大がかりな党務であるが、それにも増して熟練した女性職員はまったく少ないのである。その反動であろうが、地域でおこる問題については、女性の無党派組織の活動が比較的に活発である。地方の選挙組織では、女性票が男性票と比べて、どのような傾向があるか把握していないので未知の力に恐怖を感じることもある。

すでに女性政治家、女性汚職者がめずらしくない時代となり、これから長期にわたって、今日の男性票と同じく女性票も力をつけてくるであろう。そうなればしばらくの間、古株のボスたちは、女性たちから混乱と疑惑の対象として指弾されざるを得ないであろう。だが結果としてみると、彼らの不安はまだ表面化していない。しかしまだ可能性のある疑念として残っている。次のようなことが、シカゴで明らかにされている。すなわち、シカゴでは女性票と男性票が区別されているので、女性は男性と比較して政治組織から働きかけをうけても、動じなくなった。概して投票において、女性は理性的な訴えに影響を受けやすいとされてきた。一九一五年の選挙運動で、トンプソンが、結果的に宗教的争点を採用させたのは女性の責任である、という市議会における人気とりの演説となったのである。たしかにその年の予備選挙の分析結果をみると、トンプソンを敗北させた原因は、女性票であった。これまで当選した時の投票総数の大方は、男性票であることが判明したのである。つまりトンプソン候補は、全般的に男性よりも女性有権者に支持されなかったのである。それに加えて、それまでのトンプソン政策が全面的に争点となった各地区の選挙戦を検討した結果、次のことが明らかとなった。つまり女性たちは、経験をもち簡単には総崩れになることはないと思われていた男性よりも、その場の混乱したスローガンに影響されることが少なかったということである。

女性の政治参加が一般的になり新しい時代の到来となると期待していた人々は、予想通りの結果が出なかったことで落胆したであろう。しかし、幻想としてではない現実の民主的コミュニティにおいて自治の進展を観察してきた人々からすると、わずかではあるかもしれないが満足すべき前進なのであった。

女性市クラブ（Woman's City Club）、イリノイ女性有権者連盟（Illinois League of Women Voters）、シカゴ女性クラブ（Chicago Women's Club）その他の特定の組織では、各支部があり政治教育の分野や特別の主張を支持することに、著しい活動をしてきている。一般的に女性の市民団体活動は、たしかに過去数年、男性の組織よりも活発で進取の気性に富んでいた。だが女性たちがなぜ分裂したまま運動を続けてきたのかということは、いままでの伝統の問題であって現代知性の問題ではないように思える。要するにこれまで男性たちが、しばしば組織の再構築で苦しんだように、女性の人材をみても労働組合や各種の国家的な団体から、適任者を組織に代表者として送りこめるほど豊かでないということである。これらの弱点を彼女らはのりこえようと必死に努力してきたが、いまだに克服できずにいる。にもかかわらず、団体の中で有益な活動をしているのは女性団体である。結果的に、シカゴにおける活動範囲をあげてみると、地理的、階級的を問わず、女性たちの団体がほとんど関わっていないところがあることがわかる。さらに指導に従わない多くの場所がある。

反面、女性たちは利己的な利害によって組織をつくることはないし、彼女ら自身の利益のために女性という名で組織を利用することはない。よい例がデンバー市のリンゼー判事（Judge Lindsey）に反対した運動である（彼は、後に偽証を告白した証人を立てたため、女性委員会から攻撃された）。もし産業社会の階級闘争が高じてくれば女性も資本家側と労働者側の、それぞれに反対意見を中心にした集団に分裂するかもしれない。だが現在までのところ彼女たちは、全面的に協力しあっている。都市政治では、一般的にこれらの意見の相違は、州や国家の法律制定の場合のようには明確には割り切れないものである。ストライキ問題、公益事業問題について意見は分かれても、ほかの多くの問題では比較的に論争は少なく、統一行動の可能性が極めて高いのである。男性の場合、職業的政治家の利益、実業界、労働組合の組織、職業的国家指導者などの歪んだ力が働くが、女性ではそのような力は弱い。また分裂させるように動くことも不可能である。かと思うと、女性は時として漠然とした感情で計画に同意する傾向にあるが、かといって境界の明確でないグループで男性たちが計画に同意するのとも異なる。[14] 確かに、女性も利害を男性と同じように有効に代表することになるかもしれないが、今のところ動きはない。例えば、会議で命令して数千人の公務員を自分のテーブルの囲りに座らせることもなく、有力新聞社を所有したり、市政府に数百万ドルにのぼる直接の利益をもたらす公益事業体を代表するわけでもない。もちろん政治の結果から特別な利権を貪欲に伺ったり、政治支配を金銭に結びつけたりすることもない。事実、女性も社会的には真空地帯にいるわけではないが、彼女らの利益は代理として代表されるだけで、直接かつ効果的な影響をあらゆる分野に及ぼすまでにいたっていない。経済的にみても現実には女性の金持ちは少数であって、大部分はわれわれ貧しい人びとともに生活している。

女性の政治活動は、政党の選挙運動の経験を積んだ男性と比べて、単純素朴で素人っぽいところがある。だが課せられた仕事の完遂ということになると、良心的で真面目である。熟練の男性古参職員ともなると、仕事を進めるよりも仕事の講釈の方に時間をとられているからである。塀を修理しながら噂話を長々としゃべり続けたり、いろいろな話を交互にすることが大好きだったりもする。多くの女性たちは過去において政治説得術の名人であって、少しも、男性にひけをとらない。私はしばしば、電話で投票を依頼している女性たちが上手にそつなく応対しているのを耳にして驚いたことがある。話の中には事実でない部分が出てきたが、選挙のための電話である、という意図はいつも明確であった。主婦特有の家事を手際よく処理するきびきびした張りのある態度は、直接に得票という結果に結びつくとはいえないときでも、投票日の間近に当落の鍵を握る有権者が態度を決する際に、心理的に勝利の雰囲気を盛り上げていくのに、絶大な効果がある。ある選挙運動の中で「女性が乳母車を投票所の前にとめて、投票依頼しているのを見たとき、思わず手を振ってこたえてしまった」と男性の古参運動員が語ったことがある。私の運動員でもある夫たちが、女性たちの理屈や現実に拘泥しない敏速な決断を、評価していたものである。彼女たちの正義感からくる憤り敬意が与えられる抗議、突発力の勝利ともいえた。現代社会では、誠実、決断、新しい情熱が一般に思われているよりも実現してきている。政界でも同じことがいえる。もしかすると一番強く指摘される分野かもしれない。女性にはこれらの資質が備わっており、都市行政の業務においては、しばしば組織のまとめ役、職員、ロビイスト(lobbyist)、広報係として登用すると成功するかもしれない。

ジェーン・アダムズ――大臣病に侵されない政治家、講座を持たない大学教授――のような異色の新進学者だけが、地方行政で女性の持ち味を独特の影響で生かすことが可能なのであろう。この外に実際に組織のまとめ役として活躍しているジャネット・フェアバンクス(Janet Fairbanks)、ルイース・ダ・コーヴァン・ボーウェン(Louise de Koven Bowen)もあげられよう。さらに市行政の幹部でこれらの女性と同等な能力をもち、立派に成功している女性たちの大勢の名を数えあげることも容易である。

新聞

都市政治において作用している諸勢力の分析をすすめていくうえで、新聞の機能の検討を抜きにすることはできない。シカゴのような大都市では、国や州の行政に対する影響力と比較すると多少は劣るかもしれないが新聞は相当程度の影響力を有しており、人物や政策を支持したり反対したりする。情報収集能力は卓越していて、ほかのだれもがとうてい得ることのできない膨大な情報量を収集する。連日、報道しなければならないと考える事実を紙面に掲載する。編集委員は多方面から地域の重要問題をとりあげ、信念に基づいた意見を述べる。大勢の市民が政治的判断と結論を下すにあたり、参考となる種々の情報を連日掲載する。

しかしそれ以上に忘れてはならないことは、新聞が重要な公共政策についてのオピニオン・リーダーの役割を演ずることがある、ということである。新聞は、ばら戦争の当時、エドワード四世、ヘンリーン六世の即位を画策したウォーウリック（Warwrick）となったり、ギリシャ神話の因果応報・復讐の女神である公務員たちのネメシス（Nemesis）にもなる、ということである。(15)

新聞は自分たちの新聞社、友人、同志に政治的に有利なようにコラム記事を掲載できる。また新聞は予備選挙、本選挙、選挙と選挙の間をとらえて、ある時は攻撃しあるいは、無視するか論評し時には鋭く風刺する。新聞社の編集方針委員会は重要な意味があり、その結論は法令の採決と同程度の重要性をもつのである。編集者や経営者は政治家と改革者の興味と関心をひきつける。新聞は、主要な出演者の人々の評判を左右する広報が重要であると考えられる世界で独特な場所をしめている。

ところでシカゴの新聞は、今までのところ個性ある論調と権威を失わず、常に地方政治状況を揺り動かす要因となってきている。有力な二社で朝刊を独占し、四社の夕刊が発行部数を分けあっている。

一般的に各社の方針は次のように言われている。「シカゴ・デイリー・ニューズ」紙（Chicago Daily News）は改革の一貫した擁護者である。ハースト（Hearst）氏の新聞〔訳注3〕はハースト政治の新聞である。「シカゴ・トリビューン」紙（Chicago Tribune）は「一貫しているようで、一貫していない」で進歩と反動をくり返している。「トリビューン」紙は地域に止まらず、中西部にまで読者が広がっており、シカゴよりイリノイの州政により影響力を持っている。またハーストの新聞もシカゴの外部にまでわたって万遍なく読者をつかんでいる。この点は、ハースト氏自身の国内政策の一部である。「シカゴ・ジャーナル」紙（Chicago Journal）はただ一紙、民主党の機関紙といってもよいほど支持を鮮明にしているし、「シカゴ・イヴニング・ポスト」紙（Chicago Evening Post）は一貫して自由保守層の立場を反映している。

ところで新聞に対しては、かなり根強い不信感があることも事実である。まず報道の目的に誠実さが欠けているということである。もう一点は、新聞が階級を代表しているという確信に基づいてる。もともと新聞は根本的には、保守的な付属機関として大富豪の手で創業されたのである。そこで、新聞の論調としてはいかに自由主義を掲げていたとしても、それに反することが生じ多くの人々に疑問を持たれるのである。ボストンやニューヨークでは行われていることなので、シカゴでもありうることであるが、新聞は付属機関として設立した人々の支持を得る手段として新聞のとっている立場と反対の事実を利用するのである。カーター・ハリソン父子と後のトンプソンは、反対の新聞社に投資し成功したのである。過去七回の市議会議員選挙で、この種の働きかけを受けなかったのは「トリビューン」、「デイリー・ニューズ」の二紙だけであった。それまでは事情は全く同じであった。たしかに新聞は市議会や地方自治体の確執の際には、大きな影響力をもっていた。選挙期間が長く特に重要でない一連の公職の指名の場合、新聞は各社の推せんに従うように読者を誘導している。

すべての新聞は、有権者向けに予備選挙と本選挙の推せん記事を掲載している。一般的には、例外もあるが地方自治有権者連盟、立法有権者連盟、そしてシカゴ法曹協会の推せんも掲載されている。変わったところでは、「デイリー・ニューズ」紙が反対の候補者の、詳細な記事を掲載しそれぞれの場合の特定の推せんをしている。

多くの例にみられるとおり、定期刊行物がそれだけで注目に値するキャンペーンを展開するようになった。なかでも最も端的な例は、「トリビューン」紙が一年間にわたる長期キャンペーンを張って、高価な代償と引きかえにロリマー上院議員を辞任に追い込んだ運動がある。類似した例としては、「トリビューン」紙が不動産業者に不正に流れた基金の返還を求める訴訟を起こしたことがある。この件で裁判所はトンプソン市長、ハーディン会計検査官（Comptroller Harding）、マイケル・ファーティー（Michael Faherty）地域改善委員長の三名に二〇〇万ドルの支払いを命ずる判決を下したのである。さらに同紙はスモール知事を相手どり長期にわたって民事、刑事の訴訟手続きによって反対運動をしたこともある。「デイリー・ニューズ」紙も地味ながら、市政にまつわる汚職や不正行為を根気強く容赦なく攻撃している。別の例をあげれば、ハーストの新聞もハースト・グループの計画の重要部分として、公共所有権やレファレンダムを推進する改革運動を続けている。

分析によると、建設的意見や批判的見解を表明して、最初に主導権を握るのはきまって新聞であり、多くの場合、政治指導者が通常は担う機能を果している。こう見てくるとジャーナリストは、実際に最も重要なタイプの政治指導者といえるだろう。政治の重大な決定は、彼らを無視しては到底考えられないほどなのである。新聞界は、政治から干渉されない委員会をつくり、官職人事や政策を提案したり、裁可したりする。彼らが統一されていれば、権威は不動のものとなったであろうが、地位の確執や新聞社の主張の相違からこの分野での権威を集中化できないでいる。

ひとくちに新聞といっても外国語新聞は見逃されがちであるが、(16) 相当の発行部数を持っている。日刊紙が一二紙あり、各々に定期購読者は二万人いて、その年齢はほとんど四〇歳代である。定期刊行物の毎日の発行部数は一日、四〇万部、週刊誌は六〇万部を越すが、この中にはその他の広く購読されている定期刊行物は含まれていない。外国語定期刊行物は、英語の新聞を読めない数千の人々に愛読されている。そしてその影響力は、読者の末端にまで浸透し、同時にシカゴ政治を構成する原動力として重要な役割の一方を担っている。しかし移民生活改善組織（reform agencies）からは評価されていない。この組織がコミュニティにおいて、その目的と方針が全然理解されていないために、コミュニティにおける外国語定期刊行物の重要な意義と力を認識していないからである。

不運にも経営状態が苦境に陥った多くの新聞のうちには、すべてというわけではないが、記事を金銭で売るものもある。また地方首長が個人的な利益の追求に執着するかどうかは別にして、首長の意向に影響されることがある。そうかと思うと、定期刊行物はコミュニティの利益の増進に寄与することもある。しばしば市の問題には特別な関心を示すのである。

ごく狭い地域で購読されている小規模な新聞もあるが、相当な発行部数がある。読者にとって直接に重要で、ある地域の改善に相当程度貢献しているといえる。しかしながら定期刊行物の大部分は次から次へと出ては消えていき、小規模新聞の業界も経営者の考えや方針が原因となってなかなか結束できない。

最近になって、多種な種類の組織集団の影響力がその及ぶ範囲がひろがり、また一段と強くなりつつある。集団を一表にしてみると、シカゴの経済活動をはじめとする、現状の要覧にはなるであろうが、混乱を招くことも間違いない。「コマース」(Commerce) のような定期刊行物には広い読者がいる。「会報」(Bulletin) は労働組合に、マーガレット・ハーレーの「会報」は教員を中心に購読されている。同じ「会報」でもイリノイ工業連盟の「会報」のように読者が多いものもある。政治専門の週刊誌は、選挙運動の期間になると地域に相当な影響力を発揮する。

しかしながら、一般的に言って、大都市の日刊紙は一貫した方向性をもって世論に訴え、平均的な市民の一般的な意見を形成したり代弁したりしている。さらにこれらの定期刊行物では、普通、政治は第一面で取扱い、読者の興味の中心においている。定期刊行物と平均的投票者の心理的、社会的態度を徹底して研究すれば、シカゴのみならずアメリカ全土の都市の政治支配の秘密を知ることができる。

すべての記事の背景には、小さな町で途切れることなく囁かれる噂話とまったく同様な、大都市のゴシップがある。それこそ際限なく噂は流されるが、日刊紙にはまったく報じられない。例外はあるが、最もよい話は記事とならない、という古い諺がある。すなわち事実でなかったり、作られた事実であったり事実無根の中傷であったり、シカゴにとって慎重に扱われるべきものである。いろいろな事情から、新聞社の一致した申し合せで、記事にしないこともある。シカゴで交わされる毎日の噂話ばかり集めても、おそらく読者の興味をひく紙面がつくれるであろう。

私はかつて新聞によっておだてられたり、ひどい目にあわされたり、無視されたりした。新聞の記事に一喜一憂したこともあった。それだからといって、私は新聞を個人的偏見からは決して見ていないつもりである。一度は動揺しても、直ぐに冷静な自分にかえったものである。たとえは、「デイリー・ニューズ」、「トリビューン」両紙は、議会の重要案件について他紙と立場を変えて私に反対してきた。ハーストの新聞は、一九一一年に多人数の専門家を動員して私の政策を酷評したが、他の案件では好意的であり支援もしてくれた。「シカゴ・ジャーナル」紙は、政治生命を奪おうと画策してきたがそれを見直した。

私の観察では、たとえある新聞の方針、あるいはすべての新聞がさし示す方向に沿って進んだ者でも、新聞の性格を見極めるという努力をしないと、たちまち政治の荒波に弄ばれるのである。一般的にみると、新聞は直接自分に利害が絡まない汚職撲滅運動や、効率向上運動、あるいは公共施設改善運動などにおいては、その役割を期待することができる。しかし、どのような計画であっても公益事業や労働関係の問題については、かなり曖昧な態度を示すことがある。一方、自由主義的発想をしていたと思われていた人々、つまりジェーン・アダムズやかつてフィッシャー王（King Fisher）といわれたことのあるウォルター・フィッシャー、「おしゃべりなこまどり」（Twittering Robin）と仇名のあるレイモンド・ロビンズ（Raymond Robins）や、ダン知事などは、かつて新聞の全影響力を駆使して徹底的に攻撃されたことがある。当時、一般的には急進主義が反動以上の恐怖の対象となっていたのである。だが多くの例外はあるし、新聞はそれらを考慮しなければならない。

しかし、この新聞の総攻撃も攻撃される側からすると、状況はそれほど苦境とは言えなかった。新聞が連合して個人や計画を攻撃したとしても、逆に新聞に反感をもつ人々の強力な支援により反撃されることもあった。市民の一人や二人が新聞報道に同調して反対したとしても、残る人々は好意的なのである。一般の人々が新聞に期待するのは、特にその立場表明に関して公正にとりあつかうことである。普通の場合、新聞は心温まる話題や真実のニュースを、握りつぶすことはない。例外は、階級の方針と食い違うときであり、また、特定の定期刊行物が特別の利害に影響を与えるときである。そこで奇妙な記事、名誉を毀損する記事は、確信のないまま載せないという原則が引き合いに出されるかもしれない。

シカゴには、三〇年ほど前までは、好ましい進歩的な条例があった。その当時、新聞は、ヤーキス（Yerkes）とロリマー（Lorimer）が手を組んで、公益事業を独占的に支配し続けていることを批判するキャンペーンを精力的に展開したことがある。新聞はこの運動に先鞭をつけ、毒されていた議会から誠実な議会を回復させるために闘って勝利した。その結果として、シカゴの公益事業は、私益よりも公益が優先することになったのである。後に新聞は再びロリマー排斥運動と同趣旨の闘いを主導したことがあった。ところが、市民は自治体の自主経営、イニシアティブ（initiative）〔訳注4〕、レファンレンダムを保証する新しい条例の制定を要求し、数回にわたる選挙で戦う方向へ動き出した。そのとき新聞は、市民から期待された推進も支持も差し控えてしまったのである。新聞が自由主義的なリーダーシップをとるようになると、結局のところ扇動者が暗躍する。ならず者が暴力をふるい、さすがに掠奪や強奪まではともかくとして、勝手気ままに振るまうことを許すようになってしまった。

一九二八年の手榴弾予備選挙では新聞は団結し、その昔、公共事業問題でロリマーと対決したようにインサル、スモール、トンプソンの連合選挙組織と対決した。争点について連続して詳細に報道していった。アメリカの自治体にしばしばみられる現象であるが、いわゆるジャーナリズムは自由な態度をとっている時が、政治的に最高の影響を持っていて、特権と政治の癒着を厳しく批判する。しかし、新聞はシカゴの創造者ではなく、その代表とも言うべき存在でありコミュニティの生活環境の基盤を反映するのである。労働者や権力、影響力を持った急進的な新聞の時代はまだ到来していなかった。将来、労働運動の固い団結が現在以上のものになるとき、おそらく到来するであろう。

新聞は、時には人間や政策を傷めつけたり激励したりしながら、都市政治における勢力のひとつとなってきた。そして終始、世論に影響を与えてきているといえる。だが新聞が全能の神と結論づけることはできない。なぜなら不特定多数の市民を前にしての公式の演説が残っているし、集団を野火のように走りたちまち周知されていく一人対一人で交わすコミュニケーションがある。また、新聞より熟読が出来る週刊誌や定期刊行物がある。さらに影響力を増している業界誌や職業紹介紙や、膨大な本の流通が依然としてある。現代の新聞は、広告宣伝と視覚を重視していて、助言やバランス感覚を強調することによって影響を与える傾向となっている。一時代前の道徳とか、個人的に信用度のあるジャーナリストの流す情報にとってかわってしまったのである。結局は政治欄の編集者も、古いタイプの新聞と一緒に消え去るかもしれない。

ところでラジオの利用は、現代政治の政治宣伝の一手段となっている。ラジオは既成の諸メディアを脅かす存在となりつつある。その結果、市議会議員選挙の運動において、従来からの因襲や方法を一新してしまった。

要するに、これが大都市コミュニティの政治に作用している勢力である。表面的には政党や派閥の組織、新聞、市民組織、公益企業が絶え間なく活発に活動している。

無数にある社会集団によって構成される市民委員会（civic committees）は、通常は不活発である。しかし、ときどき精力的に活動することがある。行動の背景には階級、人種、宗教、地域に関わる事情がある。臨時に各集団の代表によって委員会が構成される。例えばシカゴに大災害が起こったり、著名人が死亡したり、大がかりな改良事業を起工したり、賓客の歓迎会が開かれる時である。場合によっては、さらに広範囲にわたって、団体の名前だけの代表者によって代表委員会が設置されることもある。そして異口同音に市民活動の一致を表明するのである。

しかし自治体政府は、要するにこれらの諸勢力が連合したものである。さらに正確にいえば、数多くある政府は、ひとつの連合組織による支配とその他による支配である。であるから協力とか対等という言葉が、公共の職務を行っていくうえでの合言葉である。ほとんどどんな大きな組織の関係者も自治体の事業に拒否権をもっている。もし不服があれば阻止することも、可能となった。実業界、労働者、中産階級さらに統一行動が要求された場合の政党に、それぞれ拒否権が与えられたのである。

いわゆる考えられる連合形態は無数にある。例えば、少なくとも一〇の国民、三つの宗教、政党内の派閥を総計から除いた二つの国民政党、多くの区分から構成される三つの階級、市内の三大地域、市外の数ある地域がその組合わせの対象となる。たとえば、ノース・サイド地区では、ドイツ系、共和党員、ルター派、実業界という組み合わせである。あるいは、ウエスト・サイド地区では、ボヘミア系、民主党員、カトリック、労働者という組み合わせ、サウス・サイド地区にはユダヤ系、共和党員、中産階級という組み合わせである。要するに実現できそうな連合の範囲内で、あらゆる可能性が計算されているのかもしれない。各連合がシカゴの政治を支配していることは十分認めるとしても、背後にある投票や権力にまで決定的な役割を、果たしているというわけではない。多くの組み合わせが可能である。すなわち、集団の性質が変わっていくことが、政治上の連合をますます複雑にしていくであろう。このことは、社会組織では常識であり、都市政治のように政治では当然のことである、という人がいるかもしれない。シカゴの場合、住民間にある大きい利害の不一致や、めまぐるしい人口の移動性からして、ヨーロッパの都市とは全く相違している。しかし、政治問題をとり上げてみると、アメリカの他の都市のそれと酷似している。

すべての問題の根底には、市民の郷土愛がありそれは国民の愛国心と同様である。あらゆる集団はその精神が現実とはほど遠いことを承知しながらも、集団の趣旨に盛り込み成文化するとともにそれを実現しようと努力している。いわゆるシカゴ精神といわれるものが全集団に徹底していて、少なくとも精神的には全集団が賛同している。中心となるそれぞれの集団においては、政府のために喜んで責任をとることはないとしても、その集団はシカゴの福祉に一番協力していると自認している。なかには他人が権威や協力が必要な態勢を整えてくれるだろう、という全く無責任な姿勢をとる二、三人の個人もいる。しかし大方の人びとはそのような状況に直面しない。彼らの計画をコミュニティが公認している、という暗黙の了解に基づいて推進しているからである。公共の管理の仕事を、快く責任を引きうける団体もわずかながらある。市民共通の利益において、彼らの政策や人員が、適切に状況を支配できると信じているからである。

コミュニティの行政に現れてくる重要な現象は、公の組織や政策の課題と関わる地域の特別な忠誠心の上に、集団に対する忠誠心が、醸成されてくることである。現代史の中で魅力的な課題のひとつはナショナリズムの台頭についての研究である。ナショナリズムは、国家を形成している多数の人種、宗教、地域、階級などの要素を越えて支配的な位置を占めている。例えばスイスは国の中央組織がその成功の原因である。逆にオーストリア・ハンガリー帝国は市民の一体化と団結に失敗した印象的な事例である。合衆国自身が、幾多の不一致やさまざまな要素の葛藤の数々を克服して、ついには国民意識を高揚するのに勝利をおさめたことの好例である。

都市は自治コミュニティではなくあくまで大きな行政単位の一部にすぎないのだが、集団への忠誠心と国家への忠誠心には基本的に違いが見当らない。人種、宗教、地域、階級は、それぞれがまず住民の強い愛情と競合する。人種、宗教などは、自からの発展や対外的な認識に犠牲を払ったとしても、シカゴへの郷土愛は二の次にする傾向にある。これらの集団は、シカゴの政治に作用する諸勢力として既述したところである。市に対する態度、忠誠心、義務と集団への態度、義務等とを検討するために、いま一度とりあげてみよう。

カトリック、プロテスタント、ユダヤ教の信者が、宗旨に則って投票するという傾向は、すべてのアメリカ人にあてはまる。つまりポーランド系、ドイツ系、イタリア系、スカンジナビア系、チェコ系に同じように現われ、実業界でも労働界でも同じことが言える。さもなければ彼らは人種、宗教、階級のどれをとっても少数派の政策を、それもわずかな支持しかない候補者を応援することになる。そしてシカゴであればこそ廻り合える様々な機会は、全体として、物質的にも減少していくし、どの場でも深刻な偏見の中に置かれるにちがいないからである。もし長期にわたって人種、宗教、地域集団が一致協力する態勢にあったり、同時期に経済階級の利益がそれらと関連していたりすれば、シカゴや州は困難な局面に遭遇していたであろう。

この問題は世界的な大都市では共通して見られることで、当然シカゴにもある。集団としてのシカゴは、他の集団、そしてたぶんシカゴに組みこまれていて競合する諸集団と比較して、多様な集団のニーズにこたえるために苦悩している。公共の目的を達成するための共通の手段として、市政府を採用しているのである。警察行政や保健行政は、宗教、人種、階級とは無関係である。というのは警察や保健局は、公共の統制の組織と考え方が異なっているからである。諸集団の独特の指導者や独特のニーズは、都市政策の抽象的な考慮すべき事柄に比べるとより人道的、現実的、活動的であるように思われる。権力と人種は集団認識のシンボルである。特に人種集団自身が社会の一部分にすぎないと自認していながらも、社会の重要な地位を占めたいと心底から欲する性向があるからである。有色人種は、街路清掃の仕事を与えてくれたり、住宅を世話してくれるということで、彼らを食いものにする悪徳市議会議員を支持するかもしれない。ポーランド系市民は、貧困な家庭には低い税金しかかけない同国人を選ぶかもしれない。ドイツ系は学校や公園を改修するよりも、戦時中の友好関係の空虚な身振りを大切にするかもしれない。アメリカ先住民は「外国人」に投票せず、たとえ悪辣なアメリカ野郎「ヤンキー（Yankee）」でも支持するかもしれない。

シカゴは今日まで諸集団の象徴と絶えず奮闘を続けてきた。それらの象徴を破壊するのではなくそれらを公共団体の一部と理解し、コミュニティに統合し市民の仲間として市の行事に参加するように誘導している。すなわち、市行政はたとえば忠誠心に重きを置き、他に優先しシカゴの市旗を掲揚することよりも、それぞれの集団の個性や政策や象徴を開発していくことへと誘導してきた。めまぐるしい人口の移動とアメリカの人種同化能力は、この問題を容易に処理してきた。しかしいまのところは政治の世界で突発的に起こった事件が、偶然に都市の利益や進歩をもたらす可能性よりも、集団間の連合の機会の方が多いのである。長い目で見れば、新集団が文字どおりシカゴの一部となり、市民生活に溶けこんだり、彼らによって詐欺師や知能犯が発見されるようになるのは、驚くべきことに時間の問題なのである。

現代社会の政治屋は新移民がもっている排他性、また経済力の弱さ、認識され参加したいという願望を抜け目なく捉えている。そこで、政治権力と威信をその願望のまわりに、構築している。選挙区委員会委員は、多くの場合、社会奉仕員と思われていて専門職業人とは認識されていない。彼らにとって、雇用の機会、情報提供、経済的な援助、友情、かなりの情実は、しばしば彼らの投資すべき財産の一部を形成し、投票日が近づくと投資すべき資本であることを認識する。シカゴにおける市民の利益を最大限に考えて投票を訴える人々は支配との闘いにおいて、かなりの不利益であることを見出すかもしれない。

市政府の効果的な働きかけが条件づけられているのだが、ここで再び排他性と個人の友情が、シカゴ精神の発展を妨害することになる。主に、大富豪、アメリカ人、そしてたぶん禁酒主義者が最高善を擁護することは、きわめて特殊な例である。抜け目のない政治組織の地方代表者たる議員たちは、有権者にひとつの事情を納得させるか、あるいは、それが事実であってもなくても、その事情を主張するのである。

これらの社会集団を、真正面から攻撃することが、多くの集団を貫いて存在する重要な政治の潮流である。それらは政治的に行動する際の態度とか傾向であり、すなわち嫌悪や魅力である。この傾向は旧態依然とした地方政治の忠誠心に直面した集団を打破し、彼ら自身が連合するための、新しい基礎を創り出している。実際に、多くの集団、人種、宗教、地域、階級、政党に所属しているほとんどの人間は、常に公共問題と闘っていると自認している。彼ら自身、この闘いを調停し調整しなければならない。ある意味で政治の中心である。なぜならば、利益、経験、性格、捏造、場面転換、人々の大きな集団などが静かにやりとげるからである。新旧勢力が一致するか、あるいは革命的な過程によって一方が他方に打ち勝つまでは熱心な討論や会議から波紋が生じ、動揺が生じることもある。

これらの態度を通してつまり浮動（drifts）、溝（grooves）、逃走（runs）と通称されている態度のなかから、政治集団、政治屋、捏造屋（inventor）や、指導者はつけ入る隙を見出そうとする。溝のあるものは、どこまでも真っ直ぐに進んでいる。都市計画もまた溝である。都市の区画整理も交通規制もそうである。すべての集団は、影響を受けて賛同するか、あるいはある集団が熱心に主張するので他の集団がその正しさと同意を承認するのである。いくつかは一般的な人間の傾向であるが、その他のものはアメリカ人であることから、都市であることから、またシカゴの特性からくるものもある。

ある方針は圧倒的な支持はあるが、全会一致というわけではない。他の方針は抗争へ道をひらくこともある。それゆえ資格任用制〔訳注5〕（merit system）、公正な税制、支出において妥当な経済、酒類制限の自由化、刑法の強化という方針についての反対は強いであろう。しかし利益を中心にした連合はその成果を必然的なものにする。抗争が始まるのは、鉄道輸送市営化問題、公立学校の統制問題、ループ地区とその周辺の土地問題、産児制限診療と保健局の問題、産業争議に警察を導入する問題などの状況である。諸問題は、権力集団の間で激しい対立が起こる広い道なのである。

シカゴが法規制の緩いオープン・タウンになるか、一部禁酒が解かれたあるいは全面禁酒が施行されている都市になるかは、シカゴの方向を決定する分水嶺のひとつであり、それは地方政治の連合を考えたり、有色人種がシカゴの政策や性格に対してどのような態度を表明するかということに関わっている。都市が急進的、反動的であったり中道であったりすることは別の問題である、なぜなら急進主義者は右翼の過激論者と同じく強硬である。またこれらの対立は比較的未組織であって、事実は大きな闘争の可能性を生み出している。なぜなら候補者の個性と政策の影響は、ここで決定的となる。候補者が誠実、不誠実であるということと親切に情実を分配してくれるということとは根本から違う。さらにそれによって人が態度を決定的に変化させるということは、別の次元の問題である。候補者の個性に「上品」から「高慢」までを認めるとすれば、有権者にも「一般人」という一面がある。この間に、候補者と政策を選別する際の鍵がある。集団の連合、態度、個性にはもちろんその可能性に限界がない。さらに、新しい都市の政治は確かにある瞬間をとらえれば、形態らしきものがあるであろうが、万華鏡の色彩ほど多様であり、把みどころのないものである。

トンプソンが反イギリスの宣伝をしたことがある。続いてハーシュフェルド（Hirshfeld）の主催するニューヨークでのキャンペーンがあった。その内容は直接イギリス人に向けられたものではなかったにせよ、特にアイルランド系、ドイツ系の利益のためのジェスチャーであった。当時の彼の考え方に忠実であり、しかも禁酒法に自由な態度を示すことによって住民に好感をもたれようとするものであった。彼の「大西洋を飲みほすほどに禁酒反対者」（"wetter than the Atlantic Ocean"）というスローガンは誰にも理解ができ、予想以上に効果抜群であった。そのうえ他のスローガンもおまけに使うことができた。一九二七年の選挙運動には「アメリカ優先主義」（America First）というスローガンをとり入れたのだが、前二期の実績から計算されたものである。行政についての議論はせずに、対抗馬であるディーヴァーと自分の八年間の比較をしているにすぎなかった。彼は八年間かかって築きあげた体制を守りきれずに、公約も果せない結果となった。アメリカ優先主義は選挙運動期間を通じて、候補者とその支持者たちが必要と思う場合に、討論の主題とする程度にしか生かされなかった。だが、マクアンドリュー教育長がニュース映画で映され、アメリカ優先主義に関連して攻撃されたこともあった。彼の解任は選挙前に言い渡されていたのだが、トンプソンの再選によって実際にそうなった。しかし、シカゴの教育界で、決して全員が支持した人事とはいえなかった。

たしかにイギリスに対する攻撃は伝統的にイギリスと友好関係にあるイタリア系、スカンジナビア系、チェコ系、ポーランド系には歓迎されなかった。これらの国々は、イギリスと友好関係を築いてきたからである。しかし、チェコ系とポーランド系は、特に酒類問題を中心にして、圧倒的に民主党びいきであった。スカンジナビア系は共和党支持でどちらかというと政党の綱領に従うということであり、カトリック信者で教会の手先という理由で、ディーヴァーを強烈に攻撃したのである。

扇動者たちは未組織の状態につけこんで、憎悪や欲望に働きかけて一貫性も分別もないままに、人種や宗教その他の偏見を中核にして組織をつくる。たとえ瞬間的な連合であったとしても、権力と威信を造りあげ、自分たちの望む強固な経済的な利益を得て満足しようというのである。流動する集団自身の生活水準が向上し彼らなりの指導者が現われるようになると、現在その統一の過程にいるのだが、未組織の状態を脱却するのは容易なことではない。ある時期をとらえてみると、集団組織、集団責任、集団同化にしろ、コミュニティの政治行動の過程が最高に単純化される。その最も単純化されたところでもコミュニティの政治行動は説明しにくいのであるが。

シカゴでも、他のアメリカ国内の市と比べて集団が未組織であることから典型的な困難がある、といってもまちがいではない。たとえていえば、市政府そのものも組織化されていない。大きくは八の統治組織、小さくは一、五〇〇の統治組織から構成されている。人口をみると市域の内、外どちらをとっても全体の一部分にすぎないありさまである。社会集団は組織化されていないし、八から一〇の大きな人種集団が全く同化しなかったり、自分たちだけで固まって組織をつくっているにすぎない。もちろん経済階級も未組織である。だが実業界も労働組合も、次第に政治的に利用できる団結をみせはじめている。中産階級の消費者や借家人も未組織であって、その認識と責任感のある協力者もいない。

特に、すべての状況は塗りたてのペンキのように常に細かく流動している状態である。人口の流動性はアメリカの都市生活の特徴というべき姿であり、物理的にも階級的にもまだどこの市でも解明されていない。だが、シカゴはその例外として解明されつつある。人口移動には利点がある。偏見や長い忍従からくる憎悪が、人口移動によって結晶化することを避けることができることである。障害となっている原因は、数世紀も以前から同じように起こり続けている出来事に、政府が対応策を失っていることである。たしかにヨーロッパの都市では経済、国民性、宗教の考え方などに関して、すべての政府が困難を抱えている。

しかし人口移動を通して、行政府の現状についての一般的な理解を、容易に得ようとしても困難である。反動として、誤解とつかの間の根強い偏見を増幅させることがある。古手の戦士は抗争の限界と、互敬の精神を持ちあうことの大切さを、学びとるものである。人種が入り交って大混乱となったとき、衝動的な連合では曖昧な結果となるとは誰にも予測できない。何かが起こり、何とかなるのであろうと、期待するだけである。

（1）シカゴ大学の地域コミュニティ研究委員会の近隣関係の貴重な研究を参照。

（2）影響力を与えた書物としては、Grace Abbot, *The Immigrant and Politics*; Jane Addams, *Twenty Years in Hull House*, がある。また市民と博愛主義に関するシカゴ大学関係出版物のあちこちに見うけられる。

（3）Maynard のシカゴの直接投票の分析（未刊）を見よ。アルコール問題については、先住民と移住民にははっきりした根づよい変化がある。

（4）なぜアメリカ人になるのか、またならないのか、という理由については Gosnell, "Non-Naturalization," (*American Journal of Sociology*, XXXIII, P. 930, 1928.)

（5）七万二、〇〇〇人のオーストリア人は除く。

（6）Hemdahl はシカゴの特徴的な一面をイリノイ州の政治とスカンジナビア人の先駆的な研究を通して明らかにしている。

（7）一九一八年、上院選挙でメディル・マコーミックは第二地区で一、〇〇一票を得、トンプソンは六〇六四票であった。第三地区では同じく二、二九二票対二、六二五票であった。一九二八年の予備選挙では、反スモール票は強力な圧力にもめげず増えた。

（8）人種関係は Lowden 委員会を参考にせよ。Merriam, Gosnell, *Non-Voting*, pp. 39-41, 80-84, を参照。

（9）L. D. White, *Prestige Value of Public Employment*, によるとアメリカの先住民よりも移民の方が公的就職率が高いことがはっきりしている。Burton, *Civic Content of the Sixth Grade Mind*, では移民集団の市民意識が優位にあることを示しているが、前書と比較せよ。

(10) プロテスタント信者はカトリックのおよそ三倍（二・七倍）いると推定されている。
(11) これらの団体の年間支出や収入など全財産について信頼できる数字はない。
(12) C. O. Johnson, *Carter Harrison* には、この豪胆な戦士に教会から抗議したにもかかわらず無力であったことが詳しい。
(13) 地域コミュニティ・リサーチ委員会によるこれらの地区の研究を見よ。
(14) これらはイリノイ女性有権者連盟や女性市クラブの「会報」によって知ることができる。
(15) Fremont Older, *My Own Story* は都市自治体の歴史の一番危険な時期をサンフランシスコの一編集者の政治経験を通して見事に記している。
(16) Robert E. Park, *The Immigrant Press*, を参照。

訳注

〔1〕 ゲットー（Ghetto）。宗教や民族を基にして、少数派の住民が、固って居住する地区をいう。語源はヘブライ語の意味で「分離」(divorce) を表すイタリア語である。一五一六年にベニスで使われたが、その後、ヨーロッパのユダヤ人居住区を言うようになった。とくにヨーロッパや中東では、ポーランド人とユダヤ人を、住み分ける型でゲットーが設置されてきた。これは習慣からくるもので、法律的な支えのあるものではない。
かつてゲットーは、町中にあって塀に囲まれ、夜に門は閉されていて特別法や税制で扱われていた。合衆国北部では、ゲットーは区割された居住区をいう。大都市内では、過密からくる貧しい住宅政策、高い失業が通常である。しかし彼らの求める住宅難解消の法律はない。

さらにゲットーは、合衆国北部都市で黒人が多い居住区で、かつ貧しい人々の街、という規定もある。先住民からすると、ゲットーの中で日常生活が可能となれば、移民が同化せずに独自の社会的立場を醸成していく不安があった。

ゲットーを合衆国の都市政治における歪みとみるか、移住してきた住民にすれば、異文化との衝撃を緩げる「砦」として必要であったとみるかは見解が分かれる。

〔2〕家畜集積操車場の裏町（the back ot the Stock Yard）。シカゴは、古くから食品の消費地でもある東部と、生産地である西部の中継地点として、注目されてきていた。十九世紀にシカゴにイリノイ中央鉄道（Illinois central railway）等が接続して、事情は一変した。貨車でシカゴまで運ばれた牛は、すぐさま近くの屠殺場で処理され、また貨車で西部に運ばれる。そして、そこで働く移民を中心とした労働者、食肉業者が集まってきた。シカゴでは一八六五年にユニオン・ストック・ヤード（Union stock yard）が営業開始した。一〇本近くの軌道を敷き、一度に牛三万頭、豚、羊数万頭を運搬、処理する施設が誕生した。このストック・ヤードに運搬人、屠殺人、解体人、買い手、競り市の関係者など厖大な人数が集散して、活気づいてきた。

しかし一方で、屠殺場の不潔さ、低賃金、職場環境など、労働問題が発生してくることとなった。シカゴに限らず、合衆国の主要駅にはストック・ヤードが建設され、それに隣接した裏町を中心にして低所得者や移民が住み、都市問題の一つの要素となってきた。

〔3〕ハーストの新聞。ウィリアム・ランドルフ・ハースト（William Ramdolph Hearst）は一九二〇年代中ごろ、アメリカ全土で二十八の新聞を発行していた。その中に「シカゴ・イグザミナー」（Chicago Examiner）紙がある。この新聞をさしていると思われる。

〔4〕イニシアティヴ（initiative）州民法案提出権。地方政府、中央政府を問わず、有権者（州民）が法律案や憲法改正案をそれぞれの政府に提案できる権利をいう。

間接民主主義がいわゆる議会制民主主義であるが、議会（議員）に対する不信、あるいはある問題に速やかな対応を求めて直接、有権者（人民）が法律案を議会へ提出して解決を求めることができる制度である。

アメリカでは州民によって発案され、提出される提出権は、有権者の一定の割合（人数）が正確に支持、要求することが公的に確認されないと生じない。

この直接民主制度を米国で最初に導入したのは、一八九八年にサウス・ダコタ州であった。

〔5〕資格任用制（merit system）。第七代大総領のアンドルー・ジャクソンが、大統領に就任して有位な立場、職を利用して、官職を党に対する貢献などに応じて与えるようになった。

市民生活でもゲットーで生活する移民たちは、仕事の世話、苦情処理の代償に金銭を支払ぅ風潮が広がっていった。当然のことながら、選挙の票も格好の対象となり政治も腐敗し、地下組織の暴力団も暗躍することとなる。そして官民あげて戦利品（spoils）の授受が、盛んとなった。これらの弊害は、世論の盛り上がりをもたらし、一八八三年に「ペンデルトン法」（pendelton act）が制定された。

この法律の実施にともなって生じたのが、恩義や情実に関わりをもたない公正な官史任用制度である「資格任用制」である。同趣旨の制度はかつてグラント大統領（Ulysses S. Grant 第十八代、共和党）の時（一八七六年）に、一時的に制度化されたことがあったが、永久化されたのはこの法律からである。本制度によって、超党派の公務委員会（Civil Service Commisson）が責任をもって任官試験を実施し、受験者の成績によって公平、公正に採用し適材適所に配置することとなった。情実が介入しないところから、実績制、実力制ともいわれる。

第六章　シカゴの指導者たち

都市政治についてより詳細に分析するためには、公職に就いている人間像を理解しなければならない。人物抜きの政治など考えられないからである。(1) よく立法府という言葉が使われるが、そもそも法律とは人間が自分たちのために制定したり適用したりする物事の見方をさすのである。

ここで重要な人物や力のある指導者のすべてを取り上げるには、時間と紙面に余裕がない。また状況を理解するためにどんな人選がもっとも役に立つのか、ということについてはそれぞれに判断が異なるだろう。私は現実の政治の流れの過程を明らかにするために、六人の重要な人物を取り上げてみた。

指導者のうちの四人は政治の現場にいる。他の二人は実業界にいながら政治に興味を抱いている。その二人のうちの一人は、政治的な影響力を否認しようとする慈善事業家である。もう一人は七六歳の弁護士で、シカゴにおける犯罪詐欺撲滅運動の会長をしている。

はじめに、政治の現場にいる四人について話そう。まず合衆国上院議員のデニーン、愛称「いとこのチャーリー」もしくは「チャーリー叔父さん」、トンプソン市長、愛称「ビル兄さん」ないし「あなたの市長」、ジョージ・ブレナン、愛称「ジョージ爺さん」でシカゴ－クック郡民主党委員会委員長、そして最後に五期市長を勤めたことのある父をもつ、自らも五期シカゴ市長を勤めた、カーター・H・ハリソン。彼らはシカゴ政界においてそれぞれ独自の見解を持ち、千差万別の戦術を転開している。デニーンとハリソンはイリノイ州出身、ブレナンはニューヨーク州、トンプソンはマサチューセッツ州の出身である。ブレナンは炭坑夫の息子で、彼自身も片足を失うまで炭坑で働いてきた。デニーンは、イリノイ州マッケンドリー大学の教授の息子である。またトンプソンは南北戦争で勇敢にたたかった兵士の息子であり、裕福な家の出である。名門の大富豪で、シカゴでは有数の不動産所有者であった。

デニーンとブレナンは若い頃学校の教師もしたことがあり、生徒たちから尊敬されていた。トンプソンは小学校卒業以上のいかなる学校教育も修了していなかった。中途で退学した後しばらく西部へ行って、カウボーイとして一人前になった。教育を受けるかわりに、知性を憎悪したり、信用しないことを学んだ。

政治的な流れからすると、ブレナンは、ロジャー・サリバンの直系の後継者だった。彼は決して威圧的なところのない民主主義のかつての指導者であったロジャー・サリバンの死の直前に、その地位と権力とを引き継いだ。一方トンプソンもまたロリマーの直系の後継者であり、配下として彼のやり方を踏襲したのである。ロリマーは前上院議員で、未だにトンプソンの助言者として知られている。デニーンはかつてロリマーの配下にあったが、早い時期に独立し、自らの地位を築き、支持者を固めた。そのなかで、後援会、独立系新聞、改革的要素が重要な役割を演じた。ハリソンは生まれながらの政治家で、評判の良い市長の息子である。

では、他の二人はどうか。サミュエル・インサルとジュリアス・ローゼンヴァルドは、巨方の富をめざす欲望にまみれた夢などとはほど遠い、民衆に貢献する事業を通して成功している。二人とも実業界の、いわゆる常道には従わなかった。当初、インサルは電力事業に取り組み、後には公益事業の組織を発展させる茨の道を歩いた。ローゼンヴァルドは通信販売業で成功して、一躍大きな富を手中にしたのである。あくまで彼の名前でなく有能な能力がもたらしたものである。インサルは英国出身で、エジソンとともに電気事業にすべてを賭け、故国を捨て未知のアメリカへ渡って来た。ローゼンヴァルドはユダヤ人の血が混っていたが、リンカーンと同じくスプリングフィールドで生まれ、シカゴで富を築きあげた。このイギリス人とユダヤ人は見解や戦略は異なりながらも、シカゴの行政に立ちはだかるに至った。世界的な大都市には、相応の予算配分があり、すこしも特異な利益追求ではない。しかし、彼らは官職に就いたことがなく、就きたいと思ったこともなかった。しかしながら二人とも公職者の基準や姿勢に強い関心を抱いていたのである。

銀髪の七六歳のフランク・J・ロッシュ（Frank J. Loesh）についても触れてみよう。彼は組織的な犯罪と詐欺との戦いの闘士である。職業は弁護士で、その当時はペンシルヴェニア鉄道の顧問弁護士であった。決して政党には属さず、また官職を持ったり求めたりもしないで、人生の大部分は政治の現場の動静とはあまり関わりがなかったが、それでも晩年には組織犯罪へ敢然と挑み、告訴と告訴の応酬のなかで同志を率いて戦った。彼は、ブレナン、トンプソン、それにデニーンといった裾野の広い政治組織の頂点にいる人たちとは異なる意味で、やはり確かにシカゴの政治生活のある部分を代表している。人があまり乗り出さないような絶望的な戦いをボランティア勢力の指導者として戦った。

同じく忘れてはならない人物として、レイモンド・ロビンズ、ジェーン・アダムズ、それにクラレンス・ダロー（Clarence Darrow）がいる。彼らの主な関心は地域に向かうというよりもっと一般的な性質をおびている。しかしながら人を動かさざるをえない魅力的な人物たちで、時々、協議会や争議でも名前が聞かれる。それではシカゴを動かすこれらの人物は誰か。彼らはそれぞれの組織でどんな役割を担っているのか。さらに彼らの人間としてのあり方はどんなものなのであろうか。人間性についても扱ってみよう。

ここに挙げた人々の中で、最も長い政治経験を積んでいるのはデニーンである。彼は一八九二年にイリノイ州議会議員になり、以来公務生活を送ってきた。州検察官として八年、州知事として八年、そして現在、上院議員としても四年目である。大学教授の息子でメソジスト派の牧師の孫でもあるデニーンは、一家の伝統を守り、後援会を基盤とした組織を創り、継続させながらも誠実さや能力を維持してきた。それらは競合する政党や派閥より数段秀れている。また、彼はサリバン、ロリマー、スモール、それにトンプソンと場当り的な同盟を結んだこともあるが、そのことで彼が掲げた高いレベルの政治生活基準からはずれるということも結局は起きなかった。

一見したところでは、デニーンはいかにも政治家らしかった。しかし、彼は政治家特有の演出術を会得していたわけでも、自分のグループ内の位置を得るために自分の魅力ある個性に頼ることもしなかった。これらの性質のどちらか、あるいは両方があったなら、彼は文句なしの魅力的な政治家だったであろう。勿論彼に勇気がないわけではない。しかし用心深さが彼の大きな特質である。その慎重さが、味方敵を問わずしばしば失望の原因であり、時に彼を優柔不断と決定的な取り返しのつかない手遅れに追い込むこともあったが、他方で取り返しのつかない破滅や大きな損失から免れることができたのである。彼の一番の強味は組織化する能力であり、あらゆる集団と接触をもつ幅広い人脈であった。どちらにおいても、辣腕ウェストの補佐を受けてのことである。彼は権力と組織力を生かして、機を見るのに敏なシカゴの西部地区にたくみに支持を伸ばしていったのである。彼ほどさまざまなコミュニティの社会的要素と絶えず接触してきたシカゴの指導者はいない。ビジネス界、労働者、新聞、改革者、民族グループ、宗教、地域のすべてが彼のアンテナの届くところにあった。さらに有力者の性格と集団の動向にまで精通しているので、未然に予想される障害を回避し、多方面で優勢を築き上げたのである。

デニーンが、シカゴ市政に光明を放つことはほとんどなかった。彼の強力な組織は主に州と国レベルの行政に関心をもっており、地方レベルでは郡の行政に関わっていた。いってみれば、シカゴはイリノイ州のために犠牲にされてきたのであり、このことは重要である。もしデニーンが八年間の任期を州検察官として働き続けていたのであれば、過去二〇年間のシカゴの犯罪史は、異なった解釈がなされたであろう。もしデニーンが郡・州や国のことよりシカゴの行政を第一に考えていたならば、シカゴの歴史は四半世紀にわたって書き変えられなければならなかったであろう。あるいは、デニーンはシカゴのさまざまな情勢に巻き込まれ失墜してしまったかもしれない。どう見ても彼のような政治家は市政レベルよりも州レベルの活動にむいていたからである。彼にせよ、ごく親しい同志であるロイ・O・ウエスト（Roy O. West）にせよ市長に選出されることはおそらくなかったであろう。またどちらもシカゴの政治闘争のなかで市議会での少数派としての権威を維持することもなかったであろう。事実ウエストの支持団体は、「われわれは、市長職に野心はない。利益になるどころかむしろ政治的には義務を負うことになる。そしてどういうわけか市長になると、誰もが破滅してしまう」と述べたことがあったほどである。

一九二八年の夏まで民主党の命運を握っていたのは、白髪のジョージ・ブレナンである。彼は自分がかつて大学教授であり、人当たりもよく精力的で、またユーモラスである一面、同様に狡猾さや陰謀にもたけ、くせ者ぞろいの集団を率いていたという事実を隠していた。チェコ人の有力な指導者であるアントニー・カーマク（Tony Cermak）、マイケル・イゴー（Michael Igoe）、パット・ナッシュ（Pat Nash）とティム・クロー（Tim Crowe）、デニー・イーガン（Denny Egan）と彼の支持者、そして「いかがわしい野郎」「売春宿」の異名を取る頑固なポーランド系、スタンリー・クンツ、アイルランド系のジョニー・パワーズなど、その他油断して隙をみせたならば、押しかけてきて彼を粉々にするような者たちを統率していたのである。ブレナンは、ロジャー・サリバンの後継者として伝統のある組織を掌握してきた。彼は一九二三年にディーヴァーが市長に選出された際、古くからあった反サリバン派とある程度妥協して、中央組織をより強固なものにした。前政権がそうしたように、就職と利権を組織運営のジョーカーとする政策を踏襲した。つまり、右手に切り札としての公益会社を、左手には改革者たちとの友好な関係を保っていた。二つの党派連合が、団結の要と呼べるものかもしれない。ブレナンもかつてロジャー・サリバンが行ったように、無所属のスミス（Smith）、マギル（Magill）と三つ巴で上院議員の椅子を争うという無駄なことをしたのだった。

ブレナンは人の笑いを誘う笑い方と、誰にも隔てのない慈悲心とをもつ個性的な魅力で人気があった。貪欲な人間やもの欲しげな人間に対してこうした態度を取り続けることは難しいが、その人の生来の気質となれば、なおのこと使い勝手がよいものだ。彼はやむを得ず鋭く叱責したりしなければならない場合以外は、誰とでも愛想よく一対一で会話した。反酒場連盟の堅物デイヴィスさえも、しばらくの間、彼の微笑に魅了されてしまったくらいである。さらにインサルも、ジャネットと呼ばれる「シカゴの四〇〇人」（Chicago's 400）の指導者も彼の親友であった。

しかし集団折衝は、デニーンほど得意ではなかった。ブレナンは国際色豊かなシカゴを構成する、あらゆる多種多様な集団に通じていたが、落ち着き払ったいかにも政治家然としたデニーンほどの人をそらさない自信には欠けていた。そこで新聞記者や無所属の人たちへの対応には、人一倍の気苦労を余儀なくされた。反面、異民族や宗教の各集団との関係は、広く深いものであった。

しかし、就職の斡旋を求めてきたり、陳情にやってくる類の人間たちの言葉はうまく使えたのだが、そうでない人間の言葉はうまく操れなかった。女性への対応をどうしたものかはわからなかった。女性は行政における未知数であり、われわれ同様、彼の政治生活にとっても新しい要因であった。彼は女性を恐れていて、理解しなかった。誰か女性に権限を委ねてもよかったのだが、この方法は不調で困難と後に知った。また彼自身、女性を理解もし、理解されもするのだが、どうも不得手であったのである。

ところでブレナン氏（Mr.Brennan）が上院議員候補者になる時に掲げ、根気強く主張してきた公約は禁酒反対であった。ヴォルステッド法〔訳注1〕（Volstead Act）は、民主党と党首であるブレナンには禁句であった。それではなぜ、禁酒法制定に賛成だったディーヴァーと同盟し、どうして後になって禁酒反対派のトンプソンによって政権の座を追われたのだろうか。これこそ最後の啓示の日がやってくるまで、明らかにならないまったくの政治の謎である。それはまた、多くのシカゴ市民に、その「最後の日」に対するどうしようもないほどの関心をもたらすのであった。

地方の利権組織に属する民主党の指導者は、共和党の利権絡みの市長とは、それも略奪タイプを相手には決して心は安まらない。なぜなら敵は民主党の指導者の配下を侵食し、また、権力や組織の基盤を危うくするからである。これが任期中のブレナンを襲った不運であった。トンプソンは一九一五年から一九二三年まで、さらに一九二七年以来市長の座に就いて今日にいたっている。全部で五〇人いる市議会議員のうち三二人が民主党員だったので、ブレナンは主義にこだわらず取引したり、トンプソンとの対立から引き下がるしかなかった。一九一九年までこの状態は変わらなかった。その結果、組織の志気に乱れが生じてきた。政治権力の動揺に無頓着な、あるいはわかっていても気にしない一般市民は、仮想敵に攻撃を繰り返すことの真意に自信をもち続けられなかった。これを見ると地方の指導者の持つ弱点と、国家レベルの政党が地方行政には本質的に馴染まないということが、誰の目にも明らかである。

この好人物で、気くばりのよいアイルランド系の元大学教授は、狡猾無情な性格をユーモアで包み隠していた。ブレナンを知らないで、誰が最近のシカゴの具体的な政治について理解できようか。一九二八年の真夏、ちょうど秋に行われる選挙運動の計画に着手する矢先に彼は突然倒れてしまった。周到な戦略を錬ってきていたので、大勝利が約束されていた戦いであった。誰が遺志を継ぐかということは、彼が率いてきた組織が決定しなければならない問題である。

強力な組織を背後にもつ、いかにも政治家然とした上院議員デニーンと白髪のブレナンと並び立つ政治家としては、六〇歳で現職のトンプソン市長がいる。彼は他の者と比較しても長い経験があるわけではない。市議を二年(一九〇〇—一九〇二)、郡行政委員を同じく二年(一九〇二—一九〇四)経験し、現在はシカゴの市長(一九一五—一九二三、一九二七—?)である。彼は裕福で血筋の良い生まれであったが、小学校以外の教育としては父親の計画で入ったエール大学を中退している。その後西部へ逃がれ、一五年ほど放浪生活をした。この放浪生活を支えたのは、都合よく相続した父の財産である。彼は上院議員ロリマーが率いる派閥と連合し、「ロリマー＝リンカーン同盟再検討委員会」

の候補者になった。また公会堂で開催され有名になった会議を統轄したのである。上院での弁明演説で高い評価をうけたロマリーは、そこで熱狂的な演説者としてイエス・キリストと比較されるほどであった。一九一二年、ロリマーが最後の上院議員選挙に落選すると、彼の組織はトンプソンが引き継ぐことになった。トンプソンは一九一五年に、千票差で共和党推選候補となって市議選挙に出馬した。一方、ハリソン市長は民主党の予備選挙で惨敗し、市政をトンプソンに明け渡さざるを得なかった。選挙の結果、トンプソンは一五万票を獲得し市民大多数の支援が与えられた。彼は一九二三年に一度引退したが、一九二七年に再びディーヴァーと争って八万票の大差で再選されている。

それまでトンプソンは組織の運営に不慣れであったし無関心でもあったので、フレッド・ランディンを起用して運営を任せた。「貧しいスウェーデン人」と自らを呼ぶこのフレッド・ランディンという人物は、かつてロリマーの参謀であった。後にランディンと決裂したトンプソンは、それまで滞在していた南アメリカから戻ってきたロリマー自身と彼の盟友たちに運営を頼んだ。この集団の政治戦略は、おおむねロリマーの用いた伝統的な作戦を踏襲している。長い政治経歴のあるロリマー上院議員によってよく知られるようになった戦略だ。恩恵授与の分配と利権を基礎として、略奪的企業利益によって側面を固める。新聞と無党派には公然と挑む姿勢をとった。「批判者はすべて攻撃し、壊滅せよ！」というのがロリマーの主張であり、トンプソンもこれを真似した。ロリマー派を構成したのは、初期にはいくつかの食肉卸業者達や製材業団体であったので、インサル氏を取り巻く公益事業権益は、後にトンプソン派の勢力が増大する際の大きな支えとなった。

若いころのトンプソンはふとり気味ではあったが、醜男ではなく愛敬のある微笑と華麗な雰囲気を身につけていた。彼は賞賛も嫌悪もすべて一身に集める政治家となっていった。個人的な付き合いがうまく、自分の回りに支持者や崇拝者を引き寄せていった。そうした彼の魅力に、高貴な類の利得も引き寄せられていった。なんともいえない愛敬のある素振りでしばしば反対者を手なづけ、道を再びならしたが、これを助けたのは金になる役得収入であった。

ロリマーが組織人間であったとすれば、トンプソンは派手な素振りのめだつ行動人間といえる。彼はすぐに政治的な演出の価値が分かると、これが気にいった。それまでは演説には無関心であったが、選挙演説の技術を学び聴衆に熱弁をふるう雄弁家になった。聴衆は彼が政敵に乱暴とも思える口調で、攻撃を仕かけるのを聴きに集まるのだった。トンプソンは、最初、ダイナマイト・ジム・プー、フレッド・ランディン、ロバートソン博士といった人々の、入念な指導を受けて長足の進歩を遂げていった。さらに演説の技巧を修得して自分からも工夫するようになった。ついには指導していた先生たちさえ、凌駕するほどとなった。

一九二六年の選挙運動の時にコート劇場の演説会で、二人の脱党者をステージに連れて来た。昔の部下であり、仲間でもある彼らを「ドック」、「フレッド」という名前で聴衆に紹介して見せしめにした。彼は言った。「ドック、お前は一カ月間風呂に入っていないな」「おいフレッド、お前は裏切者だ。顔色が悪いぜ」。

また「アメリカ優先主義のキャンペーン」では、国旗を模したストライプのある制服を着た二人のラッパ吹きに先導させ、愛国歌が合唱されるなか舞台に登場した。そしてこう言った。「国際連盟は、我々に米国歌を歌わせずに強引に英国歌を歌わせようとする陰謀である。とんでもないことだ」。一九二七年の選挙運動ではそれまでの「土建屋ビル」という歌を、地方の愛国心の証拠としてか、「星条旗よ永遠なれ」に代えた。さらに、反対勢力である「トリビューン」紙、「デイリー・ニューズ」紙、地方自治有権者連盟、ディーヴァー、ブレナンたちを非難して詐欺師やシカゴの裏切者呼ばわりし、シカゴをこれらのよこしまな輩の手から救済すべきだと主張した。

私はジョージ王に与する傲慢なやつらをシカゴから締め出してやる。教育長のマクアンドリューを追放してやる。警察には自分たちの持ち場を巡回させ、腰のポケットや冷蔵庫をのぞきまわるような行為を防止する（これこそがキャンペーンの目玉である）。もし私が黒人の赤ん坊にキスをするならば――実際はしなかったのだが――ディーヴァーも枢機卿の指輪にすることになるだろう。彼の豪語はさらに続くのである。

私は、「デイリー・ニューズ」紙のお偉い編集者ヴィクター・ローソンを刑務所に送ってやる。M・V・L（地方自治有権者連盟）を町から追放してやる。ウィスキー大富豪たち（市長として初期のころ）を懲らしめてやる。公共輸送業者たちを打ち負かしてやる。彼は汚職公務員を市庁舎から追放し、犯罪者に手厳しくするぞ。犯罪者を二回にわたって追放してやる。一度は六カ月以内に、次は三〇日以内にという具合に。トンプソンのやることなすこと、躍動的で華麗、大袈裟で、望ましいとしても困難なことばかりである。それでも楽しめるし、長時間を短く感じさせてくれる。和らげる効果もあるだろう。スローガンがばかばかしかったり、意味をなさなくとも、何の変更もなしにいつのまにかもう一つのスローガンへと溶け込み、聴衆の耳を魅了し続けるのだ。彼は政治的能力を身につけるよりも自分を目立たせる方に熱心である。要するに論理よりも投票である。

以上のような話から支持者たちが描いたトンプソン像は、次のようなものである。どこにでもいるような男、金持ちや権力者（インサルは除く）をも弾劾する恐れを知らない闘士、また規制や禁制に反対するリベラル派――これは解釈者が酒呑みか、スリかによってどのようにでも解釈されるのだが――などである。トンプソン市長のすべては、演説会場の舞台の上の世界にある。他のすべてのことがらは支持者が言うように、トンプソンがときに預言者の、ときに暴徒の指導者と時間を飾るものにすぎない。カウボーイ・ハット、ラッパ吹き、サクラの拍手、群衆や喝采が彼の熱くて長い弾劾演説。ここにこそ大きな満足と知名度が生じる。市政は無味乾燥で面白味がないものである。しかしそうした仕事はすすんで助ける人たちに任せればよい。ご主人様はその間開放される。次のショーが始まるまで。――そして次のショーは遠からずやってくるだろう(2)。

そんなトンプソンも多方面の各種団体との交渉は、あまり成功していない。彼に対して実業界は信頼を置かず、労働界も確信を持たず、新聞界は敵愾心を示し、無所属との折合いも悪い。しかしながら実業界のある特定のグループについては、インサル体制の命令のもとで強力な援助を確実にあてにすることができたのである。しかもインサル社の会から差し向けられたえり抜きの法務官付きで。また労働界の一つの派閥が彼を慕っているし、当初は違っていたが、最近ではハーストの新聞が、友情から支持するようになってきている。

彼は、さまざまな民族集団の間では結構人気があった。とくに移民の受け入れが中断され、北部への流出が激増している南部の黒人地帯からの支持が厚い。フレッド・ランディンが、スカンジナビア系の投票を取りまとめていたので、そうした層の支持も多かった。ドイツ系は第一次世界大戦以来、一貫して応援してきているが、さらにアイルランド系にも支援母体が結成された。加えてチェコ系、ポーランド系、それにイタリア系の支持を得ようとする精力的な工作が行われた。その結果チェコ系には多少の浸透をみ、ポーランド系、イタリア系には相当の成果が得られた。

法規制の緩いオープン・タウンを推進しようとする者として、彼は宗教関係諸団体の繋がりに神経を配ってきた。今度は支持を取り付ける手段として「自由の守護者」や「クー・クラックス」〔訳注2〕(Ku-Klux)の偏見を利用し、同時にこれまでやってきたように、日曜日の酒場閉鎖や教育長にカトリック教徒を任命するなどの正攻法もとった。

トンプソンを見ていると、権力への追求が終始一貫している点を別にすれば、政策に一貫したものを見出すことは難しい。第一回目の予備選挙の選挙運動では、反集票組織とオープン・タウンを訴えた。ところが本選挙に突入するやいなや、シュヴァイツァー候補に対抗して反カトリック、反ドイツ人、反ガス会社の立場をとった。選挙後、彼は強力な選挙の組織化を急ぎ、ガス会社の弁護士をシカゴ市の法務官に任命した。禁酒法賛成、反対の双方の誓約書に署名してしまったことをチャーリー・デニーンから告発すると強迫された時も、酒場の表扉は閉めても、裏の扉は開けておけばよい、と言う始末である。彼は二回目の選挙運動では、自分で定めたトンプソン計画という公共輸送の市有化を主張し、五セント均一運賃を公約し路面輸送業の大富豪を相手にくどくどと議論もしてみせたが、しかし陰ではインサルや高架鉄道の支援をこっそりと受けていたのだった。票の割れる分野では接戦であったが辛くも勝利した。(3)選挙中に打ち出した争点——表面上、利を貪る輸送業者や新聞社のトラストにかみついてみせたりしたが——は選挙の終了と同時に霧消してしまった。その間、汚職はかつてないほどに激増し、ついには教育委員会とボスであるフレッド・ランディンをはじめ大勢が起訴されるに至った。トンプソンは自分が無所属で出馬するために、民主党に弱い候補者を指名させるように工作したのだが不成功に終った。そこで彼は現役を去り、地方行政に関する限り、四年足らずの間おとなしく息をひそめていた。

この間に、ディーヴァー市長が思いがけず行った禁酒法の導入は、トンプソンに市政参加の機会を与えることとなった。一九二七年に彼は市政に返り咲き、「大西洋を飲みほすほどに禁酒反対」というスローガンを掲げ、法規制の緩いオープン・タウンを擁護した。これに加えて「アメリカ優先主義」を唱えたが、選挙結果には少しも効果はなかった。

このように、トンプソンはその政策に継続した主義がないことは明らかで、あるのはただ、何が始まり、どう結論づけられるかを、鋭く見抜いて対応するだけの場当たり主義である。またスローガンの使用が恩恵授与や利権を流布させる原因となり、かつその過程や先行で利権の複雑な絡みを増幅させるのである。トンプソンにとってはスローガンは道理にかなっているかもしれないがもっと世知にたけた、目先のきく側近たちには、これらの大袈裟なスローガンに含まれる知性の乏しさを錯覚するようなことはないのである。

シカゴに君臨したハリソン家の影響が、シカゴから消えて一四年が経過した。今日では息子のハリソンは、地方行政でそれほどの活動はしていない。かつてハリソン王国は、父が五期、息子が五期、一〇期にわたってシカゴを支配した。彼らの統治の方法は、長期間にわたって政治的なリーダーシップを保持していく上での典型であり、かつ今後もでてきそうなタイプでもある。ハリソン家は依然としてシカゴの政治生活の一部である。(4) 事実上のというより、むしろ伝統上ではある。

老若二人のハリソンは大学で学び、不動産業とジャーナリズムに身を置く紳士であった。しかも、なんといっても多民族都市コミュニティの荒波を乗りこなし、かつてない成功をおさめた。彼らの性格は似ていなかったが、政策や戦略は酷似していた。父親のハリソンは、よくつば広帽子を被って白い馬に乗り、その姿は人目を引き、誰もが見惚れた。シカゴの名物男だった。ウェスト・サイドの有権者の中には、今もなお選挙になれば「カーター」(父親ハリソンの名前)に投票する者、あるいはできるものならそうしたい者もいるほどである。四五歳までは政治演説を一度もやったことがなかったが、後には熟練した力強い演説家となった。当時、市議会の演壇では、彼と並ぶ者はなかった。息子のハリソンは人を魅了するという程ではなかったが、誰にでも好かれる性格であった。古くからの親友が数多くいたし、ジャーナリズムで鍛えた、いかにも新聞社の当主といったスタイルを身につけていた。また政治戦術、組織連合や組織づくりには卓越した手腕をもっていた。

こうした父親と息子がほぼ同じ地盤に政治権力を構築していったのである。二人とも民族意識を醸成し、自由主義政策を採り入れ、二人とも公益事業に対してあれこれ言う勢力に屈服しなかった。二人とも個人的には正直で、たとえそれが摘発したり懲罰を与えるほどの不正とはいえないような場合ですら、支持者たちの組織ぐるみの不正行為を奨励することなどしなかった。ジョンソンは次のような話を伝えている。父親の方のハリソンが賭博業者から一万五千ドルを受け取り、ハリソンの私的金庫にしまった。しかし選挙運動の最中に親しい友人を部屋に呼び入れてこう言った。「もし投票日前に、私に何か起こったら、この金を業者に戻してくれ。選挙後、返すつもりだ」。「どうしてその時、受け取ったんだ」。「それはね、金を受け取らなければ私を信用しないで、不支持に回ると思ったからだよ」。

二人のハリソンは、シカゴという多民族都市コミュニティに、自由主義の立場から自由主義政策を採用し、公共事業、言論の自由など、民主主義的な自由主義に発展させていったのである。父親のハリソンは、新聞記者や牧師などといった人々との出会いを、積極的に求めた。息子のハリソンは、新聞界から必ずしも心のこもった支持というよりは名目上の支持を受け、清潔な市議会を築き上げるために、地方自治有権者連盟と妥協しもした。また、避けられるようなら各種団体との衝突も避けた。二人とも実業界と国レベルの共和党から相当の支持を得た。ハリソン家に対する移民たちの支持は、幅広く分布していた。特にドイツ系、アイルランド系、ポーランド系、そしてボヘミア系に強かった。彼らは父親のハリソンに票を入れたのである。ユダヤ人は忠実な支持者であり、特にウェスト・サイドでは、親子共に支持を受けた。

二人のハリソンはある程度の役得分配と一部個人的な威信を発揮して、市の政治組織を固めていった。息子のハリソンは最初のうちは、公然と資格任用制を攻撃していたが、後に議会で謝罪し、それ以降この制度を守った。その後シカゴの誇るべき行政サービスの発展は、ハリソンの最後の任期に実現した。

さらにシカゴに特有のそして効果的な行政の技巧がいくつかある。資格任用制に敬意を払いながらも、後援組織を使用し、ジャーナリストの提言に敏感に反応しながらも、隷属することなく、市民の提言に快く耳を傾けながらも、多民族の慣習には寛大に遇する。経済界との接触を持ちながらも、公益事業に関しては独立性を確保する。ハリソンは以上の事を運ぶにしても、あらゆる勢力と取引きしながらもそれらを自分の膝下に管理し、決定権は自分の手に留保する。ハリソンとデニーンは多くの点で共通しているが、ただ一つ、両ハリソンが多民族という複雑な構成に対応する力をもっていた点が異なる。

ハリソン王国は過去のものになってしまったが、なおその伝統は、シカゴの政治の一面に影響を与えている。この一〇期という期間はシカゴの可能性を物語っている。これは決して無視できないし、シカゴの政治における自由主義と民主主義の姿を通して、シカゴの政治生活の慣習を、明確にしてくれる。

これらの職業政治家たちと、実業界出身の二人の指導者、それに二人の蓄財家たちを比較してみよう。彼らは結果的にはそうなったが、そもそも政界を牛耳ろうというような野心を抱いていたわけではない。政治への関心は深いが、そのためにすべての時間とエネルギーを注ぐほどではなかった。しかし彼らの見解と、方法は対極にある。

アブラハム・リンカーン（Abraham Lincoln）と同じ都市で生まれたローゼンヴァルドは、ニューヨークで六年間過ごし、再び西へ移動して一八八五年にシカゴへ戻ってきた。そこで通信販売業を起こし、いったいどのくらいになるのかわからないほどの財を築いた。本来は豪商であるが、彼の次なる興味は実のところ何年もの間慈善事業にあった。政治への関心は彼の人生計画では二次的な位置しか占めなかった。彼はいままでに公職に就いたことも、それを望んだこともなかった。政治的な組織や支持者は持たなかったが、非公式な政府とでも言うべき組織を持っていた。それが政治と行政の双方にわたり、シカゴを動かすほどの力があったので、彼は注目される人物になったのである。

彼は地方の慈善事業や教育に、活発な役割を果たしていた。それ以上に彼自身、行政の目的と密接に関係する市民運動の育成に力を入れていたのである。市のあらゆる事業のリストをみると、間違いなく、ほとんどすべての事業の後援者として彼の名前がでている。ここでそのリストを繰り返すにはあまりに数が多い。現時点で彼が最も直接的な接触をもっている市の事業は、シカゴ公共効率協会の委員長の職である。彼は一九一〇年創立当初から委員長を務めているが、そこで彼は市の財政改革のために、詳細で明確な注文をつけ、終始一貫それを貫いてきた。

しかしそれ以上にローゼンヴァルドは財政的な援助や相談という形をとった、援助と扶助を特定の政治的なキャンペーン、指導者、運動に対して惜しまず与えてきた。「特定の」とは市民の生活水準や、自由主義の保守的な側面の改善が脅かされるような場合をいう。なかでもここ数年内の顕著な例として、選挙運動資金に関連して上院から摘発を受けたフランク・L・スミス（Frank L. Smith）に対抗して、上院議員選挙に無所属から立候補したマギル（Magill）を支援したことであった。とはいえ、これは政治の世界に向かういく筋もの道の一本にすぎない。というのは、ローゼンヴァルドの行動は、シカゴに限定されず、州や国家にまで及んでいたからである。彼の政治に対する献身によって、浄化された例は数えきれない。だが彼の関心の一般的な傾向に比べれば、それさえもたいして重要ではない。彼が公共の仕事に必要な誠実さ、聡明さ、能力を着実に発揮していることも、また不正、汚職、偏見、無知とは全く無縁であることも明らかだからだ。

ローゼンヴァルドの性格は政治指導者らしからず、また用いる手段も政治屋らしくもない。彼は政治家の一タイプである人を魅了する動作や、演説の時の声や文章力をもち合わせていたわけでもなく、もう一つのタイプである組織への興味や陰謀を企む能力もなく、鋭く敏感な直感力もない。彼の直感力や創意は、彼が君臨する実業界のものであって政界には無縁のものである。また彼の組織力は、統治的というよりはむしろ経済的なものである。社会感覚からいえば政治家だが、政治的な意味ではそうではない。その意味でローゼンヴァルドに「政治家」という言葉を使うのはたぶん不適当であろう。しかし彼の政策は、その幅といい奥行といい、州や市政府をも巻き込むものである。

それではシカゴの行政で、ローゼンヴァルドのようなタイプの人間は、どのような役割を果たしているのだろうか。市政府の一員でも政党組織の一員でもないのであれば、いったい市議会でどのような重役を演ずることができるのだろうか。トンプソン勢力と比較してどのような武器を用いて、どのような分野で活躍し、どのような結果をもたらすと判断したのだろうか。大きな資産がもたらす権力と威信は、とくにアメリカの産業界では、それ自身不思議な力を持っている。そして重要な決定がなされる時には、その通りにはならないにしても、産業界の個々の代表者の声が求められる。しかしそれは個人としての声でもあり、実業団体の代表者としての声でもある。実際には公認された代表者ではないかもしれないが、責任ある職業団体の解説者でもある。これに対し派閥、政党、指導者たちは無関心ではいられない。ローゼンヴァルドのスミス攻撃はそれなりの成果をあげたが、続く選挙運動に速効性のある効果は得られなかった。そこでさらに効果のある試みがなされた。ぶ厚い財布や記憶力のよさはどのような政治家にとっても魅力的だが、それらが敵の側にある場合は好まれないものである。

利権、汚職や贈収賄、流言はこのような人間には効を奏さない。簡単な取り締まりで一度は容易に追い落とされても、また新たな資源と揺るがない覚悟で登場してくる。そう散り散りに追い詰められた無党派集団は、力づけられ再び組織される。市の行政の諸分野における研究や教育が強化され、そのゆっくりとした過程をとおして、最終目標を達成しなければならないのだ。これらすべては利己的な目的を追求しない、またはしていないかのように見えることが前提である。さらに富裕で尊敬に価すべき人々が、恐れる避けられない応酬に立ち向うだけの勇気が求められるのだ。

この博愛精神に富む市民、ローゼンヴァルドは、市政への個人的な野心や政治家として認められたという名誉心につながるような、身勝手な期待を市行政に対して持ち合わせていない。コミュニティ以外には、特別の経済利益を図ろうとはしないのである。あるいはコミュニティの利益を、自分の事業の利益に結び付けようとも考えない。

ローゼンヴァルドは、彼を落し入れようとする攻撃にあったことがある。財産税の明細書が不備であったために告発され、不正申告とみなされ加算された額に課税され、黙って指摘どうり修正された金額を払わざるを得なかった。彼の会社も、低賃金と売春を捜査していた州上院不正摘発委員会に、取り調べをうけたことがある。しかし結局のところこの騒動も治まり、残ったのはいやがらせを受けたという記憶だけだった。

具体的に言うと、ローゼンヴァルドが公共事業や準公共事業に携わる才能は、市民生活の発展に関する彼のビジョンを測る際の尺度になる。黒人のための学校や住宅、現在建設中の産業博物館、シカゴ市民慈善事業学校（Chicago School of Civic and Philanthropy）や、その後広範な活動をしたローゼンヴァルド財団の設立などは、廃墟から力強く立ち上がる新しいシカゴの発展に広く影響を及ぼし、コミュニティの福祉に大きく貢献しているのである。

一つの選挙運動では、ローゼンヴァルド派はトンプソン派に匹敵するほどの力はなかったが、一連のキャンペーンの結果はその逆であった。扇動者や利権屋は局地戦では勝つが、全体の戦いでは敗北するものなのである。

ここで、実業界の不動の大立物、サミュエル・インサルという人物を忘れてはならない。彼はシカゴが政治的な決定を下す、偉大な瞬間に影響力を発揮する政治〝経済勢力〟の網の目の中心となる人物である。時にアメリカ人の後援者の特徴とされるイギリス仕込みの発音とマナーのイギリス紳士インサルは、攻撃心と決断力を兼ね備えていた。彼はイギリス流の政治的な判断や、手段は取らなかった。自分自身をアメリカの新しい環境に融合させたのである。今、彼は七〇歳であるがその勢力は産業界においても政治権力においても、最高の頂点にある。彼はロンドンで生まれてトーマス・エジソンの個人秘書になるために、二二歳でアメリカにやってきた。そこから彼の実業人としての華々しい経歴が始まったのである。

彼は一八九二年以来シカゴに住み、シカゴ・エジソン会社とコモンウェルス電気会社の社長であった。一九〇七年にコモンウェルスとエジソンを合併させ、引き続きピープルズ・ガス・電気・石炭会社の経営権を取得し、シカゴ高架鉄道の前進となる契約をまとめていった。インサルは今でも電気業界や研究者たちの間では敬慕されている。また、インサルの財産の預け入れを狙ってあらゆる銀行が奔走した。彼の関係する企業が地方に固まらずに、イリノイ州北部からインディアナ州北部まで、広範囲にまたがっていたからである。合衆国の中西部はもちろん、太平洋岸から大西洋岸にも彼の財産や収入源はある。現在でも電気に関してはあらゆる分野で第一人者であるが、将来には電化社会として発展するに違いないアメリカにとって重要な人物である。

彼は、「財産、準公共財産、公共財産の管理人」と世間で呼ばれているが、これにはいわくつきの話がある。彼の資産は法律用語でいうところの「公共利益に影響される」からである。政府組織が公共料金を設定したり、サービスを規定したりする。競争相手がいる場合には、独占営業権を獲得したり逆に回避しなければならないこともある。株式や証券の発行が、所管する委員会に認可されることもあれば、認可されないこともある。ある状況下では、政府組織によって取り上げられ管理されることもある。このような経験から、インサルは政治家たちとの接触に関心をもつようになり、シカゴの政治支配の中枢部に真正面から向かうようになったのである。インサルは何年間も市議会議員や州議会議員、市長、上院議員、それに大政党のあらゆる精密な政治組織運営の複雑な装置に対し、尋常でない関心を抱いてきたのであった。最初のうち彼の最も親しい同志は、民主党副委員長であったロジャー・サリバンであった。彼は後に、自力でインサル株式会社の大株主になっている。しかしロジャーの死後、ブレナンと接近して、友情を厚くしていった。そうしてひとたび権力を持つと、当時躍進中であったトンプソンを後援した。トンプソンは初出馬の際に、インサル株式会社の株を千株あまり所有していた。インサルは最初の選挙戦で気前よくトンプソンに選挙資金を提供したのである。また、インサルは、目先のきくウエストとの関係を通じて、デニーンとの接触をおろそかにすることもなかった。彼は自分の企業や法人関係を媒体として、産業、労働、新聞記者、市民等の関係者と、実業界の実務家として以上に、広い範囲にわたって接触することができたのだ。

彼はその時々の予備選挙の結果に、持ち前の観察力や気前のよさから政党や派閥にとらわれない、広く片寄りのない関心をいかんなく証明してみせた。インサルは、個人や派閥と特別の盟友関係をもつ一方で、多くの、しかも相争う案件相手にさえもたっぷりと献金をした。政治の支配ということは決して政党の問題ではなく、しばしば政党とはあまり関係のないグループとの連合の問題であり、敵味方を問わずすべての陣営にいる友人が、いつの日にか役に立つかもしれない、という現実的に則ってのことである。彼はこうして公共料金や公共企業のサービスの調整を担当する商業委員会の委員長フランク・L・スミスの選挙運動資金に、一五万ドルを献金したのである。また、それよりは控え目な額ではあるが、ブレナンやデニーンにも気前よく献金している。実際、彼はブレナンを呼び出し資金が必要かどうかを尋ね、手中に金貨を握らせたようなものである。彼は選挙資金の使途については大雑把であったが、一ドルの価値を倹約する感覚は持っていた。それでもほとんど誰彼なく、将来を有望視されている集団もしくは個人が、非常時には援助を求めて、彼の懐を頼ることになるだろう。インサル財団は、政治的な博愛主義者によって設立され、重大な政治的な大義や政治家たちに用立てることのできる、多額の現金を所持していた。そうすることで政治的な恩義を彼らが感じ、資金ほしさに友好な態度を取ることを信じていたのである。インサルのずっしりと金の詰まったカバンは、政治家の期待の的となった。彼の事務所は、市政に大きな影響を及ぼす取り引きや陰謀の練られる中心となり、そこで交わされた会話から生まれた立派な言葉は静かにコミュニティへと浸透していった。彼は友人のブレナン、トンプソン、ウエストに助けを求めることも、またその他の政界の勢力を集めてかけ合うこともできた。ただ、ダンとハリソンに関しては話が違う。彼らはより過激であるか、あるいは少なくとも無所属の集団を代表していた。

インサルは、私的な会合に気を取られながらも、広報の策略を怠っていたわけではなかった。彼の広報事務所は、何も見落とさない目を持った、熟練した新聞記者たちの指導のもと、効果的に組織されていた。率いたのは、マラニー、ウィーラー、カルバーという手ごわい三人組である。インサル自身も、苦心して用意した多くの論説を、巧みに新聞に発表した。彼はその論説の中で、電力という得意分野における根本的な傾向と問題を詳述した。しかし同時に、役人が干渉したり監督したりしすぎるのがどんなに危険であり、どんな公共事業にせよ市が監理することがいかに愚かしいかを指摘することも忘れなかった。彼の話にはまともな英智がふんだんに盛り込まれていたが、電気の利益に傾いたいささか巧妙な宣伝が必ずおりまぜられていた。

彼は高い知能の持ち主であったから、文化の価値や義務についても無頓着ではなかった。また、優れた演劇の才能を持つ魅力ある女性と結婚して、劇場の後援者や、シカゴ市立オペラ座の会長にもなった。同様に数多くの慈善事業や運動の支援者となったり、大学の理事にもなったりした。

しかし政界においては、すべてこのような一般的な関心や慈善事業は、いわば交換条件をとりつけるという見返りがあってこそ行なわれるもので、空証文には終らないのが常である。トンプソンは市長という立場で、インサルの会社法人の顧問弁護士と共同して事務所をもつ弁護士を市の顧問弁護士に選任した。結局のところ彼らのパートナー関係は解消されたのだが、長くつづいてきた利害関係のつながりは完全には断ち切られなかったのだ。トンプソンの玉座近くにあって、政治の利権と権力の中心に位置することで、インサルの顧問弁護士の事務所は一層力を得ていった。

またシカゴの高級官僚である法務長官が、地位の高い者たちやインサルの利害関係を、厳しく追及することもなかった。彼のせいで、インサルの会社の利益が脅かされたなどと、誰にも言わせないためである。州商業委員会委員長であったスミス（Smith）も、インサルのガス事業や電気事業の利害を、多少なりとも配慮した取り扱いを行った。

それでは彼の盟友であるトンプソンの鉄道輸送市営化計画や、ニッケル協定計画はどうなるのか。これは全体像のどこに位置づけられるのだろう。それはあくまでだまされやすい人のためのえせ「計画」だったのである。軽率な人間を落とし入れ、街路輸送会社を脅迫するためにのみその「計画」は利用されてしまったのであって、料金設定は「高架鉄道」に対してではなく、街路輸送会社に対抗して打ち出されたものであった。彼のねらいは合併から建設、操業に至るまでに巨額の利益が見込まれるシカゴの公共輸送を掌握することであった。議会に提出された法案は、インサルの敵を締めつけ、新しい征服者である彼に対して「降参」と叫ばせるような内容であった。中西部の首都、帝都ともいえるシカゴで電気、ガス、公共輸送を手中に収めることは苦労のしがいのある賭けであり、数えきれぬ人々がこの賭けのために戦ったが、未だに誰も賞金を手にしていない。トンプソンはインサルにとって、この目的のためならすぐにでも引き渡す道具であった。しかし悲劇的なほど効果はあがらず、一九二七年の法案制定の議会開会中、まさにその目的が完遂されようとしたときですら、知事、市長、業界の実力者たちの間に理由不明の断絶が生じたため、失敗に終わってしまったのである。

インサルは理知的で、精力的で、現実的な権力でもある。このパワーに満ちた人物は、シカゴのさまざまな政治がうず巻く海峡を股にかけ、そこに集まるあらゆる人々の胸算用と計画の数々に分け入っていくのである。彼は政治家、大衆、改革家、政党や派閥、公約などには冷笑的でありながらも、政党や派閥の境界線を超えて、また彼の本業である電気事業に管理・支配の焦点を合わせながら、政治的な影響力と権力の中心に育っていくのである。管理・支配といってもそれは時に優位に立つためであり、時に危険から免れるためである。あるいは積極的な場合もあれば消極的な場合もある。いずれにせよ管理・支配にはちがいないのである。

もしインサルが、組織力、活力、非凡な宣伝力、政治的な連合への関心などを他のもっと広範な方向へと結集できたならば、シカゴの歴史はどれほど変わっていたであろうか。インサルの社債がもつ信頼と信用と同じくらいの、政治的な信用をシカゴ市にももたらすことができたはずである。

しかし、実際はそうはならなかった。インサルは単なる個人ではなく、シカゴという一状況、さらに広い範囲に及ぶ状況の象徴である。このような状況と意識が、シカゴをはじめとする地域が別の形で発展することを阻止しているのである。腐敗した無能な政府、どちらかというと無関心な大衆が恒常的な状況下でのビジネスとはいかなるものなのだろうか。それも個人的なつながりがものを言い、役人の腐敗、無能、凡庸が産業の発達に介入し、シカゴというコミュニティそのものの前に立ちふさがったとしたら。ある人は現実主義者として、好ましくない状態であれ、ありのまま受け入れ、適当に処理していこうというかもしれない。できる限り自分たちで、自分たち自身を守ろう。必要ならば金で動く政治屋や、いかがわしい労組の連中を買収し、対価を払って自分たちの道を進み続けよう。状況はかくのごときである。そしてわれわれはこれを変えることができないならば状況に応じて行動することになろう。ここでもまた、無意識かもしれないが、ニーチェに属する倫理学が働いているかもしれない。それによると「超人の手に世界は属し、権力の倫理は人類の倫理に属す」のである。そして、もしわれわれの計画や目標が首尾よく実践されたならば、市民一人ひとりはもちろん、ひょっとしたらついにシカゴ全体の暮し向きも良くなるだろう。多少ぎくしゃくしてもコミュニティが取っておきたいものなら、われわれの計画が完遂したあかつきにはおまけを付けて戻してあげようではないか。

つまりインサルは、シカゴという都市の態度の代名詞であるといえよう。おそらく彼一人ではなく、同様の態度をもつ強力な支持者は少なくない。彼らは政治的な貢献を、ビジネスの恩恵の手段とみなし、行政水準を維持するための責任を放棄してしまうこともある。絶え間のない闘いを繰り返すことによってのみ、得られる進歩的な改善がなされていくとみなすのだ。結局のところ、誠実さにしても現実に立脚しなければならないだろう。責任ある態度とか、無責任な態度といっても、それほど差があるわけではない。ジグザク状に入り組んだ道筋、時には見分けがつかないこともある。しかし、最後にはそれが現実的でもあるということだ。そしてこれらの道筋が政治のさまざまな水準や高さや深みへと続くことになる。

シカゴに住んでいないアメリカ人やヨーロッパ人はこうきくかもしれない。いったいジェーン・アダムズ（Jane Addams）やクラレンス・ダロー（Clarence Darrow）は、シカゴの政治過程で、どのような役割を演じているのだろうか。このような興味津々の場面に出番がないのだろうか。それとも彼らは、シカゴ以外の場所で世界を救っているのだろうか。

まずジェーン・アダムズ、つまり「聖人・ジェーン」に触れておこう。彼女は、女性問題の国家的、国際的な代表者であり、解説者でもある。われわれが突入している新世界には、彼女が欠かせないのである。(5) アダムズが創設し、以来三〇年間理事長を務めてきたハル・ハウスは、コミュニティにおける彼女の信用と影響力の象徴である。当初、彼女は市行政と緊密な関係にあり、大通りや裏通りの監視員で、教育委員会の委員でもあった。進歩党の大物であるジョニー・パワーズと国、地方を問わない論争を闘わし、彼が目論む地域支配と戦った。彼女はこれらの市政との関わりに必ずしも満足していなかったし、おそらく彼女の手がけた他の活動ほどうまく行っていたわけではないが、それでも回避はしなかった。

ジェーン・アダムズには、ローゼンヴァルドやインサルのような財産や組織はなかったが、人間への共感的理解力と直観的な知性を備え、人間の状況しかも重要な状況を表現し、また解釈する能力に長けていた。いわば地盤のない政治家、椅子のない大学教師、説教壇のない説教者である。彼女の活動は、政治家としての公務、所属政党、政党組織などに照らせば、本質的に非政治的だが、別の深い意味、つまりコミュニティの諸問題に深い関心を寄せ、それらを改善するための計画を立てる組織を円滑に率いていくという意味においては政治的であった。移民の公益、弱者や保護を必要とする人たちの利益、子供の生活状態、レクリエーション施設の設置、あらゆる形態のシカゴの芸術や美術に対する共鳴、これらすべてが彼女の事業——こう呼んでさしつかえなければ——の一部分にすぎない。しかし、この事業は、政党、派閥の綱領の境界線を超え、いや綱領さえも全くないこともある。要するに、彼女の事業は生きた共感という形をとり続ける、定義や範囲の限定を容易にできない類のものだからである。彼女の著書『ハル・ハウスの二〇年』（*Twenty Years at Hull House*）、『若者と都市文化』（*Spirit of Youth and City Streets*）、『民主主義と社会倫理』（Democracy and Socical Ethics）の中には、多民族都市や、彼女自身の関心や計画を示すものが述べられている。

彼女は、二五年の間、隣保運動のまさに中心であった。多くの意味で目的がはっきりしない捉えどころのない運動ではあったが、シカゴ市民の心と良心に訴える感情と知性を伴う運動を起こす上で効果があった。彼女は、アメリカ的な状況や都市の発達という新奇さのもとで見落とされている、都市の特異な問題に関する多くの啓発的な見方と、市民の労働条件や生活条件に配慮し、労働組合にも共感を示した。世界中からシカゴに集まってきた異民族の文化的な価値に対して広く敬意と興味を持ち、新天地にそれらを定着させる努力を払った。子供に対する配慮、レクリエーション、学校、精神衛生、最低限の生活水準の保持、ともすれば陰鬱な都会生活での芸術と美、これらすべてが、ジェーン・アダムズの事業全体を支える部分であり、彼女がその重役を担った隣保活動集団の精神であった。

こうした活動は政治だろうか。言葉の真正な意味においては、これらなしでは政治は存在しえない。直接的な政治権力にも影響力にも害されていないこれらのグループが行なったことは、名前だけの指導者や責任をもつはずの指導者が欠いていた独創力を提供し、都市の発展において、いまだ実現されていない可能性へと人々の注意を促すことであった。それらの可能性とは、いわゆる「改革」が、資格任用制度、地方行政における構造改革、経済と能率、より公正な選出方法への熱意の陰で見落とされていた類の可能性であった。

ことなかれ主義の政治的平穏に波風を立てた彼女たちに投げつけられた最初の爆弾は、「感情主義」と「急進主義」であった。無政府主義者に対する正当な裁判、ストライキをしている者たちのための公聴会を要求すること、シカゴに吹き荒れた感情的な反共キャンペーンに抗議することは、容易なことではない。さらに困難なことは――ジェーン・アダムズが痛感させられたことだが――戦時における国家主義の感情がその深みに達するまでにかきたてられたときに平和を求めることであった。にわかに建設され、歓迎されない訴えにも支援を与えるという伝統をもたない新興のコミュニティにあって、より広範な許容心が芽ばえるには時間がかかるものである。しかし、ここでしばし隣保運動のリーダーとしてのアダムズが、彼女の最も奇特な役割であったことは明白である。ジョン・デューイ（John Dewey）やトルストイ（Tolstoi）をはじめ、世界中の著名な人物と親交があったアダムズは、産業界、政界の権力の座に就いている人々の醜悪で非情な所業で踏みにじられながらも、幅広い見識と寛容の精神を発散したのである。彼女の行動は、大都市の政治生活にあって、地区の委員や、あるいは全体組織の委員長に勝るとも劣らない重要な政治活動ではないか。この辛い時期に、いつまでも一人で闘ったわけでもなかった。彼女はあらゆる社会階級・職業から、有名な男女の補佐を集め、危機を乗り越えるためだけではなく、異質な要素も包み込む懐の深い都市生活を送るための架け橋を築くためであった。

ジェーン・アダムズは、ローゼンヴァルドやインサルのように強烈な個性の持ち主ではない。彼女は、都市を大都市にまで発展させた人間のみが自覚し、人間や政策がもたらす新しい態度や、解釈が現われくる時代状況の象徴として、評価されねばならない。

彼女は、シカゴの女性の立場を代表して無力な者たちのために語り、弱者にはひなを抱く母のような心配りを示し、限りなく痛みを共有した。また、彼女はシカゴの理想像でもあった。権力でもあるが美でもあり、財政あるいは政治に強さと統率力をもちながらも慈愛に満ちた、そのような理想像であった。彼女自身、母親にはならなかったが、シカゴの母親的精神のシンボルだった。伝統的な政治形態や老かいな権力が仕掛けてくる罠や、地区、シカゴあげての選挙戦にはどこかそぐわず、しかしコミュニティが最も切望している必要への配慮を気品と力強さをもって訴え、市民を満足させる請願を不断に取り上げるのだった。彼女の行動はまさに荒野に立ち、たった一人で訴える預言者の声に等しかった。ところが高潔な女性たちで構成する集団の一員として、シカゴ市民の注意を喚起したり、市議会や執行部を啓蒙することができたのである。

ここでは大集団を率いる個々のシンボルを検討しているのだから、次のような人物に言及すべきであろう。シカゴ・コモンズの創立者、隣保事業や市民活動の第一人者である、グラハム・タイラー。家畜収容所の天使と呼ばれたシカゴ大学隣保館の所長であるメアリ・マクダウエル[6]。女性の組織者であり指導者でもある、マーガレット・ロビンズ（Margaret Robins）。他にも多くの彼らと同じような方法で一緒にシカゴのまちづくりをした人々がいる。

シカゴの政治生活で忘れてはならないもう一人の人物は、クラレンス・ダローである。クラレンスは貫禄のある風采、知的な能力に恵まれ、つとめて人間を理解しようとする性質を持っていた。ダローはオハイオ州出身で、弁護士で幾多の事件を扱っている[7]。時にノース・ウェスタン鉄道やシカゴ市の弁護士を務め、時にデブスやロス・アンゼルス市のマクナマラ家、コロラド州のビル・ヘイウッド、レオポルドやローブの法律顧問となり、デイトンのスコープス事件〔訳注3〕の弁護士を務めた。ダローは哲学者でもあり、物憂げな知識階級の一人とパートナーを組んでいた。彼の著作『邪悪に抵抗するなかれ』（*Resist not Evil*）に見られるように、哲学のうえでは無政府主義者であったが、自分の哲学を確立するという手段として、爆弾を投げるわけでもなく、無抵抗主義や世界との没交渉に傾くわけでもなかった。むしろ、彼は現実世界の現実主義者である。

第一次世界大戦中のことであるが、私は、国家防衛のために組織された委員会の会合に出たことがある。たまたま私の隣りにダローが座った。そこで私は言った。「ここは無政府主義者でも出席する場所なんですか」。彼は答えた。「ええ、私は無政府主義者です。しかし私の主義が有効と思われる適当な時期が来るまで、私はあるがままの事態に関与するつもりです」。

その時、私は猛烈な戦争推進者であり、イタリア議会の急進的なメンバーである、デ・アンブリス（De Ambris）の同様のコメントを思い出していた。彼は、ドイツ人が世界をここまで戦争に巻き込もうとしているのなら、われわれの原理を実践する機会はないだろうと語った。そこであらゆる革命運動が不可能になるような、完全に封印された世界をもたらさないために連合国側に味方したのだった。

ダローが政界に進出する機会が、巡ってきた時もあった。それは、一九〇二年の州議会選挙であったが、もしその時選出されていれば、州議会議員を続けていたかもしれない。一九〇六年には、ダンが行っていた鉄道輸送市営化計画への選挙運動を応援し、当選後、ダン市長の法律顧問として活躍した。しかし過去二〇年間というもの、政治キャンペーンにはあまり関わっていなかった。彼の行なった最後の素晴らしい演説は、一九一一年の市長選の選挙活動の中で、私のためにされたものである、と私は信じている。その時の彼は比類のない雄弁家で、私はほとんど勝利を確信したほどだった。もし彼が選挙中にカリフォルニアに呼び返されていなかったならば、選挙情勢はどうなっていただろうか。晩年の彼は「自由の騎士」であった。ほとんどの時間を仕事に費やすようになっていたが、ときどき、気分によっては議論で火花を散らすこともあった。だが彼の仕事は忙しく、仕事のための専門的な能力以外で行動することは困難であった。彼はブッセ市長時代の泥板岩事件の被告やトンプソン市政の下でのランディンと教育委員会事件の被告、また、犯罪の嫌疑をかけられた大勢の人々の弁護人をつとめた。その体験を通して彼が学んだことはこれらの行政当局を司法の枠組で論じることが、極めて困難であるということではなかろうか。それとも論じない方が賢明だということだろうか。

ダローがシカゴに対し果たした貢献は、彼の哲学全般の屋台骨であった。その驚くべき要素は一貫性の欠如や刑法体系に潜む偏見に対する猛烈な攻撃と、禁酒法反対運動の擁護に発揮された。またシカゴ政界は、彼が機械論的宇宙観の信奉者であることは知らなかったが、被告人を弁護すること、彼の哲学が刑務所を病院に、懲罰を治療へと変えることは知っている。彼がごまかしやまやかしを忌み嫌っていることを知っている。彼がそうした欺瞞をまったく受けつけないということこそ、彼にとっては死刑に値する懲罰方法なのである。彼らは自由主義の大義が彼に力強い擁護者を見出すことを知っている。彼はやわではなく、タフな精神の持ち主で、荒々しい力と無類の精巧な理論を備えもっていることも知っている。公職に就くことにも、政党組織にも、無所属の人々の手法としての「改革」にも関心がないダローは、孤高の人で、時として思い出したように雄叫びを上げて、闘争の場に突進するのである。

組織政治の先端を行く、これらの人物像にはさまざまなパターンが見られる。たとえばローゼンヴァルドとダローは、大方の点で意見の一致をみるが、労働者や過激論者に対する態度では一致をみない。ジェーン・アダムズとクラレンス・ダローは、広い意味の人道主義の問題では一致するが、禁酒問題や犯罪と賭博の取り締まりでは一致をみることはない。ローゼンヴァルドとジェーン・アダムズでは多くの点で同調するが、労働問題と軍国主義では一致しない。自由主義者は三つの型に分けられるが、それは自由主義的あるいは進歩的な運動をどう解釈するかで違いがある。ローゼンヴァルドは、タフト大統領を進歩主義者だと考えたが、ジェーン・アダムズは、ローズヴェルト大統領にそのレッテルを貼った。ダローは、ウィルソン大統領をタフトの後継者と見なしていた。ローゼンヴァルドは、政府の行政管理上の能率や効率には細かい注文をつけるが、ダローやジェーン・アダムズは税金の浪費にはあまり心を動かさなかった。またダローは責任者の追究には関心がなく、むしろ遠くから状況を規定するようなより大きい環境に目を向け、悪人であれ、功労者であれ、個人の役割に大きな意味を与えなかった。多分この点ではインサルと同じ考えであろうが、ローゼンヴァルドは交通運輸の市営化については疑問を抱いていた。ダローとジェーン・アダムズも市営化が万能薬だとみなさないだろうが、かといってその緊迫性に警戒心を抱くほどでもなかった。

シカゴの権力者で個性に富む人物が、レイモンド・ロビンズである。彼は二五年の間、ちょうどシカゴが最も激動した時期に騒動の渦中にいた。ケンタッキーの炭坑夫をやり、クロンダイクの純金発見者でもあった彼は、職業としては法律家と大臣の両方をこなし、隣保事業の活動家でもあった。彼は女性たちを率る思慮深く力強い指導者、ブルックリンのドライアー家のマーガレット・ドライアーと結婚した。だが何より驚嘆に価する熱烈な雄弁家であり、また、ユーモア、風刺、慈愛心、豊かな感情表現で鳴らした彼は、シカゴの数多くの戦いで、さながら燃える剣であった。彼は広範囲な民主主義への共鳴者に包まれ、汚れなき誠実さと不屈の勇気に満ち満ちていた。彼の剣は火輪となり、その一声は度重なる闘争の召集ラッパの音であった。

彼は労働者階級の擁護者であったが、かつてはその労働者階級の計略によって、完膚なきまでに打ちのめされたことがあった。新聞記者たちからは、「ピーピーさえずるうるさいロビンズ〔コマドリの意〕」と罵倒されたこともあったが、敢然と立ち向かい、彼らの賞賛を得た。鉄道運輸市営化論者であったロビンズは、この重要な業界で影響力を持つ勢力と衝突し、民主主義の擁護者として学校の頑迷な勢力と戦いもしたが、常に民主主義と公正の擁護者、それも卓越した強力な擁護者であった。いかなる論争においても、決して思慮分別のある相手に見下されることはなかった。

ロビンズは公職に就こうとは思っていなかったので、かつて教育委員をつとめたことがあったが、一九一四年にサリバンとシャーマンの対立候補として、本人は気乗りのしないままに進歩党公認の上院議員候補者になった。しかし公においては、自らの意思と外部状況の両方からして、責任ある公職者というよりは、むしろ自分で納得しなければ、断固として闘う闘士というふうであった。このドラマチックな人物は生来まれにみる説得力や才覚を持ち合わせ、人を魅き込む才能を持った雄弁家であったので、地方の公職の枠に収まりきれるはずもなく、もっと広い土俵に活動の場を移した方がよいのである。

近年、ロビンズは友人のレヴィンソンと一緒になって、全国的に戦争の非合法化を訴えたり、アメリカ憲法修正第一八条の強化を推進したり、少し前には「人間と宗教の前進」(Men and Religion Forward) 運動を興したり、弁舌が存分に発揮できる全国レベルの政治キャンペーンに参加したりするようになった。彼が大規模で全国的な運動に没頭するあまりに、ローカルな規模の活動が制約される結果となってしまった。さらには酒類の自由化を支持する人々と意見が分裂したことも、ある程度の影響を与えた。

それでも彼がいったん剣を抜いて戦い始めたら、精力的かつ有能なだけに、政界では輝かしい存在であり続けている。彼が行なったダン市長の擁立、進歩主義の支持、ローズヴェルトに捧げた弔詞、一九二三年の宗教、信仰の自由のための請願、一九二七年のトンプソン非難、ディーヴァーとトンプソンの出生から生活に至るみごとな好対照、二つの法案、これらはコミュニティの伝統の一部とさえなっている。(8)

ロビンズは政治改革の運動家でもあり、政治改革の必要性を説く福音伝道者でもあり、広く民主党の共感を得た政治家でもありシカゴの個性的人物だった。もし彼が存在しなかったならば、シカゴは更に活力のない、ひどい状態に陥ったであろう。彼は厳しい都市生活の中に潜む政治的理想の情熱に火をつけ、奮い立たせてきたのである。

さて、地方行政の分野における信念の人は、ビクター・オーランダーである。かつては船員であったが、現在は州労働総同盟の書記である。政治家らしい容貌、声、態度の持ち主であるオーランダーは上院議員、弁護士、重要な職務をこなす重役として通ったかもしれない。実際のところ人脈、組織の両面で、また運動を推進するうえで、最高の能力を発揮する労働者の側に立つ政治家である。数カ月に渡って視力を失ったときも、重要な議論や決定を下す場面には、その哀れを誘う巨体を現わしたものである。

彼は、シカゴで生まれで幼くして孤児となり、一四年間船員をしていた。教育はもっぱら経験という学校で受け、その稀有な才能は、船員組合や労働運動の中で早くから認められた。

オーランダーは、組合傘下の恵まれない労働者たちのための施策を実現するために熱心で、とくに連邦議会議事堂の立法院で活躍した。同時に、彼は労働者間の腐敗や裏切にも厳しかった。広い視野の持ち主であった彼は、コミュニティを形成する責任ある統治集団のひとつとして、労働組合の重要性を考えていた。また市民の要求や、相談と協力が重要な都市的状況には、責任ある態度で応えることを当然のこととした。オーランダーはよく「座り込み」をやった。シカゴの政策が決定される場所では、彼の声が聞かれたものである。もちろん、いつも彼の主張通りに事が運ぶわけではないが、市民会議でも権力と策略に長けた人間でないと重んじられない、嵐のようにすさまじい労働界の会議でも、彼の声は敬意をもって傾聴された。労働者の集団であれ、他のどのような集団の中であれ、彼は扇動家やペテン師に騙されることもなく、また富や社会的地位の特権にとらわれることもない。極めて難しい環境下にあっても自分自身の道を穏やかに進むオーランダーは、闘う社会諸集団の世界にあって、真の外交官なのである。彼は、労働争議における命令行使の制限や、女性の労働時間の制限などの労働者の策定した施策を固守する立場から一歩も退くことなく、しかも課税、教育、組織構築、公職選挙などの幅広い層の共通判断を必要とする市民政策を練りあげる際には、喜んで他の市民グループとも合流した。

それというのも、彼は労働者の利益は、共同行為に対する共同責任を引き受けることによって、最もよく得られると信じていたからである。排他や無責任や無関心は、労働者に利益をもたらさない。頑強な体格と鋭敏さを兼ね備えたこの半ば盲目の船員が、もし法律とか経営者の道を選んでいたならば経済的にも、また社会的にも今よりはるかに成功していたであろう。だがもしそうなっていたとすれば、これほど困難なところでしかるべき評価も受けることもなく、これほどの成果をあげつつ、コミュニティに奉仕できなかったであろう。労働者のなかにはオーランダーを恐れたり、敵にまわるものもいる。彼らは労働力を安売りしたりいたずらに分配したりして、個人的利益拡大を図ろうとする。それをオーランダーは許さないからである。労働者を喰い物にしている実業人にも、労働者のなかにも、彼が立ち上がるのを恐れる人々がいる。というのは彼らがオーランダーの中に政界、産業界を問わずにその実力を認められ、台頭する権力の象徴を、はっきりと見てとったからである。

現在のところオーランダーは、行政における経済や能率、禁酒法とそれにかかわる現実的な闘争などには、それほど関心がないし、このような特種な運動に関与してもいない。しかし行政府における広範な民主主義の問題や、民主主義の性格や政策には徹底した意欲を示している。人間の労働や生活環境に対する彼の思いは非常に深い。さらに彼が人間生活の最高の目標の一つとみなす社会正義の根底には、何よりも深い彼の希望が横たわっているのである。

この半ば盲目の船員は大空で孤独に瞬く星ではなく、星座の中の一つの星である。ジョン・フィッツパトリックは、かつて鍛冶屋であり、シカゴ労働総同盟の正直で勇敢な委員長であった。気取らないエド・ノッケルズは、言動ともに本当に率直であった。温好なアグネス・ネスターは、労働界、市民、いずれにおいても精力的な活動家であった。彼らも、それぞれ人間の独自の型にすぎない。

当時、シカゴの政治闘争で目立った人物は、グレーの髪をした七六歳のロッシュである。彼は、シカゴ行政にはびこっている犯罪組織に挑戦する闘士的指導者であった。相手の地位が高かろうが低かろうが、また官職にあろうがなかろうが攻撃を加えるのである。バッファロー出身でシカゴ法律学校を卒業し、五〇年以上にわたり弁護士を開業していた。そのうち四〇年以上、ペンシルヴェニア鉄道の顧問弁護士を務めた。さらにシカゴ歴史学会の理事、文学クラブの会員であったロッシュは、ただ静かに法律家としての務めを執行する、平和を愛する市民であった。その彼が、自分が年功を積んだ古老であるという特権を主張してもよい時期に、また血生臭い埃りまみれの政界という闘技場の真ん中にまぎれ込むには、どのような姿で出現するのだろうか。

たぶん、彼の中には隠れた政治的な関心が、眠り続けていたのであろう。三〇年前、彼は教育委員会の委員であり、二〇年前は選挙違反を告発する州検察官でもあった。彼がそのシカゴの代表者を務めている大鉄道システムに関係していたことは明らかに彼が地方行政と、政治的な経歴に関心をもち続ける上で障害となった。ロッシュは常に政治面には積極的ではあるが、静かな興味を抱き続け、また応分の責務を果していたが、ここ一番というとき、また重要な案件については必ず呼び出された。

彼は人を引き込むわけでも、各種団体とまんべんなく交渉するわけでも、あるいは政治勢力を組織化するわけでもなかったが、高い知性、勇気、聴衆の前でのさりげない演劇性などの特質を備えていた。彼の勇気と行動には素朴さと素直さがあった。誰が見ても明らかな状況に対する、一般人の態度と同じものであった。一般大衆がざっくばらんに詐欺師や泥棒のことを話すように、彼も話す。大衆が頼りない検察当局や、決断力に欠ける裁判官に対して自分たちの意見をもっているように、彼もまたもっている。すなわち、ロッシュの声は一般大衆の声、大衆が何年間も待っていた、大衆の代弁者なのである。その声の主は立派な弁護士でなければならず、またふさわしい時機をもたなければならないし、彼の動機や個人的な野心に疑問をはさむ余地があってはならないのである。これがロッシュの踏み込んだ世界である。彼を待ち受けるものが悪意に満ちた攻撃であれ喝采であれ、知る由もなかっただろうけれども。

ロッシュは創設した当時の人々の意志を継承できずに、不思議な理由から休眠状態にあった犯罪対策委員会の委員長となってそれまで名前だけの威厳をとりつくろう役職であった犯罪対策委員会を、組織犯罪や政治に対抗する意欲的な勢力へと転換させていったのである。州検察官を相手取った予備選挙を指揮し、その二、三週間前まではまったく見込みのないと思われた戦いで、二五万票差で相手を大敗北させた。さらに刑事事件の取り扱いに怠慢であった、巡回裁判所の三人の裁判官を告発し、裁判官たちと同僚の面前の特別委員会で歯に衣着せずその悪状況について語ったのだ。彼はまた、選挙違反を起訴する州司法長官特別補佐への任命を引き受けた。さらに刑事裁判所のある裁判官に対する起訴状を手に入れ、街頭に出て政治と犯罪の実態について、誰にでもわかる平易な話し方で市民に語りかけたのである。新しい州司法長官が勝利すると、そのスタッフの責任者となった。

ロッシュは国を救うため鋤を棄て戦い、わずかな日数で勝利をおさめ、また自分の畑に戻っていったという、古代ローマの伝説的政治家キンキンナトゥスのようなタイプであった。このタイプはあらゆるコミュニティで見られるのであるが、シカゴという環境が産出するともいえる。この種の人たちは視界のきかない遠景のなかで、敵はいないと信じ、前進して敵の縦射に遭い壊滅するような、政治家たちの思い上がりを罰する復讐の女神ネメシスのような存在である。

「彼が落ちる前に止めろ」は現代の状況にもあてはまる。まさに専制政治のトップに立つ者はその権力が最高潮に達する時こそ、最も外敵にさらされ脆弱になる。まさに状況という暴君がその貪欲さ、冷酷さ、あざけりが避けようのない対立を生み、権力の座に立ち向かうリーダーを必然的に生み出すからである。ロッシュは抑圧を打ち砕くために立ち上り、復讐をする彼らの一人である。

政治家の肖像画を描く画家は、市議会に権力と影響力をもつ、数多くの実業家たちの似顔絵を描くことに楽しみを感じることであろう。チャーリー将軍の兄弟、外交官のドーズ、サイラス・マコーミックとマコーミック・グループのリグリー、ホィーラー、それにスウィフトらである。

労働界にはフィッツパトリックとノッケルズ、合弁企業のレヴァイン、アグネス・ネスター、その他多数がいる。こうした常連の中で、八年間トンプソンの上司であったフレッド・ランディン、無比の名医と呼ばれているロバートソン、黒人地帯のボスであるジョージ・ハーディング、かつて州顧問弁護士であったロバート・クロウ、デニーン上院議員の分身ロイ・O・ウエスト、司法長官でスモールのライバルであるブランデージ、民主党の党内で、もの静かだが存在感のあるティム・クローのような抜け目のない、巧妙な組織人を描くことは必要であろう。実力派のジャーナリストも無視できない。たとえば、ひときわ名高い故ローソン、その後継者ストロング、攻撃的な「トリビューン」紙のマコーミック家、「イブニング・ポスト」紙のシェイファー、国中にその名を鳴らすシカゴの代表的人物ハーストなどが肖像画の一部を飾るだろう。さらに絵を拡張すると、大勢の外国紙の編集者も入るであろう。

また、最近イリノイ州の顧問弁護士に選ばれたジョン・スワンソン判事、シカゴの選挙管理委員長であるジャレック判事、禁酒法反対派のチェコ系指導者であり郡議会の議長でもあるアントニー・カーマク、市裁判所の設置者で裁判長でもあるハリー・オルソンを除外することはできない。

絵にならない人物に、シカゴでは「J・ハム」として知られるルイス（Lewis）上院議員がいる。彼は都会風で貴公子然としたプレイボーイで、夜会服を着て上流社会の御婦人を誘惑しては難なくやりおうしていたが、ある時、州南部出身のウェートレスに「以前、玄人にだまされた」と暴露され破滅した。その他にはルース・マコーミック下院議員と地方自治有権者連盟とコミュニティ・センターの設立者であるケニー州議会議員、賢明な政治手腕で知られるかつての市長たち、ダンとディーヴァーもいる。

さらに多種多様な職業人が控えている。中でも著名なのは次の人物たちである。「マギー」という愛称で多くの人々に親しまれている、教職員組合のマーガレット・ハーレーは巧みな組織力と卓越した政治戦略の持ち主、死も恐れぬ歩兵隊の勇敢かつ現実的な指揮官であり、その旗はあちこちの血生ぐさい戦場ではためいている。敵にしてみれば、実に嫌な存在である。ハリー・E・ケリーは、シカゴ法曹協会の闘争的なメンバーである。サイラス・ストローンは知が勝り迫力に欠けるが、議会開会中はおそらく出席しているであろう。

無党派の人々も多彩である。ハロルド・アイケスは、経験が豊富で行動力のある組織人、統括者であり、勇敢な民主主義の指導者でもある。グラハム・タイラーは、改革派の長老であり年齢相応の深い英知がある。アレン・ポンドは元来は弁護士向きであったが、建築家になった人物で政治構造の建築家でもある。誰よりも狡智にたけ、かつ禁欲的なのはフィッシャーと彼の息子である。

ジョージ・フーカーは、創意と情熱の人だが、シカゴではまだ認められていない。つい先日亡くなったジョージ・サイクスは警告を発して多くの襲撃をかわし、その建設的な影響は広く遠くに及んだ。輝くばかりの楽天主義者、チャンドラーは、あらゆる大義の味方であった。デイヴィス将軍と下院議員ハルは地味であった。ワトキンスは、M・V・L（地方自治有権者連盟）の大立物である。シングルトン、サザーランド、キーラーは有力な市民団体の幹部である。「オールド・キング・コール」は、市議会議員の育ての親で、現在は苦労の末勝ちえた栄誉に鎮座している。ブランカーは、最近変革された市民委員会の情熱的な指導者である。ルイース・ダ・コーヴァン・ボーウェンは、すぐれた組織力をもつ女性のリーダーである。ジャネット・フェアバンクスは、社会と政治の指導者であり、自身立派な作家でもある。そして前述の人々の他に、たゆまぬ報いられない努力をする人々がいなければ、現在のシカゴは存在しなかったであろう。

群像の中に改革者を含めることも、重要である。例えば、禁酒法推進派の擁護者で忠実なデイヴィスや、彼の無二の同志であるヤローがいる。他に彼らの主義に等しく同調する多くの人々がいる。次のような有能な女性たちも挙げられる。青少年保護連盟のジェシー・ビンフォード、それにキリスト教市民会議のマセス夫人である。

また市政を取り巻く観客の中には、M・V・L（地方自治有権者連盟）が「灰色の狼たち」と耳に快い響きの名を付けた何人かの優秀な市議会議員がいる。もっとも後にはイタチと呼ばれた人々もいるが。ずんぐりした「売春宿のジョン」とその小柄な相棒、口数は少ないが第一区を縄張りとして大活躍のヒンキー・ディンク。ハル・ハウス地域に長く君臨したが、今では多少力が衰えてきているジョニー・パワーズ。また血生ぐさい二〇番街のユダヤ人街で生活するモリー・エラーや、二六番街のクンツ下院議員もいる。酒の密造密売者の世界に登場する人物は絶えず入れ替るので、葬儀屋は不断に振り回される。しかし、アル・カポネの存在は興味深い。このいかがわしくはあるが明らかに役立つギャングのメンバーたちは、それなりの役どころがあるものである。政治の実用マニュアルには、いやおうなしに多くの人名が記されることになるだろう。

さて、これまで概観してきたことは、政治的特色を根本的に研究しようとして構想されたというより、シカゴの政治生活をざっと描いたにすぎない。多くの人物像は混じり合って似かよっているが、その合成写真がシカゴである。シカゴにはいくらかのトンプソン的要素がある。演技を好み、責任をもつべき権力に不信を持ち、利権や収賄に対して食旨が動き、扇動的な宣伝に無定見にも影響されやすい、常に考慮に入れるべき危険な雰囲気を、個人であれ団体であれ皆もっている。ほんの些細な誘惑が、大書されてみるとわれわれに危険を知らせる、シカゴはそんな都市である。ちょっとしたばか騒ぎには一言いうべきこともあろうが、それが何度も繰り返され狂乱状態に陥ると、もう何も言えない。そして神経がわなわなとふるえ出すのだ。

シカゴにはデニーン的要素もある。あちこちに田園的環境は残っているが、イリノイ州にはとくに牧歌的なところが多く残っている。すなわち、清教徒的価値観である正直さ、節約や進歩の尊重である。ところが自己利益がかかわると、その招来する帰結にためらいを感ずる者は少ない。新しくやってきた移民たちにはあまり目もくれず、古い伝統のある州のために新たな都市開発を犠牲にするというアメリカ的な傾向がある。シカゴにはこのような体質が、全体としてみるならば、シカゴの生活の中に存在しているのである。

しかし、ハリソン的要素はさらに大きい。彼は個々の文化的背景を尊重し、多民族コミュニティが必要とする方向に、積極的に都市行政を合わせていこうとした。それも、政界における公平さや民主主義の水準を犠牲にすることなく。

シカゴにはインサル的要素もある。すなわち、実業界を牛じる実力をもち、産業を発展させるためには政府の利益を多少犠牲にすることもいとわない。とくに政府が監視、抑制したいと思っている大企業に対してはそのような措置を取り、伝統的な統制の仕方には我慢ができず、それらをふり払ってもっと簡潔で直接的な行動に出るに性急な側面、こうした異なる手法が交差するところがシカゴなのである。このことは、実業界だけではなく、労働現場にも見られる。そこでは、従順に法を遵守するあまり、肝心な目的を達成できないという、よくある現象が起こる。腐敗と暴力は、同一の動機に駆られた双子の手法である。このうち、トンプソン派や、「灰色の狼たち」や暗黒街は、歓迎されこそしないが欠くことのできない道具であり、状況を鎮め行動を抑えるという側面もある。

同様にシカゴには、ローゼンヴァルド的要素もある。産業界の責任ある態度、政治に対する消極的な信頼、根気づよく耕し、水をやり、草を取るように教育、住宅、研究などの間接的な方法をとおして、政治成果を確実にすることへの信頼などがそれである。この種の態度は持てる者、すなわち富裕層の責任あるものではあるが、コミュニティの改善のために心から助力し、その方向へとプロジェクトを奨励しそれらはもちろん、保守的な政治・経済秩序の現状維持を前提とするものである。

また、シカゴは、ジェーン・アダムズが紹介した社会理想主義の影響を受けている。都市の産業文明とでもいうべきものが必要であるという認識への共鳴、それも鮮やかな美観と豊かな生活の渇望への共鳴である。それは素晴らしい時代と新しい生活秩序の到来を待ち望み、現状に満足しない都市のプラグマティズムと自由主義でもある。ある意味でこれはかなり地位の高い保守的な資産家の見解でさえあるが、別の意味では、いかなる伝統的な秩序やシンボルにも無関心な、まさに革命的態度でもある。古代ローマ帝国の権力や秩序におけるガリラヤ人、イエス・キリストの倫理と同じように革命的である。シカゴ、あるいはその中のいくつかの集団では、あるいはときどきの気分によっては、これを察知して恐れるものもあれば、逆に歓迎するものもあった。アダムスの姿勢は、大富豪や権威主義者のそれではなく、形式主義者や法律万能主義者のそれでもなく、構造改革論者や財政改革論者のそれでもない。かといって偏狭な道徳論者のそれでもない。ある面では現実主義でもあり、別の面では理想主義である。ただものごとをあるがままに見、本当に重要な生活課題に目を向け、それらをありうべき姿にするために問題に取り組むのである。

ロッシュの戦闘的で物おじしない姿勢にも、シカゴの特徴が見出せる。彼は、それまでの七六年を歯牙にもかけず権力の座に巣くった組織犯罪にたち向かう、野蛮な戦いの最前線に猛然と突き進んだのである。彼は法や秩序に対しても挑戦的だった。たとえていえば、キリストの墓を奪還せんと出征し、異教徒の手におちた十字軍の戦士にも似た精神である。あるいは無法者が傍若無人にふるまい、権力を振り回していることに怒り、絶望した西部の自警団員のような精神であろうか。それは悪魔の黒ミサによって汚された、正義の祭壇を再建しようと決死の覚悟で、生命と財産の安全までも投げ打つ精神でもある。

この精神には急進主義もなければ、建設的な社会理想主義もない。あるのはただ正義を愚弄するやからを追い払おうという怒りに駆られた決意であり、秩序による支配を無視と無法にとって代えようとする決意である。これは「オールド・キング・コール」の時代を思い出させるシカゴの一つの態度である。市民は反撃に立ち上がって、シカゴの街路を見捨て、退散しようとしていた市議会議員の頭ごしに、議場の傍聴席からロープをぶら下げたことがあった。後になって、イリノイ州議会のシカゴ選出議員たちが、やっかい者の議長を議長席から追い出し、議場の処罰を要求し、議長をして悔悛者、減刑を願う嘆願者にしてしまったことがある。もし、シカゴの特質に、今なら爆弾だろうが、その昔カウ・ボーイが市中を発砲して暴れ回った、フロンティア時代のなごりが残っているとするならば、無秩序という我慢ならない秩序に直面し、闘い打ちのめす方法を熟知している自警団員が、再び編成されてもおかしくないだろう。いわば、ロッシュはいったん刺激されると、力に訴える手段や当時の雰囲気の象徴であるともいえる。このような精神がひとたび目を覚ますと、対抗して市長や知事、州検察官、保安官、警察、それに裁判官さえも加わって一丸となってかかろうと、恩恵授与、利権、裏金が無制限に加わり、しかもすべてが時代遅れの法律とシステムを巧みに使いこなすことによって強化されたとしても、打ち負かすことはできない。彼らはあたかもカードで組み立てられた家のように崩れ、しおらしく自分たちのもといた場所に縮こまって戻るのである。これもまた、シカゴの雰囲気なのである。ロッシュはしばらくの間それを体現し、人間の姿にして示したにすぎない。

これは建設的な精神とはいえない。しかし、ものごとを手早く進めるには、義憤が役立つときも往々にしてある。少し無分別と思えるような怒りが、テーブルの上のものを全部ひっくり返すこともあるかもしれない。ばかばかしいといえばいえるが、こうして合理的な秩序基準という目的に向かっているのである。

シカゴには、別の雰囲気や状況もある。すべてがここに述べてきた、少数の指導者たちに象徴されているわけではない。大都市には人間と同様、幾多の雰囲気があるからである。しかし、これらの人物が市民生活の種々の側面を、垣間見せてくれる。シカゴの都市政治にもっと親しみをもたせてくれるという意味で、多少役立つことであろう。

（1）指導性の分析や指導者たちの評価については、拙著、*Four American Party Leaders*, に詳しい。
（2）W. A. White　は *Colliers*, 一九二七年六月一八日でトンプソンを活写している。
（3）Thompson 二五万九、八二八票、Hoyne（無）一一万八五一票、Collins（社）二万四、〇七九票、Sweitzer 二三万八、二〇六票、Fitzpatrick（労）五万五九〇〇票。
（4）C. O. Johnson, *Carter H. Harrison, Sr., as a political Leader* は地方自治の社会的、経済的背景のもとで Harrison 一世の政治的軌跡と戦術を興味深く分析している。
（5）Jane Addams　の政治指導者としての研究は Marion W. Lewisが行っている。また *Twenty Years at Hull House* はアダムズ女史がシカゴで最高に活躍した時代の模様を書いてある。当時から彼女は地方の活動よりも国家的な幅広い活動に力を入れるようになっていた。
（6）Howard E. Wilson, Mary McDowell を参照。

（7）彼の著書、*Farmington,* を参照。

（8）〝シカゴ市庁舎に Ku Klux Klan の爪跡を残してはならない〟ということは熱狂的な運動となっていた。

訳註

〔1〕ヴォルステッド法（Volstead Act）。憲法修正第十八条をうけて、細かな施行規則が定められた。その起草者の名前をとって命名された法律である。ヴォルステッド議員は、ミネソタ州の出身であった。修正十八条とヴォルステッド法が揃って、いわゆる禁酒法となるのである。一九二〇年一月一七日から禁酒法は効力を発揮しはじめた。いわゆるこのヴォルステッド法はザル法といわれ、実質的には酒類販売を黙認したり、脱法できるような法文であった。

具体的にその条項を見る。

1項、飲料アルコールの定義、すべての種類の酒類――ウィスキー、ブランデー、ビール、ラム、ジン、ワインを含む。ただしアルコール含有率は〇・五％以上であること。

6項、いかなるアルコールも製造、販売、購買、輸送、処分にあたっては、許可を必要とする。しかし医師の処方による治療の目的で買った場合には必要としない。

1項については飲料アルコールといっても、工業用アルコールは除外されるので、工場から入手した工業用アルコールは罰せられないことになる。6項についていえば、知り合いの医師の処方箋が出ていれば、医療用アルコールが入手できる。またビールは、正規のもの（アルコール度〇・五％以下）を隠れ蓑として、不法のビールが出回った。検査官が買収されたり、暴力団が資金源を求めて暗躍した。

いわゆる禁酒法は、合衆国民の建前（理想主義・禁酒）と、本音（現実主義・飲酒）の相克が、四年近く続いた記念碑であった。

〔2〕クー・クラックス（Ku - Klux）。南北戦争（Civil War）で南部諸州は敗北し、合衆国政府は、奴隷制度を

禁止したばかりでなく、黒人にも公民権（Civil right）を与え、選挙権も付与するために連邦憲法を修正した。合衆国のこの措置は、南部諸州の白人や民主党にとっては痛手であった。いままでの反動で、黒人勢力が反撃にでて政治的に力をつけることを恐れた。南部に広がる農園（Plantation）の、労働力の中核であった黒人が、いままで通り自由にならなくなることでもあった。

それまで絶大な支配力を有していた白人優越感（White Supremacy）が、急速に崩壊していった。このようなときに、一八六五年十二月二十五日、クー・クラックスは、白人の秘密結社として、テネシー州プラスキ（Pulaski）のトーマス・M・ジョーンズ（Thomas. M. Johes）の法律事務所で発足した。

この結社の目的は、黒人が白人と等しい権利を持つことに反対し、迫害することであった。彼らはあえて、白い服を着て黒人に私刑を加えたり、威圧した。南部諸州が、合衆国へ参加することに反対する行為だともいわれた。

合衆国は一八七一年に、クー・クラックス・クラン取締法（Ku Klux Klan Act）を定めたが、効果はなかった。第三十六大統領ジョンソン大統領（Lyndon. B. Johnson 民主党）が六四年七月に、黒人差別を禁止する公民権法を成立させたのをきっかけに、結社の活動は活発になりつつある。

〔3〕デイトンのスコープス（Scopes in the Dayton case）事件。テネシー州のデイトン高校の生物教師であったジョン・トーマス・スコープス（John T. Scopes）は、一九二五年五月にテネシーの州法で禁止されていた進化論（theory of evolution）を、授業で教えた。スコープスは、すぐさま逮捕された。

二五年といえば、合衆国に諸科学の実績が、花を咲き実をつける時期であった。しかし、当時まだ大半の国民が、宗教と科学を分離して、理解するにいたらなかった。

人間が、神の手で造られたものでない、と説く進化論は信頼に足る理論として、常識化していなかった。

それほど合衆国が広く、情報伝達に地域的な落差と時差があり、受け止める国民にも反発と知識が一様ではなかった。スコープスの弁護は、労働争議の裁判など革進的な事件で実績を重ねた、高名なクラレンス・ダローが引き受けた。州側の弁護士は、ウィルソン政権の国務長官をつとめた、実力者のウィリアム・ジェニングズ・ブライアン（William Jennings Bryan）であった。

この裁判は進化論をはさんで争われたので「猿裁判」といわれ有名となった。判決は、スコープスの敗訴となり、罰金を払った。

しかし、二人の有名弁護士の、法廷での論戦から、宗教と科学の関係を、問い直す雰囲気が盛り上がってきた。

第七章　現実の行政組織

もしも現実の行政組織をある方法で切断できるとすれば、その切り口からは、どのような動きが窺い知れるのであろうか。現場での政治機構はどう作動しているのだろうか。以下、表面的な構造や法権力ではなく、具体的な日常活動の観察者としての視点から、ミシガン湖畔の都市、つまりシカゴの行政過程の諸局面を描くように努める。都市憲章や法律を一読すれば、都市の生活を少しは知ることができる。だが、都市で現実に起きている事態の印象を、適切に伝えることはうまくできない。地方政治の研究者たちは憲章を研究の対象とするが、時として統治する人物の性格についての細部にわたっては、もちろん、憲章の一般原則についても知らない。タマニー・ホールは、ニューヨーク市の規則や条例のどこにも記載されていない。シカゴ市も、長文で難解な州法にもシカゴの条例や修正条例のなかにも、あるいは規則や条例を解説する博学な裁判官の学究的な判決書のなかにも記載がない。私は今まで約二〇年間、立法過程の現場近くにいたために、かえって公正な観察者としての資格に欠けるかもしれない。しかし、自分が決して不偏であるとは思わないが、公正でありたいとは思っているし、もとより博識ではないが、情報に通じていると自負している。

いうまでもなく、シカゴ市議会は、シカゴに大きな影響力を持った組織体である。州法の下での市議会の立法権は保障されていて、市議会の性格と地位はこれに準拠して確立しているのである。市長の権力は広域にわたっているが、議会もまた強大な権力を持っている。現実には、両者が同等の権力を有している政府の部門である。議会は予算案を立案したり、行政部局を新設したり、それに権限を賦与したりする権力を持っている。さらに地方自治体の変動に対応しうる条例を、可決する権限もある。全般的に、市の権限は噴出する都市住民の行政需要と比較してみるならば、十分とはいえない。だが、議会の地位は、地方自治体の権限のおよぶ範囲を考慮すれば、法律的にはもちろん道徳的にも強力である。

私は地方自治を専攻するシカゴ大学政治学部の教授であると同時に、機会を得て六年間市議会に在籍していたために、地方自治の諸課題が熟知できた。そして終始、都市問題と取り組むことができたのである。ところで私がシカゴ行政に直接関係したのは、シカゴの市歳入調査研究（study of the municipal revenues of Chicago）資料を収集したときが初めてであった。任務は市クラブ（一九〇五—六）の依頼を受けたもので、フェアリー博士（Dr. Fairlie）等の援助で行った。その後、私は引き続いて一九〇六年に州知事からシカゴ憲章委員会（Chicago Charter Convention）の委員に任命され、憲章委員会の運営委員として働くことになった。同様に歳入・課税委員会（Committee on Revenue and Taxation）の委員長に選ばれたのである。このような経緯から、シカゴの都市経営、都市管理などの市組織の現実的な細部にまで関係するようになった。一九〇七年には、地方船積施設調査のために設置された市港湾委員会（the city's harbor commission）の幹事に就任した。また、私は先に延べた市クラブで活発に運動する会員でもあったので、シカゴ発展の諸相について厳密に調査しなければならない立場にも立たされた。

シカゴ市議会には、「灰色の狼たち」と呼ばれる議員の一団がいた。その中で「風呂屋」（bathhouse）と呼ばれるジョン・コーリン（John Coughlin）議員とは、特に懇意な間柄であった。しかし彼と深く交際してみると、知り合った当初、奇妙と感じた態度も次第になくなり、実際、しばしば興味深い経験をした。ある時、自治体協議会（corporation counsil）の事務所から私の“apparatus”という単語の発音について彼はひとつの意見を持っていた。私はそれまで“apparātus”と発音していた。彼は、もし私の発音が正しいとするなら、彼が最高に気に入っている詩の意味が混乱してしまうということであった。コーリン市議会議員は、詩人としてもシカゴで名声を得ていた。良く知られている作品は「愛の真夜中よ」である。それをここに附記してみよう。

「愛の真夜中よ」

静寂が最高に君臨し、真夜中が予言を待つ時
愛しい人の愛が目に止まるなら、そこにこそ最も優しい思いが宿る。
暗闇に空想が微やかに輝く、愛する心が脹らむ、夢を越えて、真の友情は決して裏切れない。

合唱

愛の真夜中よ、なぜ出会うのか。
愛の真夜中よ、君の顔はそれほどまでに甘美なのだ。
天上の天使のように清純に、再び語り合うだろう。
鳩たちのようにただ愛くるしくて、愛の真夜中よ。

孤独な愛しい人々が平静な時、目覚めは弔鐘なのだろうか。
もし真夜中でも眠い夜でないのなら、さようならを言わないで。
星たちよ。おお、何を意味するのか。
見て、母よ、その場所を、あなたに私の愛は語りかけるだろう。

あなたの約束を愛が果す。あなたの優しい言葉に震える。
さざ波を立てる流れのように生き、私はいつも君の友だちでいる。
さあ、私はさようならを告げねばならぬ。残酷な、なぜわたしたちは出会ったのか。
聞け。どうすればよいのだ。さようならと、いつ言えばよいのか。

種明かしをすれば、彼が自分で創作した作品ではなかった。ある新聞記者がコーリン議員のために書いたものであった。彼はただ自分の名前を使うことを認めたということにすぎなかったのである。

彼には小柄で温厚な同僚がいた。俗に「いかがわしい奴」(Hinky Dink)と呼ばれるマイケル・ケンナ(Michael Kenna)である。彼はよく知られた同僚、コーリンよりも判断力と知力にすぐれている。ケンナは、一〇年以上も市議会議員歴のある議員の一人であった。しかし、任期を通じ、一度も自分から積極的に発言したことがなかったと噂されている。たしかに私が在職していた間にも出欠席の点呼以外は、ついぞ委員会室で声を聞いたことがなかった。また、古参議員連中のうちでも特に悪名の高いクンツ、ブレナン、パワーズという人々もいたが、平素はたいへん親切で礼儀正しかった。議会の長老で、「狐のエド」(Foxy Ed)と呼ばれているカレートン市議会議員(Alderman Cullerton)は、いつか私が「問題を起こす」のではないか、という本能的な予感を抱いているように見えた。

議会には分裂をもたらす多くの線(lines)がある。まず、共和党と民主党を分ける古くからある線がある。思い出したように当選してくる社会党の線もある。さらに各政党内には二つ以上の派閥が存在し、ともすると各政党間の反発と敵意以上のものを相互に感じあっている。公共事業体から出される要求に同調したり、これを代弁する議員集団もいるが、同じく公共の利益を守るために動く集団もいる。市議会議員は、禁酒反対派と禁酒賛成派という分類もされる。時にはシカゴ市の北部、南部、西部という地理上の区域に分ける線がある。あるいはカトリックとプロテスタントを分ける線が引かれたりもする。選挙投票を中心にすると、買収可能票と不可能票という分け方もあった。しばらく前まで、私たちは票の三分の一は売買市場に出ていて三分の一は非売品であり、そして残りの三分の一は判断を留保しながらも、新聞と世相から情報を得て意志決定すると理解している。しかし、この見方は最新の統計で保証されているわけではない。以上述べてきたさまざまな線が交差し、錯綜している。私は、初めのうちこれらの相関図を持っていたが、後になってからは必要としなくなるほどまで複雑になった。

市議会議員たちと個人的に接触してみると、特定の人種や、宗教、階級、党派、政党が独占的に誠実さという能力をもっているという観念は、たちまち打ち砕かれてしまう。たしかに、信頼のおける共和党議員や民主党議員もいる。同じように信頼のおけない議員も、いるということである。すなわち私たちの社会生活を見ても貧乏人を装った大金持ちがいるかと思うと、真に貧しいが尊敬すべき人もいる。清廉なカトリック、プロテスタント、ユダヤ教徒がいるかと思うと、信仰の疑わしい代表者たちがいたりもする。同様にシカゴ市議会の人種ひとつをみても、あらゆる人種の代表者たちだといえる。たとえば、ヘルマン（Herrman）とプレッツェル（Pretzel）議員はドイツ系人種を、ディーヴァーとカーンズ（Kearns）はアイルランド系を、ケランダーはスウェーデン系を、ケアナー（Kerner）はボヘミア系を代表する立派な代表者たちであった。ある重要な争点が決断される場面で、議員の所属する政党、人種、階級などを考慮に入れる人はいなかった。たしかに所属する階級は軽々しいものではなかったが、かといって政治の場で決定的な要因となるとはいえない。それは、富裕な者がリベラルであったり、貧しい者が実際は特権を餌に買収されていることもあるからなのだ。

シカゴ市議会の組織は、他の都市の議会と異なり、すべて市長が会議を統轄することになっている。そこで現実問題として、もしシカゴ市長が、帝政ロシア皇帝（Czar）のようなタイプの演説をし、勝手きままに承認したり保留したり、議員の委員会への出席を拒否したり、許可したり、同時発音投票〔訳注1〕（viva voce votes）で成立したとか裁判のルールで不成立とか宣言していたならば、議会の独立にとって致命的な状況となっていたであろう。しかし、一、二の例外はあったにせよ、市長は、議会内の立場を配慮して、穏健で公正な運営をしていたし、市長から要領のよい説明がなされて、審議日程が遅滞なく処理されていった。市長にしても、ある議員たちが愛玩動物保護条例案（pet measure）を攻撃したり、あるいは故意に難問を提起して、混乱をひき起こすような発言の場を与えることは、頭痛の種であったに違いない。しかし一方で即答する市長特権があった。ハリソン市長は他の能力では、それほど機敏に判断を下すタイプではなかったが、意志決定の常套手段として、この即答できる特権を効果的に使ったのである。

晩年のトンプソン市長は強大な権力を手中にするようになったが、それにつれてますます独断的になった。そして、当初のもち味であった公平な運営方針を撤回した。ある時、彼は意に反する議決を阻止しようとし議会の休会を自ら宣言し、議会を解散し本会議場を急いで立ち去った。しかしある議員が、立ち去ろうとする市長に向かって、ぶ厚い書類を投げつける一場面もあった。議会は会期を続け、新議長を選出し、法案を処理した。

議会討論は、規程によれば五分間と制限されている。しかし重要な議題の場合は、無制限に許可されている。質問者がひたすら原稿を読んだり、長々と選挙区向けの演説を続けたりする場合には、他の議員たちが議事録のコピーを机に叩きつけて、不作法にもそれを中断させることがある。ある議員は退屈で冗長な演説により議員仲間たちに忍耐を強要したことを怨まれ、思いつきの、無作法で、しかし効果的な方法で数週間にわたって発言を阻止された。

一般的に議会活動の多くは、アメリカの立法機関がそうであるように、委員会でなされる。これらの委員会は、特殊な方法で選出された委員たちで構成されてきていたが、市議会議員から委員を選ぶときに、党派を問わない方法となってから、その選出方法は廃止されている。委員会はすべてではないが、おおむね党派を問わないことを基盤に構成されているが、常にとまではいかないまでも信頼のおける議員たちによって運営されている。少なくとも民主党が議会運営に責任を持っている時は、共和党は重要な委員会の委員長を継続させられるのが普通である。その逆もある。このことは、ほとんどの立法機関で、知られていないやり方である。委員会が開会される直前に交わされる聴聞は、存外におもしろく、時として有意義で価値ある場合がある。意義も価値もない場合もあるが。活発な委員会では、重要な事項について助言してくれる有能な専門家を雇っている。彼らは市役所の正規職員と兼務している。ジョン・F・ウォレス、ビオン・J・アーノルドのような技術者、各分野の専門家のウォルター・フィッシャー（Walter Fisher）、ベミス教授（Professor Bemis）、フォスター裁判官（Judge Foster）、フレッチャー・ドビンズ（Fletcher Dobyns）などがいる。ほかの人々は各委員会で選出されているのである。委員会の出席状況は会議録に記録され、市議会議員の「打率」（batting average）として公表され、点呼投票（roll-calls）も公的記録として保存される。

委員会で決まった提案だといっても、本会議で必ず、採決するというわけではない。肝腎な本会議では、委員会の決定に拘束されない結果が、しばしば出される。そしてたとえ議会で可決されたとしても、今度は市長が拒否権（veto）を行使することもある。この拒否権のおよぶ範囲は、たとえば、財政についてみると歳出予算案の細部項目にわたるまで拡っている。またシカゴでは、とくに重要な条例の制定や改廃については、市民のレファレンダムに付すという制度が発展してきている。たとえば公債を発行したり市の憲章を修正しようとする場合については、レファレンダムが法律で規定されている。はじめて制定されたのは市街鉄道特権（street railway franchise）にまつわる事件が発端となっている。

どのような公共政策でもが全有権者の二五％から請願が出されるなら政策提案できる、という公共政策法（public policy law）もあるが、実現不可能に近い比率である。このような稀な例であるが、ある郡判事は選挙組織を担当して、何ら法律に根拠もないにもかかわらず、一人の反対もない投票について、自ら疑義を提起したのである。

シカゴ市議会は、他の市議会の権力とは違った権力をもつ組織である。たとえばその時の、必要に応じて局を新設できる。市長が提出してきた公職の任命を拒否できる。議会は公益事業会社に特権を与えることができ、また料金を決定できる。議会はあらゆる行政目的への歳出が可能であり、市長の提案に異議申し立てができる。すなわち、シカゴ市議会は他の地方自治体はもちろん、州議会、連邦議会と比較しても、広範囲にわたった権力や利益を、賦与されている。ひところ市議会には、指導力を持った、勇敢で、有能な議員たちがいた。議会は都市建設を進める多数の法案に主導権を握っていて、他の関係団体とも協議を重ねていた。さらに、自治体財政、資格任用制に対する攻撃に防波堤の役割を効果的に果していた。

市長の権力はどうか。数々の手段を講じて、市議会に影響をおよぼすことができる。たとえば民衆に直接訴えたり、恩恵授与権、認可、あるいはさまざまな情実などを利用するのである。市議会議員の地区に乗り込んで積極的に反対を表明することもある。しかしながら、他方で市議会は、市長から出される財政や、法権力の要求に応ずる義務はない。市長の任免権を妨害することもある。議会の調査権に基づいて批判もできる。議会は、市長が承認するかあるいは悪評をともなう、拒否するかしなければならない建設的な案を提案することができる。最後に、市長の任期満了にともなう再指名や再選に、最高の影響力を持つのである。したがって市議会に、誠実で勇敢で、有能な議員が選出されているならば、議会の権力は非常に広範囲に及ぶわけであり、議会活動がさらに実りあるものとなるはずである。

ところで地方議会の立法組織は州議会、連邦議会のそれとは多くの点で相違する。たとえば、地方の場合、ある問題が発生したとしても、それは身近でよく知られている。ところが、州議会議員はいくつもの委員会に所属し、そこであらゆる諸問題に裁決を下さなければならない。また問題が多く、そのうえ複雑でもあるので、本人が困惑する場面すらしばしばある。さらに定例の州議会は二年間にわずか一回しか開会されないし、審議期間は短い。たいていの法律は、議会開会中の最後の数日で通過する。その議決に際してしばしば議会が混乱し、審議状況が風刺漫画になるほどである。一方、連邦議会では国家権力が強大すぎて、議員が議会内で立法活動をしようとしても困難である。連邦議会議員は、態度を表明しなければならない一連の法案に直面した時、州議会議員と同様に苦慮する。

しかしながら、地方議会では条例案の種類も少ない。そのうえ、一年中開会しているので、熟慮する時間がある。さらに議員は状況を自分自身で確認して、情報を直接に入手できる。事実に基づかない虚偽の演説をしたなら、すぐに訂正されるだろう。虚偽の主張に支持を求めるのは、まったく難しい。

それは世論の動向が、地方議会の立法過程に自由に素早く、反映されるということでもある。選挙区の有権者やコミュニティの住民にとっては、州や国の議員よりも、市会議員のほうが近づきやすいだろう。その結果、彼らは州や連邦の議員よりも、頻繁に大衆の意見や意志の動向に接する機会を持てる。ひとたび地方議会に牛乳条例（milk ordinance）、市街鉄道特権、あるいは道路交通規則（traffic rule regulating automobiles）が提案されるとすれば、その是非を含め、自分の意見や見解を持つ、多数の市民の生活に直接に、影響を与えることになる。したがって、他の立法機関にはない、地方議会独特の現実がある。

もしある人が「何が原因で条例は制定されるのか」という問いかけをしたとすれば、今まで議会であらためて検討されたことのない、示唆に富んだ質問をしたことになる。すなわちある条例は、現実の問題と接触した結果として、行政側が提案することがある。また条例は市長の政策の一環として、提案される。ある条例は、地方の組織が直接に出す場合と、それが市長や市議会議員を通じて提出される場合がある。商業組合、不動産協会、市民クラブ、労働組合、あるいは数ある組織のひとつが政策を立案し、市議会に提出してもよいということである。また公共事業体は、欲しいだけの補助金を要望できる。まず市議会議員は、市政の遅れている箇所を捜し出して、不公平を是正しようと努力しはじめるかもしれない。新聞社は特別に条例案を提案させようとしてキャンペーンをはじめ、早急な解決を図ろうと奮闘する。ずる賢い策略家は市議会議員の無知につけこんで、本当は不合理である条例を吹き込み、自分に利益となる条例案を支持するように仕向けるかもしれない。そこで、たとえばこれらの条例案を一つ一つ分析していくと、都市の議会の内側で活動をしていて、通常は理解しにくい複雑な勢力が、ある程度明瞭となるのである。立法過程に現われる集団心理も、より明確に点検できるであろう。

おおかたの市議会議員は、活動時間を一般的な問題に関わることに費すのではなく、まったく地元の問題だけに費すことになる。たとえば街路改修、街路清掃、防犯灯、警察問題、学校問題など、あらゆるコミュニティに起こった問題が、絶えず彼らの脳裏から離れない。すべての地区のにおいて失業問題こそが頭痛の種であり、地元活動のすべてである。行政サービスにおいて就職先を求めて、たえまのない調査がなされる。公益事業者たち、請負人たちをはじめ雇用してくれそうな人々すべてである。多くの場合、大部分の地方の行政サービスは、次のようなものである。すなわち、自由営業許可証（free permits）を獲得したり、免許を取ったり、建築許可証を請求したりする手続きから、衛生局、警察署、税務署、ガス会社、電気会社、電話会社などへの苦情を処理したりすることまでも含まれている。

また、ある地区では、市議会議員の義務の別の領域はまさに社交的である。結婚式をはじめ、洗礼命名式、葬儀、ダンス・パーティーなどの社会的行事に出席することである。さらに家賃、ガス代、医療費を払えないほど貧乏で困窮した人たちの救済も仕事である。一口に救済といっても、直接に現金を立て替える場合もあるし、債権者との間を仲裁することもある。(1)

熱心に活動する市議会議員は、電話をして二、三分もすると、来るほどの身近な存在である。もし彼が日記をつけているとすれば——もちろん、つけていないことが多いのだが——市民の恐れや、悩み、貪欲といったコミュニティにあらわれる政治的欲望や感情や理想で彩られた小さな世界が記されていることだろう。市民は、当面するコミュニティの懸案事項についての議論には、口ごもって寡黙になるかもしれない。しかしこと個人的な問題については、遠慮なくすぐさま、せき立てるように自分自身を表現する。地下室に下水道の汚水が逆流した家庭、街角で「ピストル強盗」の被害に遭った女性、路面電車の「つり皮にぶらさがっている乗客」、学校から昼前に帰ってきて遊んでいる生徒の両親の怒り、電球の切れた地域の住民、恥しげなスピード違反者、酒好きの酔っぱらい、隣の雄鶏が朝早く鳴く家庭、あるいは隣の猫がうるさい家庭、運がなく失業していて落ちぶれ果てた人々、これらすべての人々に関する仕事すら、市議会議員（City Father）の日常活動の一部なのである。もちろん仕事の内容は、議員が選出されたコミュニティの性格を、正確に反映している。結局のところ、諸問題は、人種や階級の表面的相違を取り除いたところでは、全く同じということである。市民の要求は、経済的に豊かな地区と貧しい地区では、いくぶん異なっている。しかし、結局のところ、市民は人種とか生活程度の別なく、行政に情実や調整を求めてくるのである。

もちろん際限のない情実や調整を進めていくと、行政がすぐに法律違反を犯すことになり、組織的な法律違反者との共同謀議に発展していくことになる。たしかに一線を画すのは、理屈の上では容易である。しかし、要求をぶつけてくるのは、貧しい人々や困窮者だけとは、限らない。自由営業許可証を求める行商人、臨時雇い労働者の利益を代弁する請負業者もそうである。さらに衛生局や建設局に規制をうけている零細な調理済食料販売店（little delicatessen store）や大手百貨店、スピードを出しすぎる運転者やトラック運転者など、すべてが同じ一般的特徴を持っている。

しかし、市議会議員の信望は地域によって大きな隔たりがある。生活程度の高い地域では、市議会議員は実際に収賄をしている、あるいは収賄する可能性があると見なされがちである。議員としての職務についていることが、議員の卓越性を示すより嫌疑をいだかせるのである。しかし貧しい地域では、議員は大親分（great man）、心のおけない仲間（big friend）、愛嬌のある父親（little father）、大立者（big shot）などという具合に下にも置かない厚遇を受ける。この地域では、たとえ市議会議員が現金を受領したとしても、あくまで金持ちから渡されたもので、貧しい人に再分配されるものである、と解釈されている。最悪の場合でも、議員はロビン・フッドの類であると見なされ、いわばその山賊行為は、地域住民の共通の利益に還元されるものとなる。議員の抽象的な主義主張が何であろうと、彼の人間関係は個人的なものであり、彼に対する忠誠心は、特定の個人に対するものである。であるから、行政需要が人間関係から出発していない地区では、政治家や市民が態度を決定するに際しても、人間の絆はそれほど役に立たない。

それでも全体的に見ると、感謝と忠誠心を持ちあわせた有権者と、毛の先ほども持たない有権者を比較すれば、前者が有権者の代表的な性格であることは間違いない。パーソナリティから放射される影響力は、注意深く観察してみるとその範囲は遠くまで広がり、長期間にわたって継続するものである。たとえば、偉大な指導者は市民に深く愛され好印象のまま記憶にとどまっている。だが、他方、そうではない指導者はそれまで真面目に奉仕してきた、狭いコミュニティのさらに惨めな場所を与えられることになる。

市議会議員としての私の事務所は、市の各所からやってくる市民のセンターとなり、多くの場合市外の住民からの相談も、持ち込まれるほどであった。秘密に触れることであるが、人々は、個人的、あるいは一般的な訴訟の理由を申し立てる案件をもって事務所を訪れ、相談をしていったのである。私の記録用のファイルは、持ち込まれてくる相談で埋め尽くされ、とてもそれらに気を配ることはできなくなった。そんなことから、市民の中には自分の不平、不満や提案が忘れ去られ、握りつぶされたと感じた者もいたに違いなかった。想像もつかない重要な情報や計画が持ち込まれたり、他のものは過激グループの情報であり計画であった。

このような例もあった。ある発明狂は、車の速度違反を取り締まる装置を持って来た。車が法定速度を越えると、例の装置から自動車のナンバーを表示した色の付いた反則切符と同時に、速度を表示した切符が出てくるというものである。この装置の場合、問題となるのは、交通係官がどのような方法で、違反者には不利な証拠となるその切符を違反者から取りあげ、それを証拠として裁判所に召喚するのか、ということである。

他の相談者で、酒の醸造所や蒸留酒製造所を他の製品の工場に作り変える方策を披露したがる人もいた。当時、私はその問題について、あまり真剣ではなかった。しかし、今から考えてみると、さらに二、三年研究を続けていたならば、大成長産業をつくり上げていたにちがいない。

当時、「デイブック」(Daybook) の記者だったカール・サンドバーグ (Carl Sandburg) によってときどき光があてられた。煙と鉄の都市の殺風景な私の議員事務所が、彼の目にどう映ったのか、想像がつかない。おそらく活発な頭脳に湧いてくる詩的イメージとは、事実上もまったく正反対なものであったに違いない。もし彼が市議会議員の叙情詩、あるいは市役所の叙事詩を書くことがあるとすれば、作品に体験者として共鳴できるものもあるであろう。

初期の市議会にも人騒がせなエピソードがあった。一八九七年に輸送鉄道会社特権をさらに拡大しようとする議案が継続審議とされていた。重要な条例が議会のさしたる反対もなく通過しそうな見通しがついた時、決起した市民たちは最後の手段に訴えたのである。多数の市民が市議会に殺到し、無言の抵抗を示し傍聴席に座り込んでしまった。そのうえ、怒りを込めて、傍聴席から市議会議員たちの頭上へ、絞首ロープが威嚇するやり方で吊り下げられた。

このロープは伝統あるアメリカ流の原則 (Principles of the Fathers) に反した戦術であっただろうが、結果として有力なロビイストの役割を果たした。数年後に、市民たちは鉄道輸送特権関連の条例についての賛否の意を、合法的な手続きを通じて明確にした。レファレンダムで条例の是非を決めるという方法であった。

私が議員であったときのことである。ある晩、市議会にいた議員たちは控室から起こった銃声に驚いて、飛び上がった。急いで駆けつけてみると、同僚の一人が撃たれていた。襲撃者は若い女性で不法なてっとり早い方法で恨みを晴らしたのであった。何年か後になって、事件を思い出した、同僚の市議会議員が私にこう言った。「そんなこともありました。でも、事件の全貌を、知っていませんでしょう。あの日私が議場で、何度か席を立って落ち着かなかったことに、気づかなかったでしょう。以前にも、あの女性は傍聴席から彼を撃つと言って、予告していたことがあるのです。たまたま女性が、傍聴席から見下ろしているのを知って、彼の隣の議席に座り続ける気持ちには、ならなかったのです」。

ところで市議会議員同士の摩擦は、さすがに前述のそれとは異なる。主に中傷や態度を武器とした、口先だけの攻撃にとどまっている。私に対してしばしば用いられた同僚議員からの皮肉混じりの野次は「教授」という呼称であった。私は相手が「市議会議員」か、「教授」のどちらで呼ぶかで、どのような態度で対応しているのかが、推察できるようになった。ところがこの気になる皮肉も次第に回数が減って、たまに、それもよほどの場合にしか、口の端にのぼらなくなってしまった。なぜなら、移民集団が耳にした場合、教授というのは社会的地位の高い重要人物という理解をしていたからであった。これでは皮肉まじりの悪口にはならず、逆効果になってしまう。私自身としては、議会人にふさわしい言動を厳守してきたつもりである。そして議員生活を総括してみれば、同僚議員たちは個人的な配慮や、礼儀を尽くして気持ち良く、つき合ってくれたといえる。今でも私の喜びをともなった忘れ得ぬ思い出となっている。

私は、一九一一年に市長候補となったとき、市議会議員のままであった。タフト大統領の経済・能率委員会(President Taft's Economy and Efficiency Commission)の委員を要請されたこともあったが、辞退した。そして一九一三年、シカゴの有力新聞が好意的ではなかったにもかかわらず、私は難関の三つ巴の闘いを克服して、無所属議員として再選された。さらに一九一五年の選挙でも、共和党の予備選挙で全会一致で指名され当選した。一九一七年、ウィルソン大統領の閣僚として入閣の誘いも受けた。ところが当時、市議会を空洞化して、市の行政を私物化しようとするトンプソン市長の企ての矢面に立って抵抗していたので、市議会に残る決心をした。私は、市役所、「トリビューン」紙、そしてある大企業関係者が手を組んだ、激戦の予備選挙を戦い抜いたのち、地方自治有権者連盟から、以前に「灰色の狼」と性格づけられた裁判官の決定(訴える内容は何もなかった)により、五票差で落選してしまった。決定は明らかに有効投票を無効としてすり換えた結果であった。すぐさま友人を中心にした無党派市民の請願運動が繰り広げられ、約三、〇〇〇名の署名が集められたが、同週内に厳密に法解釈したときの根拠が薄弱であるという理由から、否決されてしまった。そこで、友人たちは再び糾合した。「デイリー・ニューズ」紙を除くすべての新聞が、反対もしくは黙殺していた、不利な条件にもかかわらず、一万名が私に投票した。それでも、驚いたことに、実際の勝利には一、五〇〇票ほど足りなかった。もちろん抗議もした。

この直後に第一次世界大戦が勃発し、一年後、私はイタリアのローマにいた。そこで、イタリア国民の戦闘の志気を回復させる運動の先頭に立って指導していたのである。

議会運営の過程が、民主主義の基本的な制度のひとつであるが、これまで徹底した分析の主題となることはなかった。いうまでもなく社会、経済、政治を代表する勢力の相互作用という側面とは別に、人を魅きつける利点と根源的な重要性が持つ多くの要素がある。すなわち、これらの要素の中には、討論における事実の役割と公的利益のための信望。議員個人の名声を保つ場所。力強い発言力と釈明の持つ意義。議会規則についての専門的知識、集団の場の雰囲気を感知する能力、危機一発に妥協する才能、個人的な好悪の根拠、議会の組織機能、ある限定された期間に表われる集団の性向、長い会期の始めと終りにおける政治行為の相対的重要性、予想もしない番狂わせとその反対の場合の要因、粘り強さと忍耐、単に疲労の影響。以上が議会運営の重要な諸相である。詳細な観察の後に分析され、心理学や統計学の手法の助けを借りて、研究がなされることにより、得る所が多いだろう。

同様に、議会内部の諸集団が持つ誘因と外部の諸集団の持つ誘因は、興味深く、かつ重要である。議会内外諸集団の相互作用は、いっそう複雑となるが、それゆえに研究対象としては興味が持たれる。この分野における観察と経験は、資料となると膨大なものになるのであろう。しかし当事者によっても、研究者によっても記録されていないし、十分な分析もされていない。現実には政治支配の領域を調査研究しようとすると、広大な領域で構築されているのである。特定のケースをとりあげよう。

ある議員が市議会で発言する場合、単に他の五十名の個々人に向けて演説しているわけではない。個人が複雑に寄り集まって形成している市民集団を代表する、しかも利害が錯綜している混成の集団に語りかけているのである。議員が市議会に列席している場面を詳細に検討すると、彼らの脳裏に去来していることや、継続中の議題がどのような影響を与えるかがわかる。約三分の一は票数を数えることができる。彼らは、反対意見である。同じく約三分の一は賛成で、最後の態度保留組の約三分の一が問題の鍵を握っている。すなわち、中間にいる彼らが反対に回れば、賛成派の三割は、力を喪失していくであろう。逆に彼らが賛成に回れば、三割の反対派は消え去る傾向にある。彼ら自身の思惑は、あらゆる可能性を前提にして絶えず動揺している。議案は自分たちに好都合なのだろうか。派閥のボスはどう言うだろうか。新聞はどう書くだろうか。有権者、とくに自分を選出している選挙区の有権者は、どう考えるだろうか。市政の中核である行政は、どう判断するだろうか。地方自治有権者連盟は、どう評価するだろうか。ギャングはどう思うだろうか。保健省を設立する条例案なのである。たしかに貧困、失業、犯罪の根本的な原因を調査するのに労働局や社会調査局が必要である。あらゆる組織が証明している。条例案は弱者や生活困窮者、付随的にシカゴ全体を救済するために立案されたのである。

彼らは密謀し、協議する。行政機関は、異議がないので何の合図も出さない。議会の幹部たちは沈黙したままである。小難しい提案のように見えるし、われわれ選挙区住民の利益のためには、うわべだけのように見える。だが、結構なことに反対者はいない。こうして「総括的な議案」(omnibus) は、反対票なしに成立する。

ところで、資格任用制度のもとで、公共事業部の部長代理 (deputy commissioner of public works) を任命する、という提案がある。部長代理という地位は、長年のあいだ公共事業部にはびこる、猟官制の元凶であった。今やこのことは、疑いの余地はなかった。そこで行政機関は、部長代理の任命に不同意を表明した。猟官者と賛成議員にとっては、彼らの特権が剝奪されることを意味した。そこで、関係議員から一斉に不満の声が湧き起こった。いわく、われわれは資格任用制度の原則をそう長く存続させるつもりはない。市長は、行政府の重要な地位を信託されているはずである。ここでも約三分の一の現状維持派議員は、約三分の一の改革派議員を、懐柔し始めている。議案の合法制に疑問がある。議案は十分に審議がされてきていない。こういう重要な議案に、軽率な行動はとられるべきではない。なぜ他の政党が権力を握っていた時に、この提案が行われなかったのであろうか。結果として、態度保留をしていた頼みの約三分の一の議員の援軍があり、他の党の支配下にあっても、恩恵授与権を利用しようとしているボスたちに期待を抱かせたのである。そこで恩恵授与権の嵐が過ぎ、「一団の希望（band of hope)」が敗走し挫折するまで、続くことになったのである。結局のところ、猟官者たちは、われわれの盟友の何人かを引き離し、激しい攻撃を加えて勝利を納めた。内部分裂は予見されていたが、動向を食い止める手段を見つけることはできなかった。

さらにはっきり示す実例が二、三ある。私は調査し経費が有効に執行されているかどうかを報告する委員会を、創設する条例を提案したことがあった。委員会を継続し報告を出版するよう提案した。提案は爆弾のように衝撃をもって落ちた。提案は、非難され、破棄されるべきであろうか。あるいは委員会に、付託されるべきであろうか。われわれは、訴訟上の請求明細書を要求すべきであろうか。委員会が作成してくれるだろうか。私は息を殺して、委員会における穏やかならざるざわめきや、呟き声に耳を傾けた。だが心配をよそに門戸は開かれて、議案は票決なしに通過した。一週間後に本議会の審議が同手順で行われ、同じ結果が出されたのであった。逆に、たったの一つの声が、壁を揺るがすほどの怒号を引き起こす例があった。そのような委員会がすでに存在する。財政委員会である。これは、行政当局の不名誉となる。発端はまったく無知の新人議員の、愚かな考えからはじまった。「なぜそうしないのか」、という一言であった。懸案となっている公債問題に対して、それまでの行政側の答弁は、レファレンダムを規定する州法の決議を待って発行に踏みきりたい、ということであった。そこで私は決議についての説明の中で、もし予算が効率的に執行されていれば公債発行の正当な根拠になるし、逆に予算が有効に執行されていなければ、それなりに事実を市民に知らせることもできる、ということを指摘した。このように行政当局は、指摘をうけてはじめて誤りに気づくのである。

かつて私たちが、法外な冗費の明確な証拠を偶然に発見したとき、問題が生じたのである。クンツ市議会議員が爆弾質問をした。彼はわれわれ調査委員の一人であるニューヨークのトム・ウエルトン氏（Mr. Tom Welton）に関わる支出一覧表を調べていて、そこに「使用人」（valet）に一ドルという項目を発見した。彼はさまざまな但し書きの後、メリアム委員会のすべての委員に使用人をつけるように、市会計検査院に指示しようではないか、という結論を下した。結局、彼は事前に私に警告することなしに、陰険な当てこすりをしたのである。こういう時に答弁を避けると、嘲笑されて任務に支障をきたすことになりかねなかった。しかし、その通りになったわけではなかった。部屋にいたすべての人々の目が私に注がれた。

そのまなざしは、彼らの共感に導かれ、勝ち誇ったもの、あるいは同情しているもの、さまざまであった。私は咄嗟に半ダースにおよぶ打開策を考えた。たまたまクンツ議員は長々としゃべり、その話の長さに気がつかなかったので、その間の時間を利用して論点をまとめて整理できたのである。私はまず、市財政をたった一ドルでも節約するべきである、という彼の認識には敬意を表した。私は、ウエルトン氏が泥板岩調査のために委員会に呼ばれ、調査の結果固い石と報告し、支払いもなされたが、実はやわらかい粘土であることが判明し、シカゴの歴史からしても、最も規模の大きい詐欺である、と説明した。つまりウエルトン氏は、粘土の上で滑って転び、ズボンの洗濯代として一ドル支払ったのだった。事件はまさに汚れた仕事である。しかし、同僚議員がこの事件に寄せた鋭い関心に感謝する。ところで、クンツ議員は汚職公務員や泥棒、詐欺師などすべての捜査経過を支持しているのだろうか。そこで私は私自身の委員会に、一ドル問題の審議の付託を提案した。その結果、提案は面白がられ議員たちに採択された。私は安堵した。というのも試練の一瞬であったからである。すなわち疑念を持たれた金額が問題なのでなく、私の行政効率検討委員会の仕事に向けられた、意地の悪い非難だったからであった。

予算に関して私たちが討議した別の例がある。それも特に市民道路清掃協会（Citizen's Street Cleaning Association）の主催のもとで道路清掃に支出した問題についてであった。市の第一地区への予算据置は、事業部門に対するものであるが、事業担当者の協会に委譲され、彼らは増額し、自分たちで臨時特別的なサービスとして、中央地区の清掃を担当していたのである。このことは地区の議員たちによって、議論されていた。というのは、議員たちが思い通りに官職任命権を行使できないようになっていたからである。

この問題でもカレートン市議会議員、通称「狐のエド」は市の資金を得体の知れない団体に委ねることになる、と批判した。そして誰も反論しないことに意を強くしてますます大胆になり、議員は誰一人としてこの「正体不明な」団体の会員も、役員も知らない、と断言していた。実際誰も知らなかった。彼の発言は、非常に大胆で突然であったが、その意図はほぼ成功した。私はなんとか、協会を弁護しなければならないと思った。私の秘書が電話をかけに行き主要な事業者を含む、協会役員のリストを持ってもどるまでの時間が、私の集中してひと息つく時間であった。もし秘書が戻ってくるのが、私の発言に間に合わなかったとしたら、たぶん私は協会の事業内容とか、会員と役員たちのすぐれた特質について不本意な知識で、説明をしなければならなかったであろう。この窮余の一策を講じなければ、カレートン議員は最初の非難に固執し、ただちに会員たちの名前を詰問してきていたであろう。

幸運に恵まれない場合には、厳しく、頓挫することもしばしばあった。私は市議会議員が、自分自身のために、あるいは彼らの選挙区の有権者のために、市と事業契約を結んでいる公共事業会社に仕事を依頼することを禁止するように、議会規則の改正案を議会へ提出したことがあった。あたりまえの慣習であり、ある市議会議員たちにとっては権力の源泉であった。しかしある市議会議員にとっては大迷惑なことであった。私は問題となっている現況を説明した。すなわち、現実に会社の期待に反する選挙結果が出てしまったため、有権者が市議会議員の支持を取消すことで、罰した例などを引用して説明した。さらにこの影響から市と市議会議員を守る必要を主張した。大部分の私の同僚議員は、規則案に賛成していた。だが少数の者は、われわれが失業問題にまったく関心を持っていない、市内には実際に大量の失業者がいる貧しい地区が多数あるのに心配していない、それはわれわれが知識階級の住む地区の選出議員であり、彼らの状況を理解することは期待できないと、巧みに思わせるのに成功していた。いままでの慣習に染まってこなかった市議会議員たちは、「もっと職を与えよ」、という有権者の必死な叫びを、無視したと思われるのを懸念しはじめた。そこで反対票を投じたものもいた。私は変化を察知したが、雪崩を見るような状況を、くい止める対策が浮んでこなかった。失業者に代わって声高に熱弁をふるう市議会議員と公益事業会社との関係を実証することができれば、問題は即決されたであろう。だが私は疑念に感じているすべてを、証明できなかった。またそれだけの自由もなかったし、実際に知るかぎりのすべてを公表することが、賢明であるという感想も持てなかった。

一年後に論議が再燃され、今度は多少の進歩は見られた。だが、なお成功とはほど遠かった。私の主張は同じ方法で、再び退けられてしまったのである。私は、三度目に規則を決定することができた。たまたま労働者地区の議員や社会主義者たちが私を応援し、労働者階級は従来から続いた慣習から、何の利益も受けていないと言明したからであった。実際のところ市議会議員たちはこの情勢に便乗して、労働者を利用し、自分たちの個人的な票を伸ばしたいとしたのだった。こうした情勢により規則は最終的に議決され、規則に従う者、あるいは反発し続ける者も出たが、生き長らえたのである。ほぼ時を同じくして、私は失業対策局（bureau of unemployment）の設置条例を提案した。失業者と、市議会議員の双方をも救済するという政策目標によって、しばらくは有効に運用されていた。

議会の場では運が左右する。ある時、われわれは予算審議の最中に、歳出配分承認法案（appropriation bill）で予算が肥大化しすぎないように、財政削減に関する強い請願を提出した。当然この時をとらえ、この財政削減の請願をうけてガス会社と係争中の訴訟費用に割りあてた予算を削除するという厳しい措置がとられた。自分たちが応援してきた企てが、直前で妨害された多くの関係議員は倹約家たち（economizer）を処罰したいくらいに思い、処罰しそうであった。とくに私の同僚議員はその訴訟の対象とされていたから、よけいにそう思っただろう。

さかんに討論がかわされている間、私はたまたま、ある議員がガス会社のひとりのロビイスト宛に一枚の書簡——議員付添によって取り上げられた——を書いているのを目撃した。その時、私は立ち上がり発言を求めた。すなわち、出席確認のとき、ガス会社を代表する議員と国民を代表する議員の情報を明らかにすべきである、と。さらにガス会社は、当委員会の議員と連絡をとり、戦略を指示しているのだ、とも告発した。すると委員の中から説明を求める強い声が上がった。だが私は、詳細な説明は断り、謎めいた態度を取り続けた。事実わたしは、強要しないように懇請した。しばらくして、逆上して書いたメモが、書簡の主から届いた。内容は、自分はガス会社へ、有権者からすると法外だと思われる勘定書を送っただけで、金を受領していないから無罪である、と異議を申し立てたものであった。後で彼が私にその事実を示したのだが、そのとおりであった。だが、ガス会社を訴訟遂行する歳出配分承認案を提出することに賛成する投票は、一票もなかった。

委員会での審議過程はさらに複雑になる。たいてい審議の速度は、映画のように、フィルム速度を遅くすることは、可能であるけれども、実際には速くなるからである。最近ではテーブルを囲んで円く差し向いに座る。そこでは個人的な礼儀を踏まえて、激しい論議が交わされる。ただし通常、激しい応酬は委員会の品位を保持しようとするので、頻繁には行われない。この点であえて言うと、彼らはいつも私の進行に協力してくれた。そして少なくとも委員会の発言と行動には、議員としてのふさわしい礼節が保たれていた。この伝統ある慣例に違反する議員は陳謝するか、発言を撤回するか、あるいはその両方をしなければならなかった。私としては、委員会が悪辣な欲望の手先となっていることを是認している事実に注意を促す時でさえも、いつも慎重に礼節正しく行ったつもりである。私自身も各委員から丁重に遇されていた。

委員会で何が起こっているのだろうか。市当局、権威ある専門家、個人の威信、悪しき利己心、コミュニティの状況についての実際的判断などの相互作用である。小委員会に付託されている案件は無数にある。しかし、小委員会で注目されなければならないことは、しばしば恐喝の場になりかねないということである。たとえば価値のある条例案の場合でも、猛攻撃を加える人々が反対の意見を持つ側と均衡がとれない問題が生じて、すべての利害関係者が、いい分を述べるまで終わりのない、聴聞会が開かれる。委員会のメンバーが十分に調査しない場合は、聴聞会が詳しく調べる。一般議員と専門的議員は互いに文字通り、また比喩的にも衝突する。委員会の審議は、往々にして手間どるものであるが、民主的である。委員であればどんな内容であろうとも、誰もが委員会室で時間をかけて、その主張を十分に訴えられるからである。

ひとつの例として、純粋牛乳条例(pure milk ordinance)がある。この条例は、委員会が毎会期ごとに審査しているものである。それは保健局が提案し、幹部が熱心に実現を求めているものであった。多くの市民団体は条例案を支持している。しかし、ある市議会議員は専門家集団を使って条例を攻撃し、市の医師団体の条例に対する証明を覆す機会を狙っていた。彼らの唱える異論は狡猾に構築されていて、人目を引くように専門用語で表わされている。また、異議には見たところ本当と思われる、特殊なケースが添付され、いかにももっともらしい印象を与えている。そして、委員会は結論として純粋牛乳条例の提案は、大規模な販売業者たち、すなわち「大手業者たち(big fellows)」が、純粋牛乳を製造するのに必要な、機械装置を備える経済的余裕のない「零細業者たち(little fellows)」を、業界から駆逐するために考えついた悪どい謀略である、と論断していた。明らかに市議会議員を脅迫し、条例成立を阻もうと仕組んだ、窮余の一策である。しかし私たちには、専門的な知識をもつ行政当局がいる。そして専門家をかかえたある牛乳販売業者にこぞって対抗している新聞、市民団体に支持されていた。委員会の意見はもとより一般世論は条例化に傾き、長い闘いの結果、条例は通過したのである。

私が提案した屋外広告物条例(billboard ordinance)は、看板を屋根に取り付けることを禁止し、屋外で広告するどのような看板も制限しよう、というものである。委員会は、この条例が実施されるか疑いの目で見ていた。反対派は、手ごわいものであった。なぜならば、反対派には彼らの訴訟代理人を抱えた看板業界の関係者も、含まれていたからである。彼らは、反対する市議会議員を「手なずける（handling）」のがうまく、いつも多忙であった。条例には憲法違反の疑いがある。企業訴訟代理人事務局は、この点で看板事業者訴訟代理人事務局に同意しているのである。都市の生命は事業の上に建設されるが、条例はその事業を制約することになり、不合理である。都市美術連盟（municipal art league）や関係者による主張であった。

シカゴという都市を作り上げたのは、だれか。議会の委員会の面々か、看板に自己宣伝をかかげる実業家か、都市美術連盟を主導する頬髯をはやした会長だろうか。彼は、私がカルチェラタンで同宿したとき、芸術家にふさわしいように見えたし、私自身そう確信したことを心に留めている。法律や業界が団結して、いかなる制約にも反対しているように思われるので、私にとって闘争は不利に展開してくる。しかし、まだ敗れたわけではない。連盟の会員名簿を誰かが持っているはずである。いや、それはいま――私の手許にある。名前を見ると、シカゴの実業界の指導者の名前が載っている。運悪く、市内で最大手の看板業者であるキューザック氏（Mr. Cusack）自身の名前もある。連盟に加入している全員の名前がある。委員会は、先行きをおもしろがっているようである。

条例の提案は違法だろうか。たしかにシカゴ市法務官はそう言っている。だがこの問題について時間をかけて研究した、市の権威ある弁護士たちが署名した反対意見もある。おそらく彼らの方が正しいだろうが、とにかく最高裁判所が最終的な判断を出すであろう。ここに看板会社が高名な弁護士を通して、多くの都市に提出した書類のたばがある。その弁護士が、条例はそれぞれの都市で、別々の理由によって非合法とされ、ときには互いに全く反対の事由で許可されていると判断することは興味深いことである。いま、弁護士は全く困っている。われわれは、看板に反対する意見を聞いてみた。たとえば、おいはぎが潜み隠れるような場所を、わざわざ提供するのか。ゴミが看板のうしろにたまったらどうするのか。消防士が、看板をのりこえて現場まで、かけつけなければならないのではないか。時として「スミス」や「ブラウン」の事件と同じように、通行人の頭上に落下してきて、負傷させることはないのか。また、看板の占有によって、近隣を荒廃させることはないのか。議論は、何日間も行きつ戻りつして、結論がどちらになるか不安定な状態になった。

だが、やがて事態が変わって、条例を採択する方向にまとまった。条例は、勝ち誇った委員会から発効された。市民団体や新聞は、看板業者に対する非常に、強力な批判者であった。結局、市民団体や新聞は自分たちに残された都市空間を、利用できることになったのである。ところががっかりしたことには、数ヵ月後に、私は建物の屋根に新しく鮮明にペンキが塗られた、巨大な看板を見たのである。看板には「メリアムに投票しよう（Vote for Merriam）」と書かれていた。なんと思慮のない支持者たちだろう。

電話規制条例（telephone regulation ordinance）の場合がある。条例は、電話料金とサービスを含んでいた。会社側は、料金を値上げして収入を年間九〇万ドル増加しなければ、赤字になると主張していた。事情に詳しい技術者や会計士は、双手を挙げてこの要求を支持した。新聞は市議会に、必要と見なされれば電話料金を引き下げる際に示すのと同様に、料金を上げるときも並々ならぬ進取の精神と勇気を、示して欲しいと要求した。果して市議会は、真の納得する勇気を示すことができるであろうか。

いや、われわれは、九〇万ドルの料金を下げるつもりであり、会社側は条例を承認することになる。しかしそれは、結局、長い闘いなしには達成されないであろう。事実、私自身、専門家に依頼した調査によって、計画に切札となる案を考えていたが、断念した。そこで双方が議論のために充分な準備し、必要な場合、国の至る所から数多くの専門家に集まって来てもらい、大がかりな論争が始まることになった。委員会室は高給とりの電話の専門家が車座となり、電話通信システムがかもしだす香りが、あたかも上品で芳香をはなつ満開の花畑のようであった。まず料金別納サーヴィス（metered service）の専門家の、長期間にわたるテストの結果の証言があり、他の専門家たちの反対意見が続き、再び最初の専門家の意見が繰り返される。その二つの立場の間には、退屈な批評を述べるが、決定権を持つ市議会議員が、公私を問わずどんな点をも見過すまいと、議論に耳を傾けている。

さらに各種市民団体の、聴き取り調査も行なわれた。労働総同盟や市クラブ、そしてあらゆる団体がわれわれに助言を与えた。形勢は好ましくはなかったので、われわれはいろいろな助言よりも、人々が果すべき義務と社会的責任（noblesse oblige）に期待していた。反対派はよい時ばかりではない、に違いないからである。確固とした態度で言うことにもっともらしさのあるベミス教授（Professor Bemis）は、市の事情を懸念して弁護し、反対派の意見や当時の真夏の暑さという重苦しさにも動揺しなかった。ついに結論が出された。何が結論を導いたのか——。料金値下げを求める世論の圧力か。市側の専門家の堅固な立場か。市議会議員の少数派の固執によるものか。新聞はそれほど多くの援助はしてくれなかった。しかし、電話加入者たちが、しかもかなりの数にのぼる加入者たちが闘争を理解し、支援した。ところが、実業界は電話会社の救済に取組むことはなかった。結局、市との交渉は不正ではないのである。

最後の瞬間になって委員会は再び突然、召集された。提案は、電話会社の元社員たちからの支持によって可決された。社長は、怒りのあまり条例をあきらめようとしていた。都合のよいことに、社長は事前にそれが計画されていると予告されていた。どうしてこれ以上の有利な条件が得られようか。ようやく彼は、自分の反対意見を退ける。「灰色の狼たち」の堅固な反対意見がありながらも、条例は市議会を通過した。

実際に委員会で行われていることは、権力抗争であり、時には政策論争、時には人間同士の衝突である。結論は、議論のみによって導き出されているのではない。議論に専門家の意見が付加され、個人的な信望のあるなしが関わり、行政の影響があり、特別な団体からの利害の圧力、新聞による賛否のキャンペーンがあり、あるいは力のある特別な団体の存在しない地方では市議会の干渉などが加わって、決定に及ぶのである。このような影響力が働かないところでは、最終的には一連の決定過程があらわれる。市議会議員は単なる陪審員であるばかりでなく、同時に指導者であり、人に使われる道具であり、すべてを包括した存在である。

彼らに働きかけてくる反対する側の影響力は、賛成の影響より強いものである。新聞は、ほとんどの条例に拒否権を持っている。専門家の意見にも拒否権がある。市長にも拒否権はある。実業家や労働者、国民にも拒否権はある。宗教団体にもたいていの場合、拒否権があり、政党組織も拒否権を持っている。酒業者にも拒否権がある。しかしながら、たとえ拒否権を持っているといえども、法案の通過を阻止するために、妨害に入ってくるかもしれない関係者の名簿を、調べつくすことはできないのである。しかしもし力を持った関係者が、道をふさがなければ、ほとんどすべてのものが、通過してしまうかもしれない。「気づかないうちに通過させる」(slipping by)という方法は、最も強力な立法技術の一つでもある。大衆は、しばしば手遅れになってしまうまで、目を覚まさないからである。

議会の進行過程には、興味深くて重要だけれども、全く論じられていない側面がたくさんある。実例としては、一つに委員会や立法府を左右する疲労の要素がある。実際のところ、肉体的、精神的な緊張が長く続くとき、どの程度まで体力や精神力の弱さに打ち勝つことができるだろうか。精神的、肉体的に強い人は、長々と続く精神、肉体の両面での葛藤に反対派が耐えられなくなるまで、論じ尽くすことによって、反対派の意欲を失わせることができるようにも見える。このことは、法定で合意が必要とされている陪審の場合にも起こる事実であり、市議会でも見られる。とくにあてはまるのは、明確な政策路線が描けていない場合である。疲労した議員は、政策路線にやむをえず頼ることになるかもしれないし、逆に従うことを拒むかもしれないからである。

重要な条例案は、誰もが疲れ切っている、とくに肉体的限界にある明け方の時間帯に通過することがしばしばある。緊張したままで複雑な条例案を審議していくということは、大変な努力を必要とすることであって、集中力はいつの間にか消耗してしまう。議論の内容を考察し構成するということは、高度な型の行動を要求される。最も高度なものではないが、困難な課題である。他の時には猛烈な反対をするような提案にも、疲れている時は、弱い反論の意志表示しかできないものである。

財政委員会には、長時間にわたる審議進行の予定表があった。ある時、委員長がしきりに書類を移動させていたので、彼のやり方を知りたいと思った。彼は、他意のないことを主張したが、ついに「私は、取るに足りない議案を冒頭に多く審議させる。長く議論したあとは疲れる。だから、その時にこそ重要な議案を提案するのだ」といっていた。この発言には、議員心理を観察した結果が明らかに見てとれる。議会で法案の審議を傍聴していれば、誰もが同じ過程を目撃することになるだろう。

法律を制定する駆け引きには、とてつもない体力が必要であるわけではない。しかしジャブやストレートを打っているうちに疲労し切ってしまう。そうこうしているうちに、反対の抵抗は減り、障害はとり除かれる。立法過程で正確に何が起っているかということは、政治心理学者たちが、いつの日にか現時点よりもより正確に理解しなければならない主題である。

また、ユーモアは、立法の過程でもうひとつの重要な要素である。行政組織の運営においても同様のことで、一般に考えられているよりも大切である。笑い声と微笑があると、弁護する演説が円滑に進行し、時には反対者を見つけることもできる。公共団体は、よくジョークが好きな者で構成されていて、ユーモアを身につけるには、よい機会を与えるのである。

だが、ユーモアの感覚を持ちあわせているということは、特にジョークが上手であるという、過大な評判を得た場合は政治指導者にとっては、用心するべきことなのかも知れない。それにしても予め準備して語られるウィットは、あたりさわりのない関係にも効果があると言えるが、とりわけ政治的な関係には、効果的である。逆に、ウィットのない政治家は、致命的とも言える。特に都市の状況ではそうである。そこでは政治家らしさの伝統は、絶えず変化している。新しい政治家のタイプとしてシカゴのハリソン家とか、ニューヨークのウォーカーやスミスが現れてきている。

ところで、おおかたの議員たちは、市財政が窮迫していることは、十分に承知している。この状況下で、混乱させられる出来事がしばしば見受けられる。毎年のことであるが、私たち財政委員会では、新人の市議会議員に予算を獲得する技巧の奥義を「手ほどき」(initiated)した。この委員会は、街路の清掃、ごみや塵芥処理のための地区歳出配分を検討するために設置されたものである。新人議員は、委員会では地区が重視されていて、そこから上がってくる行政需要は、容易に承認されるはずであると告げられていた。第一六地区選出のブラウン市議会議員は、地元への歳出配分が七万五〇〇〇ドルぐらいだと聞かされていた。彼には、この額が妥当であるかどうか、について判断する根拠があるだろうか。だが、彼は、勿論増額を要求する。そもそも誰が近隣住区の街路が清潔すぎると認めるだろうか。あるいはごみや塵芥処理サービスが期待する以上によい、と言うだろうか。われわれは彼に同情し、新しい舗装や新しい建設の計画、塵芥の収集費や輸送費を要求した。

善良な市議会議員ジム・カーンズ(Jim Kearns)と私は、こう指摘した。「私たちは、総論としては予算に負担をかけすぎることや、行政の乱費には反対である。しかし、ブラウンが強く提案したのは道理のある原因からのものであり、例外として認めるべきである」。このような主張の結果、一万五、〇〇〇ドルの歳出配分が追加され、承認された。他の議員たちは異議を申し立てていたが、私たちは彼らの反対を封じた。反対意見は次第に止んだ。そこで委員長がこう問いかける。「増額歳出配分を一万五、〇〇〇ドルとする動議に賛成の方は、賛意を表明してください」。咳一つない沈黙がしばらく続いた後に、間髪を入れず「異議なし」とする大きな声がひびき、続いて「異議なし」の大合唱となった。大げさにいえば、新人議員に対する手ほどきの効果はいつも良いものであった。新人議員が呼吸を会得するまでに、少々時間がかかるものである。ある時など古参の市議会議員のジョニー・パワーズさえも、同僚議員のジミー・ボウラー（Jimmy Bowler）とともに同じような場面に出くわしたことがあった。いざ投票の瞬間という時に、彼は同僚に次のようにささやいた。

「ああ残念だ、ジミー。僕らはもっと多く予算要求を、すべきだったよ。こんなにも簡単に承認されるとは、分からなかった」。

一般的に、市議会議員と、選出母体であるコミュニティとを比較して、どちらが良質かそうでないか、効率的か非能率的かという疑問については、コミュニティに軍配を上げる傾向がある。しかし、これもいつも、というわけではない。ある時は市議会議員が、コミュニティよりも良質であることもあるし、劣っていることもある。もし議会が洗練された良好な雰囲気にあるとするならば、議員たち自身が質的に高水準に、引き上げてきていることになる。逆に悪い雰囲気であるとするならば、議員自身の身に付けた品格の水準以下になってしまっているのだろう。議員は、住民との接触や、政治体験を通して教育されることもある。それが良質の教育か、悪質の教育かということは、委員会の審議を包んでいる雰囲気によって決定される。私は、市議会議員のある一団が、巧みな戦術と強い団結力で改革を押し進める、活気のある大衆の改革運動を妨害するのを見たことがある。この時は、コミュニティ自身が動揺して屈服したのである。ある新聞が要求した、一、〇〇〇人の臨時警察官のための改革運動である。

計画を見抜いた、市議会議員たちが、反対したのである。ほかには、イリノイ中央鉄道と南部公園委員会との間で、当事者だけで勝手に了解事項を取り交わした、という事件があった。まさに、一般大衆が結集し新聞も総力を挙げて応援して、議会の追認を得るところまできた。市議会議員たちも断固として立ち上がり、子孫が当時何がなされたかを知れば、必ず感謝すると思われる変更や改善を求めて、これも実現させた。他の場合もある。ペンシルヴェニア鉄道から、シカゴを終着駅とすることを即刻に許可して欲しい、という申し出があった時のことである。市議会議員たちは、駅舎の誘致を確固たる態度で決定し、条件としてシカゴは七〇〇万ドル近く得た。そして一糸乱れず、深刻な状態にあった、シカゴ都市改造計画を救ったのである。市議会全体がかもしだす雰囲気や気質は、長年にわたり地方自治有権者同盟とその意向に沿ってきたためといえる。同盟の勢力が弱体になりはじめたころから、いわゆる議会精神も混乱し始め、ついには崩壊が待ち受けていた。

途方にくれた市議会議員は、決定的な重要局面で、支持者たちが問題に明確な態度を示さなかったり、彼の考えと反対の態度を示したとき、どう投票したものか、非常に困惑してしまう。私の経験からも、大部分の市議会議員が、点呼投票で名前を点呼されてから、慌てて意志を変更するのを見てきた。その時の態度は、何か間違ったことをしているようにもとれた。名簿の順序によって、自分の名前が早く呼ばれる議員たちは、自分の順番の早さに、舌打ちをしたものである。もちろんそのような場合には、いつもさまざまな先導要因がある。たとえば、行政当局、酒類禁止反対者、公共事業者、政党や派閥の関係者などである。先導要因が思惑と反対の方向に動くと、要因のどれかに従っている傾向のある市議会議員は悲惨なありさまで、取り残されることになる。

ある政策が実施されるか否かは、すでに述べてきたような、活発に活動している諸勢力の均衡によって決まる。もちろん直接、権力を行使できるそれらの諸勢力が政策をどう解釈し、評価するかによって決まる。議会が要望し市長が同意し、新聞が敵意を持たず、「市民」団体が干渉せず、各種の集団や地域団体や宗教団体が反対しなければ、条例案は施行されるだろう。しかし、議会や市長は、当然のことながら議決されても、執行する前に条例の賛否両論を吟味するために、施行を遅らせるであろう。新聞は自主的な判断力があり、さらに何事にも動かされない独立した組織である。すべての組織の背後には、市井の平凡な住民の持つ、把えどころがないが逞しい力がある。しばしば既成組織には、包含されず、その外に現れるのである。

では、体制内の小集団には、賛成することによって政策を実現可能にする勢力は存在しないのだろうか。法に影響力を与える発言のできる実力者たちの連携はないのだろうか。もし本当に、市長、議会の指導者や、産業界、労働組合、新聞や社会改革家たちのなかの実力者が全員団結したら、たぶん何事も反対はなくなるだろう。

しかし、彼らが団結することは、ほとんどない。それどころか、逆に諸勢力が団結したものの、成功しなかったという顕著な例さえある。すなわち、一九一二年にすべての勢力が、イリノイ中央鉄道と南部公園委員会をめぐっての事件解決の際に、一致団結して協力し合意したことがあった。だが、既成組織外の市民団体が反対する市民の意見を集約し行動することによって、その合意は撤回され、事実、合意を変更せざるをえなくなったことがある。さらに一九二〇年に提案された憲法はこれらすべての勢力に支持されていながらも、二〇対一で否決された。影の支配者は、いつも舞台の袖にいて出番をうかがっている。最も知恵に富んだ者たちが立てた計画を、台無しにしようとしているのである。

一九一一年のブッセ政権は、いままで検討してきた諸勢力のタイプの中でも安定していた組織であった。だが、成立後ほんの二、三ヵ月の短い間に、私の委員会が明らかにした事実によりブッセ政権の信頼を失なわせることになったのである。だが、この場合は、事実が公表されるやいなや、有力な機関から手際の良い援護の手が打たれたのである。また、一九二八年にはトンプソン政権が、市政を完全に支配しているかのように見えた。だが六ヵ月足らずのうちに、この政権も廃棄処理場に捨てられたも同然となってしまった。組織に共通している大きな要素は、それぞれ支えている集団が気儘に友好条約（entente cordiale）を破棄できるということである。また多様化した集団、より一般的な動向において世相に映る大衆感情を、的確に把握することを怠ったならば、権威も転覆させられるということである。

あたかも大きなボールが転がっていくのを、あらゆる関係者が一体となって、そのボールの回転を押し止めようとするようなものである。多くの場合、経験豊かな観察の鋭い人でさえも、ボールがどの方向へ行くかを確実に予言することはできない。実際のところ、都市政治の状況は大玉をころがすプッシュボールのゲームを見るより、はるかに複雑である。

シカゴの統治組織を理解しようとすれば、多くの市の行政組織があることを忘れてはならない。たとえば、クック郡には八つの大きな統治組織と、四〇〇の小さな統治組織があり、大都市圏には一六〇〇の統治組織があるが、それぞれが独立した管轄圏である。時に応じて市からの監督を受ける義務がある。保健、警察、公園は、一つの主権者のものではなく多くの主権者のもので、有力者たちの対立にしてもすべて、実際は地域の活動を想定して計画しているのである。競合する統治の地域に関わるこれらの他の糸が、政党や社会集団を貫いて通っている。そして、シカゴの政治構造を、不ぞろいの政治色でキルトしたような、まだら模様にしてしまったのである。

ある集団が市役所に陳情に来ている一方で、別の集団は郡の行政当局との交渉で多忙である。また、ある集団は下水道委員会を包囲し、また他のグループは三大公園地区に嘆願書を持ってきて、行動を要求している。別の集団は、市当局に、特殊で重要な機能をもつ統治組織を統合するように要求している。判事は、州や市や自治体の立法者の意志を理解したり、それを適用しようとする手段を、まったく持ちあわせていない。

市当局が他のすべての集団に対して大きな力として現われ、あらゆる強大な影を落とすのは事実であるから、市当局がそのつもりがあれば、それらの団体にリーダーシップを与えるかもしれない。しかし、体制外から加わる影響力と、体制内の一点に集中している権威は同義語ではない。綿密に準備された計画が、統治者たちの混乱によって日の目を見ないことになる。

いまは、シカゴの市政全体について、描写したり議論をする時ではない。事柄の順序でいえば、行政組織や司法組織を取り上げることも重要であるが、本書では、コミュニティの政治機構がどのように機能しているかを明確にすることを目的としているのでとりあげない。[2] 組織について論じるのは他日を期したいし、私には不可能かもしれないが時期をとらえて考えてみたい。

市政のプロセスを明らかにするためには、まず市長の執務室を覗いてみる必要がある。アメリカ合衆国における市長は、世界の都市の市長と比べても、市の行政内部では特殊な存在であり、最も特殊な種類の実験である。ロンドンでは、ロード・メイヤー（Lord Mayor）、オランダ、オーストリア、ドイツ、ベルギーなどではブルゴマスター（Burgomaster）など、様々に呼ばれている。しかしアメリカ合衆国の市長、とくにシカゴ市長は、権能において両者をしのぎ、それ以上にちがいない。なぜならばシカゴ市長は、イギリスやオランダの場合と違って、混沌とする政治の洪水の中から選ばれるのである。ところで市長は、執務室でどのような仕事をしているのであろうか。どのような政治手法をもつ市長が生き残るのであろうか。

市庁舎の五階にあって強い印象を与える執務室は、ひろい領域の多様なコミュニティ活動の情報センターである。最高責任者には情報の集まる範囲が広いこと、処理が速いこと情報が重要であることが要求されている。ジョン・ケリー（John Kelly）は、庁舎外に事務所を構えて、何期も市長職を務めたが、もし庁舎内の執務室で見聞したことを書いたなら、シカゴの社会史、政治を解明したことだろう。しかし、彼は何年もの間、現職でいられたくらいだから、暴露行為をする意志はないようである。

シカゴ市長は、最も印象的な象徴である。シカゴを代表する代理人であり支配人であり、立法や財政の責任者であり、外交官であり政治指導者でもある。すべてを、兼ね備える存在である。と言うよりは期待されているものすべてに、応えてなし遂げようとするならば、結果としてこうならざるを得ないのである。これらの役割のうち主としてどれを演ずるのか、シカゴが何を最も求めているのかということは、市長となった者と、時代状況に左右される。

シカゴ市長の仕事の中には、女王や王女、有力者、探検家、そしてあらゆる方面での英雄などの賓客を歓待することも含まれる。市長はこれら要人や、重要な団体と正餐を一緒にしたり、会談をするが、すべてに応じていると、家で食事をとる時もないし、喉の休まる暇もない。たとえば商業連盟の大会に、市長の日程を丸一日あてはめたとすると、一日の終りに市長は疲れはてているだろう。

また、市長は、市の行政サービスの中で最も重要な部門の行政責任者を選ばなければならない。すなわち保健、消防、警察、公共福祉、財政、法律などの部門における行政サービスである。市長には教育委員会の委員や、公共図書館委員会の委員の選任も任されている。さらに、特殊な目的を持つ重要な局や委員会はもちろん、行政サービス全般を監督する公務委員会（civil service commission）の委員も、選出しなければならない。市長は、市の支配人でもある。というのは、そこで各部局の責任者を監督しなければならないのである。さらに局長を通して行政の一般的な方針を指揮し、公的サービスのシステムを作り出さねばならないのである。

市長はまた、立法者でもある。市議会の議決を拒否するかもしれない。議員を恩恵授与権や権威を使って、支配することもできる。法律案も提案でき、応々にして成立される。外交官でもあるので、シカゴを代表して社会団体や行政団体の延々と続く会議に出席する。こうしたことも大事だが、ある意味では、コミュニティから託された、高い信頼に応えられるだけの指導者でなければならない。都市の演出家でもあるべきである。演出家は、時には進むべき道を示し、提案したり助言したりする。

これらが認められるならば、市長は市の代表者である。さらにつけ加えれば、市長はある意味でシカゴの象徴でなければならない。漠然とした言い方かもしれないが、市長には、シカゴの代弁者となる人物の性格や人間像を、明確に示すことが求められているのである。

市長の権力は、権威によってでなく、信望によって限定されるものである。また、任務は法律によってではなく、業務の多様さによって決定されるのである。シカゴ市長は、市民とは比較できないほどに、国の内外においてコミュニティの、産業や文化の発展に責任を持ち、役に立つ存在となる。市長は、こういった職務に対する能力があると期待されて選出されるはずである。だが、付随する実行力があるかどうかは、これらの問題が再び出てくる、別の選挙によって資質が認められる。

これは手に負えそうもない仕事である。市長職につくためにシカゴや他の市でも、このような試験を通過した専門家、大衆はほとんどいない。同じことが、州知事や合衆国大統領においても観察できる。というのは、首長を選挙するということは、実験をすることだからである。ところが市にとって市長は曖昧な存在でありがちであるから、市の管理責任者が展開する実験は、無視されてしまいがちである。市長は、よく知られているドイツのブルゴマスターと呼ばれる市長と、全く異質なものであるというわけでもないが、アメリカに定着しきったものでもない[3]。

あまりに実力のある市長は、いかにも立派な人間であると見せかける危険性をもっている。すべて彼らは人あたりの良さでもって軽薄な行動や、邪悪な性格を隠ぺいしてしまう。あるいは、ある市長はいかにも質素で厳密な意味で有能であり、任期をまっとうするとみせかけているが、大規模事業が金額に見合って効果的であるか簡単に判断できない場合もある。ある平凡な市長は、地位に野心をもち、ファウスト（Faust）がメフィストフェレス（Mephisto-pheles）に支払ったような代価で、それを手に入れようとする。しかしながらこうした魂は、神とマモン（Mam-mon・拝金の神）に同時に仕えようとして、葛藤に苦しめられるのである。時として高潔さと権力を兼ね備え、指導力がシカゴに光彩を放つような人物も現われてくる。何人も市長に、無慈悲であってはならない。それは市長の任務は、実現するのが不可能なことがらであり、任務は、市長自身が実現するものではなく、われわれ市民が可能とするものであるからである。

最近のシカゴ市長には、評価の高い文字通り大都市市長（ロード・メイヤー）たちがその名を連ねている。ハリソン一世は、魅力的で印象に残る人物である。優雅さと威厳とで万国博覧会に光彩を添えた。ディーヴァーもまた、天賦の才能を持った人物である。外見は威厳がありいかめしく見えるが、礼儀正しく、公的な場所では愉快な人柄であった。彼を見ているとおのずとその市政が想像できるような人物であった。ダンやハリソン二世は、有能な人物であったが、ブッセは決して性格を表わさなかった。また、トンプソンは、目立ちすぎるくらいの、演技者でもあった。ハリソン一世は卓越した雄弁家であった。トンプソンは、群衆を前にした演説では、最高に素晴らしかったが、その他の場所では印象が薄かった。

ハリソン二世は、政治的な分野では、優秀な行政責任者としての資質を持っていた。もし、政治抗争に巻き込まれずに済んでいたならば、行政分野で輝かしい功績を残していたであろう。彼は市の人事に関する細かな知識を持ち、行政の詳細な仕組に広く精通しており、また、全体的な状況に対して鋭い感覚を持っていたので、課せられたいかなる任務をも十全以上に果たして有利な立場を獲得した。置かれた環境において、望ましい原動力と意欲を持っていたわけでもないのに、どのような現職市長より恵まれた立場を得ることになったのである。ブッセは、利用しようと選んだ人物に対する異常なほどの意欲と知識を持っていた。しかし、自らの可能性を求めて、積極的に行動することはなかった。ある時、ブッセは、私の委員会の調査結果に基づいて、彼の重要な幹部の一人を解雇する必要があると判断した。ブッセ市長はこう言った。「私は彼を一目見た時から、彼が紙幣偽造者であると分っていたのだ」。それでは、なぜ彼を任命したのか、ということが明らかに問題となってくるはずである。

私が思うにブッセもハリソン市長と同じく、自分が誤った判断で任命したことを、知っていたのである。また、ブッセの愉快な仲間たちの話がある。何人かはブッセとかなり親しい間柄で、ブッセの行きつけの盛り酒場であるレッド・スター・イン（Red Star Inn）で飲んだり、教育委員会の人事に口を出したりしていた。無学の市長は言った。「考えてみればここにいる君たちが、教育委員会にふさわしい人間を、紹介してくれなければならなかったのだ。こんな場所で、堅苦しい人間を任命するつもりはないのだ」。

ハリソンと私が市長候補者として互いに競っていた時のこと、シカゴ医師会委員が私のところに来て、保健委員会の長官を推薦できる権利を、与えるように要求してきた。この要求に対して、私は相談や協議に応じたり考慮しておくことはともかくとして、権利を、与えることには同意できなかった。彼らは言った。「しかし、対立候補者のハリソンはこの件についてはどちらが当選しても意に沿うように、あなたと約束をしたと言っている。当然了解しているはずである。間違いない」。ハリソンが選出された後、医師会はある人物の名前を提示してきたが、ハリソンはこの人物に不満で、別な人間を要求した。二度目も同じであった。何度も繰り返され、医師会の用意した名簿はことごとく拒否された。ついにハリソンは、私の後援者の一人と相談し、当初から提案されていた人物に決定した。結果的には良い人物が任命されたのである。別の事例では、市長と支持者が別々に二人に同じ役職を約束していたということもあった。この場合二人はお互いに妥協しあい、それぞれ任期を二年間ずつとして役職につくことにした。賢明でソロモン王のような解決方法（Solomon-like decision）であった。

多くの地位は政党の考慮や、選挙前の約束という形で、決定される。従って首長が実権を持ったとしても、すでに選任できる人事の範囲は、極端に制限されている。ハリソンは、正式に任命をする時には、すでに被任命者から白紙の辞表も受けておくというやり方を取っていた。日付欄は任期が記入されているが、職務欄は空白であった。しかしながら、有名な教育委員会の事例では、こうした辞表の形態は無効とされた。個人が辞職する以前の公務に、復帰できるようになったのである。一般的に言えば、市長は自分の閣僚からも、辞表を提出されることもある。しかしながら、政治的連携から辞表は不適切なものとされたのである。

おもしろい事例がある。トンプソン市長の時に、教育委員会の評議員たち（School Board Trustees）が、辞表を提出したことがあった。辞表は受理されなかったが、後にディーヴァーが市長になった時に、彼が公文書の中から見つけた。ディーヴァーは即刻に辞職を許可する旨署名し、評議員たちは辞職した。警察が、市長の決定を遂行するために助言をしていたのである。

ディーヴァーは、優れた行政管理者としての資質が十分にあった。殊に、鋭いウィットや義憤が要求されている状況を処理することにすぐれていた。またディーヴァーが消防士協会との会合を約束していた時の事である。ディーヴァーが自分の執務室に戻ると、部屋の内外に制服の消防士があふれていた。彼らは給料の引き上げを要求した。代表者は待遇の不公平さや、何の補償もないことについて抗議した。そのうちに彼の憤りが高じ、興奮して振り上げていた拳が市長の顔に近づいた。その時市長は言った。「あなたがたは誰と話をしていると思っているのだ」「シカゴの市長じゃないのか」「ああ、あなたがたがその事を忘れてしまっているんだろうと思った。出て行きなさい。全員だ。帰って仕事をしろ」。そこで、一同は一旦おとなしく出て行った。再び気持をとりなおし、戻って来て謝罪したのである。彼らは、代表者が少し行き過ぎていたことを、悟ったのである。

トンプソンが最初につまずいたのは、選挙の後で、共和党委員会に恩恵授与権を承認すると約束した時である。委員長が市長を訪ねて来たが、会えなかった。そこで来訪者はランディンと協議を行おうとしたが、彼は大変忙しそうであった。この男は、誠実ではなかったらしく、誠実には「承認」(recognitions)されなかったのである。だが、得票の配分に比例して、なんらかの緩和策としての役職は与えられたはずである。

シカゴでは、市長の恩恵授与権は市議会の追認を、受けなければならない。時として有効な牽制と見なされてきたが、あまり意味のないことでもある。というのは恩恵授与権が、ただ責任を回避するために認められるときには、この牽制行政に対する重大な挑戦に等しい恩恵授与権への、上べだけの批判となってしまうからである。また他方で市長は、実際には恩恵授与権に同意しそうもない発言力のある議員にも、責任を負わせるために、抱えこめるかもしれない。

ひとたび恩恵授与権が認められると、五階の市長室の仕事は、行政全体に影響を及ぼすことであり、精神的に激励することである。市長が実行しようとしている目標は、次のようなことである。つまり、市長自身が目標を追い求める条件と、その状況を知っているという条件によって、限定されるものなのである。さもなくば、「そのとおり」という返事が数度にわたって繰り返されているだけとなる。まさにこの瞬間にこそ市長のもつ詳細な知識や、行政管理の方針と可能性への関心が、作動し始めるのである。

そうでなければ、どこの行政当局においても怠業（sabotage）ばかりとなる。すなわちこれは言い過ぎかもしれないが、自分たちが容認しない政策に対して、常設の行政当局が行う静かなる妨害行為が、抵抗なのである。この怠業は民間企業に起こるだけでなく、公的組織に起こるのである。しかし魔法の言葉を発する五階の人間（the man on the Fifth Floor）である市長が、ひとたび執務復帰の命令を下したならば、しばらくの間は、間違いなく勤務が続けられることになる。市長に堂々と、挑戦する者はいないからである。

たとえば警察部門は、職務執行において自からの秩序を乱しながらも、市民の非難をかわしているのである。ある行政組織すなわち警察において、世論の批判はギャンブルの拡大についてであった。そこで市長は推論によって警察を非難し、自ら直接、賭博取締法（anti-gambling laws）の施行を命じた。その晩に多数の場所が手入れされ、たまま二人の閣僚が逮捕された。もちろん二人も当惑するが、それ以上に市長（Great Chief）も困惑したのだった。

禁酒法の執行にあたってディーヴァーが下した命令は、わざとその適用を無効にするようなものであった。罪のない人々が手入れを受け、アルコールを密造していた理由で、乱暴に捜査され、正当な理由なしに踏み込まれる個人の家屋もあった。同じことが、あらゆる部局で、行われるかもしれない。というのは、政治、実業、学問といった社会的地位において、それぞれ専門以外の分野を正確に管理するのは非常に困難だからである。

行政の仕組みは立法府の構成員によって、この場合は市議会議員によって、ワシントンと同様シカゴや他の都市では蜂の巣のように複雑に細分化されている。彼らは、市長の任期とは関係なく、多年にわたって地域の交際や人脈を駆使して、市議会議員として在職している。さらに情実と調整を求めて各部局に群がる。また彼らは買収や収賄を共謀し、条例をねじまげて、解釈を強要することから、完全に合法で必要であることを整然と主張している。シカゴにこの風潮が広がってしまったことから、市民が議員と会うのに通常の礼儀で、手ぶらでは訪ね難くなった。そこで議員は、住民からの貢物を獲得するのだが、そのやり方は完全に正当化されている。血気盛んな行政当局の長である市長は、この慣例を憤慨するであろう。しかし、市長は政策を支持して投票してもらう駆け引きをする段になれば、見て見ぬ振りをするかもしれないし、それどころか奨励さえするかもしれない。かつてランディン市長は、議員は市から一人につき一台のごみ処理用の荷車を買い与えられているが、それをシカゴに貸与する権利を持つことを意味する、と発言した。

市庁舎の典型的な一日の映像を見てみると、各部署に大勢の市民が群がっていることがわかる。情報を求める市民、規制や法令の解釈を尋ねる市民、さらに市からの請求要件を合理的、あるいは非合理的に調停しようとして相談に来る市民、あらゆる方面にわたったさまざまな要望に、関連するサービスを求めようとする多数の市民などである。これらのうち、議員が一緒に付き添ってくるものも多少はあるが、ほとんどはそうではない。彼らは正当、不当を問わずあらゆる手段で、有権者を満足させようと努め、忙しく働いている。しばしば支持者たちの要求には、極端に非合法的なものも少なくない。おそらく、私が地盤を引き継いだ前議員が指導してくれた方法では、市民すべてに必ずしも利得がもたらされとは限らないということである。前議員の助言はこうだった。「あなたが行おうと思っていないことは、何事も口にしてはいけない。あくまであなたが行おうとしていることを話せ。それから何度か催促されなければ実行するな。陳情は書とめておけば、手違いは起こらないだろう」。

行政に関わる陳情のうち、すぐに処理されるものもあるかもしれない。しかしそうでないものは、選挙区委員の承認、地区委員の承認、命令権を持つ有力者の承認、緊急の場合には五階の市長許可を必要とすることすらあり得る。賢い人間は、常に抜け道を捜すものである。市職員は市内のどこかの区や選挙区に住み、何人かの友人がある。これが抜け道である。しかしながら、回り道に終るかもしれないし、熱心に口説いて意の通りになるかもしれないのである。

行政が地域に関わるものとなるとき、地方政治は最高に危険な地帯に入ることになる。地方政治家は警察長官や役人、建築物検査官、とりわけ道路の地区管理者にごく懇意な友人を作ろうと腐心する。というのは、これらの人物は、窮地に追い込むようなことをするかもしれないが、情実で見逃したり、汚職を幇助することもできるからである。この支配関係は、組織になくてはならないものであり、また酒類密売買の保護やギャンブルの保護など、法が禁止している他の策略には絶対に不可欠であって、激烈な闘争は地方を支配しているこの形態が続く限り、繰り返されるのである。このつかみどころのない漠然とした支配構造は、市長が通常、実行していたり将来、実行しようとしている、いわゆる政策や行政よりも、はるかに大規模である。アメリカ優先主義にとっては、最も熱心な支持者が、地域における賭博と、悪の支配を支持していることを意味することになるのかもしれないし、あるいはあらゆる他の不正義はそれが事実上、結果としてもたらされるものであるならば、安易に受け入れられることを意味するかもしれない。汚職者は、原則や政策についての見識よりも金銭に、従うのである。

行政に介在する情実や柔軟な対応で悩まされるのは、それが結果として詐欺や汚職に結びついてきたからである。これを解決する方策として考えられるのは、すべての規定を、合理的であるかそうでないかにかかわらず、厳正に実行することである。つまり、「改革」を求め続ける態度である。とはいいながら、改革も改革にとっての障害の一つになることもある。しかし、都会では急速に状況の変化が起こるので、法律はすぐに時代遅れになる。現実に、社会の矛盾や障害は、誰がみても不合理な要求に対応させようとする主張が、もたらしているのかもしれない。行政を管理する立場の人間は、規則のすべての規定に、厳格に服従するのは、愚者以外にないことも十分に知っている。ここで法と同様のことが行政にもあてはまるのである。つまり、実質的な正義が達成されるためには、何よりも法に訴えなければならないという事実である。

ある市が不法行為に無責任であるということは、その市の法である。たとえば子どもが消防自動車にひかれたとしても、市は告訴されない、というようなことだ。一方で財政委員会は、いままで葬式費用を支出してきているが、これは法律問題ではなく、正義の問題ではないのか。法律によると、建設業者は許可を取ったり補償したりしなければ、建築のために街路を占有できないということになっている。しかし、ビルが街路に一五インチ出ていたら、どうすべきだろうか。しばしばこのくらいは不問にされるであろう。この矛盾を正すために、法律は改正される必要がある。しかし、その間に大きな不正義が横行する危険がある。法律では私有財産は五パーセントの税率で、全財産に課税される。しかし、未亡人の財産は四、五パーセントが返還される。この場合における正義とは何か。これらの難解な問題の処理には恐喝か、法の精神に則った合法的な調整が行われるか、のどちらかである。

行政は、多くのキーとさまざまなテンポを持ち、音量が変えられるオルガンである。そして行政の技術とは、ハーモニーの揃った音楽を奏でるために、組み合わせをどうするかにある。あるキーを弾いたり、音程が高かったり強かったりすることだけが技術ではない。ただ堅実であったり、温雅であったり、狭い意味で効果があったり独創的であると、いうことは容易である。それぞれ重要なことであるが、それらはすべて一斉に演奏されなければ、何にもならない。さもなければ不協和音という結果に終るからである。とりわけ、調和の考えや時期が混乱しがちな党組織と、二重奏を演ずることは困難である。

市長を選出する制度の理論は、市の指導者に何が必要かを示す政治組織の要素、法の支配、行政の主権とが融合した政治指導者の型である。しかし、シカゴをはじめ他の都市でも、一人の人間がこれらすべての資質を具備して、政治行動に必要とされる形を生み出せる人はいない。シカゴは、試みたすべての人々が結局のところ自得したように、政治組織を構築するには小さすぎるし、外側から監督するには大きすぎる。市の膨大な政策を考察するには、特別な素質、経験、熟慮した意見を述べる時間が要求される。きわめて精力が求められる仕事である。つまり、この条件を完全に満たせる人は、いないのである。行政サービスは膨大、複雑で、課題は絶え間ない、集中力を要求する。ほとんどの市長が対象とする行政そのものを知らないし、つかみどころのない政治的分野で成功するために、不可欠な素質を持ち合わせていない。すべての能力が融合するのは、想像以上に困難である。シカゴではローズヴェルト、ウィルソン、フーヴァー（Hoover）、スミス、トム・ジョンソン、ミッチェル（Mitchell）、カズンズ（Couzens）、ホーン、ブランド・ホイットロック（Brand Whitlock）、ゴールデン・ルール・ジョーンズ（Golden Rule Jones）のような人々に恵まれなかった。結局、市長職につく者で才能や経験がある有望な人物であるならば、決して公約を提示するようなことはしない、ということである。たとえばある者が長期にわたって、市長という地位に執着していると視野が狭くなり、バランスのとれた見方、考え方が歪んでくるのである。市長職としての能力は、いわば、偶然に左右される。つまり、膨大な責任ある仕事量を公正に処理できる部下が数人いたならば、それだけで都市は、立派に経営できるということである。

とくに連続して選出されるような市長は、捉えにくく実体のない、しかしながらその反面で、確固とした揺ぎのない都市の精神として知られる事柄を把握して、理解しなければならない。これは行政の細部以上の何か重要なことである、すなわち恩恵授与権や条例に精通していること、一貫した政治家としてふさわしい資質以上に要求されるものである。とくにこのことを理解することは困難である。なぜならば、コミュニティには、興行師は飛びつくが、政治家は回避するに違いない有毒で、ある種の刹那的な、気紛れなものがあるからである。都市の精神は伝統と熱望、好奇心と経験から構成されている。さらにシンボルと態度と行動様式が、順応してきて政治家の個性の中に具体化される。

すなわち、都市精神は控え目なものというより、より深く潜在するものである。つまり政治家たちはそれを十分理解していて、行為として表面化することを避けるが、後天的に身につけた積極的な温好さがこれである。それは直感の中に存在する。すなわち、社会的諸勢力、伝統、希望といった諸要素の均衡によって示される行動についての総合的な感覚の中にある。その方法は、理論的に考えられたものではない。機械的な方法によって、学習できるというものではなく、感じられるものであり、そのうえ、説明できるものである。たとえば、カール・サンドバーグは、シカゴの精神を捉え、それを『煤煙と鉄（Smoke and Steel）』という作品の中に表現したが、彼は、政治的ではなく詩的に解釈している。カールは、トレド（Toledo）に住んでいたブランド・ホイットロックと同じ意図で都市精神を表現したのであろう。

ところで市長は、詩人でなければならないのだろうか。これは全く無意味である。市長は、長い髪や宙を見つめる、夢遊病者のような瞳を持つ必要はない。それどころか非情（hard boiled）で現実的で、日々の厳しいありのままの真実を、取り扱わなければならないのである。市長は市民自身が自覚していないながらも本心では求めていること、すなわち彼らが潜在的に何を欲しているのか、人間性や行為に現われた、人間の外観に表現されたものから、何かを察知しなければならない。もし市長が誤った推測をしたら、市民は不幸である。

しかし市長が都市を理解していて、個人や特定の集団の利益を図りすぎないこと、などが綿密に配慮されていて、政治的洞察に特別な才能があって、時局を正しく判断することができれば、野球の打率でいえば、平均三割以上という最高の結果を、引き出すだろう。予測がつかなかったとか、機会がなかったという理由で、責任を回避することはできない立場にある。四年の間には多くの危機があるであろうが、まず行動しなくてはならない。災害、労働争議、流行病など都市生活にあって大規模な政策が、立案される緊張した時がある。あるいは、コミュニティの小さな問題に対策の、くい違いがでたりした時もある。コミュニティの都市生活に与える影響から、苦境を経験することもある。三〇万年という民族の長い歴史に基づく感情があり、三〇年しかない民族としての経験、あるいはまったく歴史をもたない者、さまざまであるが。歴史の長短にかかわらず、それぞれの民族感情が、このような緊張したときにこそ感じとられ、理解されなければならない。

一八八六年に、無政府主義者たちが、集会禁止にもかかわらず会合を開いた。その時にハリソン一世は自分から集会を見聞に出かけていった。彼は会場の近くで、葉巻を吸いながら馬に乗っていた。しばらく聞いていたが、参考になる報告がないので立ち帰った。直後に、不幸なことに混乱が起こった。すぐに警察の分隊が、到着した。その時、警官隊の真ん中に、爆弾が投げ込まれたのである。

第一次大戦の間、トンプソンは戦争推進集団（war aims group）の会合を許可した。それまで州知事が禁止していたものである。この許可によって、トンプソン市長の支持者をドイツ系だけでなく、言論の自由を求める人々をも含めた幅広い範囲に広げるきっかけとなった。彼はシカゴ市民の代弁をしたことになった。後になって、ジョフレ（Joffre）を先頭にシカゴへやって来る連合国側の司令官たちの受け入れをどうするか、と尋ねられ、それほど大勢のドイツ系がシカゴにいたとは知らなかった、と答えている。彼は政策判断に失敗し、しばらくは受け入れを拒否した。しかし実際、彼らを受け入れた。

ハリソン二世は、鉄道資本の支配に抵抗することによって、シカゴ精神をつかみ、意志が固かったことによって、シカゴの永遠の功労者として名前を残した。当時の全市民から支持を得た。しかし、ダンやディーヴァーは、鉄道輸送市営化条例を具体的化しようとして、その地位を追われた。

ディーヴァーは、上品さと礼儀正しさを売り物にしていたが、禁酒とはさらに強い絆があった。ディーヴァーの手で飲酒が禁止されたことを契機に、シカゴは全く衰微していった。もっとも一方では、特別な集団はその法の神聖さを、歓呼して賛えていた。トンプソンは禁酒反対を掲げることによってシカゴ精神を摑んだが、すでに法規制の緩いオープン・タウンになっており、権力も弱まっていた。「アメリカ優先主義」を唱える何人かの拍手に騙されて、大衆の尊敬を集めた愛国心のかわりに、嘲笑をかってしまったのである。

政治指導者には、市民の敵意と嫌悪の暗礁と浅瀬が、待ちうけている。航海はいつでも、非常に困難である。嵐が襲えば、さらに危険である。けれども、この時こそ水先案内人が必要とされるのであり、船を離れられない時である。もし乗組員である市民が、十分に勇敢であったなら、政治指導者は必要とされないであろう。

普通の人々の手には重すぎるシカゴという剣を持ち、縦横に振り回すためには、どんな高潔な人物が登場すべきであろうか。また他の穏かな方法で、市民を説き伏せようとすれば、どんな予言者が期待されるべきなのであろうか。あるいは、ギリシャ七賢人の一人であるソロン（Solon）は、政治的な知恵を十分に賦与したであろうか。シカゴの将来を明るくし、際立たせ、御影石で輝やく美と力の素晴らしい威容と象徴のために、無限に広がる可能性を追求する人物を、いったい誰が知るであろうか。

（1） J. H. Curran, の卓越した研究 *John Citizen*, を参照。
（2） L. D. White, *Morale in the City Hall*, 1926, は公共サービスについて新しい観点を提供している。
（3） L. D. White, *The City Manager*, 1927, を参照。

訳注

〔1〕 同時発声投票（viva voce voting)。“viva” はラテン系の語で shout（叫び声）、“voce” は voice（声）を意味している。
本会議（plenary session）で、法案の採決にはいろいろな方法がある。この同時発声投票もその一つある。議長が、その法案に賛成する者に一斉に“aye” と発声させ、次に反対する者に“no” と同時に発声させる。この両者の音量の大小によって、賛否を決する方法である。短時間で便利であるが、賛否の差が僅少の場合は判定しにくいので、この方法はとらない。

第八章　手榴弾予備選挙、その他

政治支配を確立させるための抗争は、選挙運動に集中する。それは、しばしば壮絶な闘いの様相を呈する。実際には、選挙運動の間に何が起こっているかが、より重要である。ところが、この期間は選挙運動ほど人々を興奮させず、想像力や感情に訴える度合も弱い。大都市コミュニティの市長選挙は、いつも異常な熱狂につつまれて、時には恐ろしい状態に陥ることすらある。その好例が一九二八年の手榴弾予備選挙である。この例は選挙運動が最高度に過熱した場合には、成り行きからして爆弾事件や、殺人事件すら起こりうることを示すものである。

私は、最近二五年間、シカゴの政治運動を観察してきたし、運動のいくつかに、実際に参加するめぐりあわせもあった。以下に述べることは、闘いの寸描であり、従軍記者が思いつくままの角度から、描いた闘いの光景である。これらの描写は科学的な報告を、意図したわけではない。しかし闘いのある場面を一瞥することにより、いつも、現実には、何がなされているのかと問う人々の役には立つことを願っている(1)。

私が、最初にシカゴの現実政治と直接に個人的に接することになったのは、一九〇九年であった。私の住む地区で市議会議員の空席が一つ生じ、立候補を打診されたのである。たしかに市議会は、権能と権力を有する機関であって、当選すれば、一個人として蓄積してきた研究が、公の市議会の場で活用できるように思われた。また、旧知のドイツ系教授たちが、公的機関のメンバーとなり、しかも科学的な研究で実績をあげていたことも記憶にあった。私はかねてより理論と実践が噛み合うことを何よりも願望してきたが、事実、双方が十二分に発展していくためには、それぞれが不可欠であると考えていた。私は数年間の市議会議員の体験から、この考えに確信を深めた。

指名獲得の運動は直接予備選挙法[2]（direct primary law）に準拠して実施され、その時が新しい方式による最初の試みだった。私は共和党の推薦によって立候補した。しかしながら、推薦をうけることにはそれほど熱心だったわけではなかった。指名を受ける寸前のことであったが、別の候補者が共和党の一部を背景にして登録をした。こうして私の競争相手として、魅力的な容貌と身のこなしの著名な弁護士が、精力的に挑戦してきた。

ところで、私は、父の名前をとって名付けられていた。父と区別するために、ミドル・ネームで呼ばれていた。ところが選挙運動がはじまる直前になって、突然、理不尽な打撃をうけることとなった。党指名候補者名簿を作成する責任者は、私を呼び寄せて正式の名を尋ねた。私は彼に「C・E・メリアム」と答えた。

「頭文字は使えないよ。サインはどう書くのか」と彼は言った。

「C・エドワード」と私は答えた。

「それは通用しない。大学教授を公認候補者名簿に書くのに、名前をミドル・ネームで書くことはできない。ファースト・ネームは」。

彼はそういって、選挙届け出の名を、チャールズ・Eと登録してしまった。それ以後、今日まで変更できないでいる。私は実務担当者に抗議したが、容赦なく一蹴されてしまい耳を傾けてくれようとすらしなかった。あとで分かったことだが、彼自身、同じような経緯で名前を変えられていたのである。さらに私の選挙参謀の名前も同じように変えられていた。

この選挙には何ら特別の争点などなく、候補者の人間像が当落を決めた。しかし、ある種の議論にはこと欠かなかった。私の対抗馬は、終始、大学教授は市議会議員には向いていないと強調した。彼や支持者たちは、政治学の大学教授は理屈一辺倒で現実に暗いはずだ、と謗った。その陣営は、「この人を選ぶか、大学教授を選ぶか」と書いた彼の顔入りのビラを印刷しばら撒くことまでやったのである。

さらに私は大学教授であることが罪である、と攻撃されたばかりか、私の所属しているシカゴ大学がジョン・D・ロックフェラー（John D. Rockefeller）の思うままに牛耳られていると宣伝され、有権者に偏見を流布する始末であった。事実、対抗馬の支持者たちのある者は、さらに過熱し、ロックフェラーは特定できない様々な理由から、市議会に代弁者を送り込みたがっていてメリアムが選ばれたのだ、といいだした。

他方で、私は現実政治情勢に疎いかわりに、公共政策には非常に精通しているとされた。そのため地区のこまごまとした問題には無頓着にちがいない、というのである。それをある者はこう表現した。「われわれは、市議会議員が欲しいのであって、政治家を選ぼうとしているのではない。この地区の、ただ地元の利益を代弁してくれる人が必要なのであって、市全般の利益を代弁する人など要らない」、と。彼らの論理からすると、いままで第七地区は市議会において市の問題に大きな役割を果さなければならなかった。そこで、今度こそ地味な地元の仕事を中心にして働く人を選ぶときである、というのである。

大学教授が立候補したという珍らしさも手伝って、この議論は盛んに行われた。そこで批判する意見に対抗するために、できるかぎり有権者をまわって、直接触れあう作戦をとるよう助言をうけた。第七地区の平均的な人々からみると、大学教授とは、年配の紳士で近寄り難く生活の諸問題から遠い存在、という印象をいだいているようであった。私が出席した近隣住民の最初の集会について、はっきりと覚えている。それは、平屋の地下室で、三、四〇人を集めて開かれた。私が支持者と入室すると、出席者の一人が「教授はどこだい」と聞いているのを耳にした。その隣の者が「今はいってきた人だ」と教える。しかし尋ねた男はまだ合点がいかないようで、再び聞いた。「シカゴ大学出身のやつはどこにいる」。そこでふたたび指でさし示され、ようやくそれが私であると確認された。彼はたいへん驚いた顔をしていた。そして、隣の男にいった。「一体全体、ひげはどこにいったんだ」。

予備選挙の運動中、多くの支持者が、私にブッセ市長を訪問すべきだ、と進言してきた。彼らは、私が二年間、市長の諮問機関である港湾委員会の書記をしていながら、一度も市長に会っていないことを指摘し、ここで公式に訪問しておけば、市長に明らかに敵意を持っていないという証になる、と説得した。私には特別に会う理由もなかったが、拒む理由もなかった。そこでベネット市議会議員（Alderman Bennet）が、自ら進んで紹介してくれるというので訪問することにした。市長は私たちの訪問の目的と用件を知るとかなり感情が昂まったようすであった。私の方に素早く顔を向けると、言い切った。「私と私の支持者全員は、あなたを支持しないことになるでしょう。もともとシカゴ大学出身者は好かないのです。社会主義者はみんなシカゴ出身である。あそこはハル・ハウス（Hull House）〔訳注1〕よりもひどいところだ」。私と同行していた支持者たちは市長の態度を遺憾に思いながらも、必死になだめすかした。効を奏して市長はある程度冷静になった。最後に市長は私にこういった。「とにかく私は第七地区に支持者が少いから、私が君を支持しないことは、君を傷つけるというより君を助けることになるだろう」と。私はそれに、こう答えた。「市長も結局のところ、支持してくださろうとしているのですね」。すると、市長もその場の一同もどっと笑い、われわれは市長舎をあとにした。

投票日の前日の土曜日に興味深い事件が起こった。夜一〇時ごろ、近くの仲間の家で数人の支持者と会議をしているとき、そのうちの二人が、「私たちは、これからアルゴンキン・クラブ（Algonquin Club）へ行くのですが、いっしょに行きませんか」と言った。一瞬、私も同行しようと席を立ったのだが、そこでの仕事を終えたわけではなかったために留まった。アルゴンキン・クラブでは、ボクシングの試合が行われている模様だった。警察はどこで知ったのか、探知して、支持者が着いた直後に手入れをした。約二〇〇人が一網打尽にされて護送車でハリソン街警察署

(Harrison Street Police Station) に連行された。残った観客の中に、市議会議員の指名を争う対抗馬がいた。彼は署に連行されなかったにもかかわらず、日曜日の朝刊には、リング・サイドで逮捕された、と載った。彼はドラムを少年から取上げて、演奏者をよそおって、バンドと共に行進して逃走したのである。この警察の手入れは、彼の選挙に致命的打撃を与えた。すぐさま彼は私が警察当局を煽動したのだと非難し、逆襲してきた。実際のところ、私は日曜日の朝刊を見るまでこの事件を知らなかったし、もし支持者といっしょに行っていたなら、やすやすと網にかかっていたかもしれないのである。かりにもし、私が「トリビューン」紙の編集長や警察署長と当日の午後に話したことを、彼が知っていたとするならば、彼はもっと強い措置で対抗したはずである。彼の推理は間違っていたが。多くの人がこの事件よりも薄弱な状況証拠で、政治生命を奪われてきたのである。

そんなことから、予備選挙は一方的な結果になった。私は、選挙区のうち二地区を除いてすべて勝利し、圧倒的多数を得た。投票結果は四、三〇〇票対一、五〇〇票であった。本選挙のための運動は関心がうすれてしまった。

市議会程度の闘争は、他の政治闘争に比べ政治地盤に一番近いので、豊かなユーモアと一種独特の活気に満ちている。これらの抗争は、固い食物でも消化する胃をもつような人々、あるいは人間臭い政治を好む人々には魅力あるものであるが、繊細な心の持ち主や想像上の理論の世界に生きる者には、たまらなくおぞましいものである。

たとえば、同僚のある市議会議員は、次の事件をきっかけに選出されたのである。相当な年輩であった対立候補は、立会演説会で彼を「青二才だ。いつの日にか、一人前の男になってもらいたい」と、皮肉たっぷりに冷笑した。たまたまそこは、大家族が集中していた、広い選挙区であった。ところが、若い挑戦者は、「私も男です。すでに二人の子の父親です。ところがどうでしょう。彼には子供がいません。この街でははたしてどちらが、最良の男でしょうか」と見事に切り返した。青二才は拍手喝采を受け、選挙にも勝った。

市長選挙ではすさまじい火花が飛び交い、市をあげて政治的に白熱する。シカゴ市長は政党の予備選挙で指名を受けたのち、旧来の政党選挙で選ばれる。市議会議員は、非党派予備選挙（non-partisan primary）で過半数を得票した者が選ばれる。もし過半数を確保できる者がなければ、上位二人で決戦投票を行う仕組になっている。非党派予備選挙と、政党選挙が同時に行われているのである。もちろん政党の公認候補を支持する、中核となる共和党員、あるいは民主党員はいる。しかしながら、現実には、市長選挙は非党派的な選挙である。投票者は政党の壁を無視し、他の尺度で投票するのである。他の事情が同じなら支持政党の公認候補に投票するのが常識であろうが、そんなことはほとんどない。また、すべての選挙にあてはまることだが、もちろん堂々と公言はされないものの、ある候補者から相当な勢力が現実的に他の陣営に流れることは、衆知の事実である。

正規の政党指導者と無所属の指導者の相違は、政党指導者は正統性を主張しても、そのとおりの行動はしないことである。一方、無所属の投票者は無党派性を主張するが、しばしばそのとおりの行動をとらないことで裏切る。候補者の赤毛が気にくわないながらも民主党に投票する者が、実は共和党員にちがいないという場合もある。あるいは候補者の黒毛が気にくわないながらも共和党に投票する者が、実は民主党員になりたがっている場合もある。地方選挙では金持ちや生まれの良い者でも、弱者や生活困窮者と同じように政党の指名候補に投票する。もしほんとうに党員になりたいのなら、他党候補を応援していても、最終的には弁解でとりつくろえるだろう。地方政府は他のどのような政府よりも生活に密着しているので、地元の問題については弁解を簡単に考え出せるからである。市が行っていること、怠けていることを目のあたりにして、自分自身の判断基準を持つ有権者は、たとえ常時でないにしてもその判断基準を投票という行動によって使うのである。

選挙運動中にあらわれる地域社会の利害、党組織、候補者の個性、伝統、政策というようなさまざまな要因のうち、伝統は国政規模の選挙運動と比較しても地方選挙では、まるで目立たない。さまざまな集団が候補者たちの個性、また争点となった問題に対する政策などの社会的利益こそが、地方選挙の結果を決める大きな役割を果たすのである。

国家的領域における政党の伝統という要因を除いて、活動的な勢力はすでに述べたようにきわめて活発であり、強大である。これらの利害集団が稀にある候補者に支持を完全に一本化できない場合、しばしば各自が活発な行動をする。このように集団の利益が、多元化する状況は、おそらく、工業社会が到来しつつあることを、暗示しているのであろう。工業社会は、国家全体ではなくまず都市の中核に圧力を加え次第に展開してきたのであった。

私たちが「非公式な統治組織（unofficial government）」と呼ぶのは、基本的には、新しい形態をとって要求を主張したり、可能な限りの権威を手に入れようとして実際に力をつけはじめた社会の代表組織である。現在、非公式な統治組織は一般的に中産階級の利益代理をしている。こうした傾向は専門技術者集団だけでなく、労働者や経営者の代表組織にも見いだされるようになってきている。二、三の大都市ではこうした状況のもとにあって、旧来の一地区一市議会議員制（territorial representation）から市全体を一単位として議員を選ぶ方法へ制度を変えた方がいいのではないか、と検討されはじめているが、シカゴではこうした制度を切実に要求する声はまったくない。

都市の選挙に登場する候補者の個性はさまざまで、国家や州や農村の候補者に一般的にみられる性格とは、多くの点で異なる。第一のタイプは、好人物、交際家、「人々を結びつける人」（jointer）、接待上手な人である。こうしたタイプの人が、主に使う手段は、一人一人との個人的交友関係を開拓して、あらゆる種類の集団や非政治的な色彩をもつ組織に、出入りすることである。第二のタイプは演説に才能のある扇動家である。このタイプの戦略家は危機に臨んで演説の力によって有権者に影響を与える。今日でも大変に有効な能力であるといえる。第三のタイプは選挙戦を通じて目標、政策、計画を訴えることによって防御しそれら一体となれる人物である。当落の鍵はここにある。第四のタイプは権力、リーダーシップを発揮する生まれながらの素質を持つ人である。こうした素質は常に尊敬と熱烈な支持者を、集めるものである。誠実さ、勇敢なこと、統率力のあること、知的なこと、これらはどんな場合でも重要な品性で、実際には受け入れられることはないだろうが、決して無視できないのである。

農村地区ではよく横柄な議員をみかける。このようなタイプは、伝統的な政治家によく見られ、都市では生き残るのはむずかしいであろう。フロック・コートを身にまとい、どなり声をはりあげ、妙に議員然とした態度をしていたら、街頭にたむろするいたずらっ子たちや、集会に必ずいる冷やかし半分の人間に、徹底的に馬鹿にされるだろう。そうした型でいえばヘンリ・クレイ・ズルツァー（Henry Clay Sulzer）のように、確かに何人かは今でも頑張っているがまったく少数である。彼らにはこの型の議員生活しかあり得ないのである。古参議員の議席はしばしば狡猾漢型か、変節者型の人間にとって代わられる。都市では勇猛果敢さは愛されるが、意識してへりくだった態度は嫌われる。都市へ流入する人々を騒々しい群衆として対応するには、善きにつけ悪しきにつけ徹底的に実行する、燃えさかる能力が必要なのである。この定住するよりも逃避する傾向をみせる群衆に対し、永続的な行政の影響を発揮できないとするのなら、機敏な実行力を発揮しうる権力が必要となるのである。

新しい都市の環境変化に適合するように練られた演説の発展の一つの型あればこそ、昔ながらの感情移入の激しいものでもいまだに通用しているのである。大佐でもあるルイス上院議員は、赤毛の髯と人なつこい笑顔の人だが、新しい型の演説を操る。彼が現われると夜会服を着こんだ第一地区の帰化した住民たちから盛んな拍手で迎えられ、拍手の止んだ後に流暢な訴えを開始する。とりもなおさず独特なしかも効果的な演説を盛りあげるのである。先代のハリスンとジェーン・アダムズ、ロビンソンとトンプソンのような訴え方が両極端で好対照であるので、聴衆の反応がよく効果的である。

組織の長やボスは、公然と名前が出る運動員や候補者とはまったく異なった資質が、必要とされる。彼らの資質とは、社会の動向に対する鋭い洞察、地域特性の巧みな計算、他組織と連合し統一する能力、陰謀や策謀を練る知恵、恩恵授与権と猟官制で支えられる利害関係を、維持していく特別な能力などである。ロリマーは、書類上にしか存在しない組織を設立する手続きに精通している。同じく、ランディンは大衆心理について、ロリマー以上に博学である。

ブレナンは、反抗して相容れない仲間を上手に手なづける方法を知っている。デニーンは、組織をはじめ無党派の人間の意見に精通している。シカゴの封建的な制度は、さまざまな形で各地に、権力と明白な個性をもった地方領主の存在を可能にしている。シカゴはニューヨークやフィラデルフィアのように中央集権的に管理された都市に比べて、これらの多様な地方領主の存在をより可能にしたのである。政治という金鉱地を所有する、大富豪たちを研究するうちに魅力ある資料が存在する。

なんといっても最高なのは組織のまとめ役と演説家の資質を兼備することで、それは策略のためには演説家の感動的な話術を前面に押し出して、組織のまとめ役の狡猾さを巧妙に使いわけるのである。演説家が権力を握った場合、往々にして機知を欠き、派閥や行政の諸問題を解決する忍耐力が不足している。ハリソン家やデニーンは、これら二つの得難い能力を身につけていた。どちらかというとハリソンは組織のまとめ役より演説家の面が、デニーンは演説家より組織のまとめ役の面が優れていた。

昔からボスという言葉は獲物をあさり、他人に自分の勘定を出させる輩下にとりまかれて、近より難い危険な存在であるという、先入観を本人の周囲に漂わせてきた。自分自身がボスである指導者は、最高に安全である。

地方自治体の選挙運動の争点は、非常に多岐にわたっていて他の選挙と同様、実際に何が争点なのか容易に判断しかねる。もとより争点が広範囲にわたっていることもあるが、明快でなかったり第三者や運動員が自分本位に解釈することにもよる。新興都市に関連して新しい緊急課題がその背景に目白押しにあり、そして国政選挙の選挙運動では、重要な比重を占める政党の歴史や実績が、詳細に語られることは二の次になる。時に新しい課題とは、民族、宗教、階級に関する問題であったり、あるいは公共事業体の調整の問題や争っている政党のうちどちらが誠実で効率を目指しているか、といった本質的で実際的な問題であったり、歳出や行政運営の問題であるかもしれない。現在や未来が、過去よりも重要視されるのである。

共和党、民主党はともに忠実な支持者が賛同するような、基本的綱領を持たず候補者は自分自身の選挙公約を綱領として公表するが、過去に党大会で採択されたものか現在採択されているものよりも、しばしば簡明なものである。問題とされるべきことは、候補者に明確な公約をさせることではなく、公約を持続させるように説得することである。また公約していなかったある問題が起こった場合に、彼がどう行動しようとするのか予測することも大切である。地方自治体の争点や環境は、めまぐるしく激動していて、市議会議員が当選した時に誓った公約は四年の任期が終る頃には、有権者が忘れているかもしれない。何はともあれ、選挙の時にこそ幅広い政策や行政方針を引き出すことが、可能なのである。選挙スローガンがコミュニティの世論と明かに相違している場合、それを隠したりする時と、堂々と盛り込んだりする時とがある。つまり、スローガンはそれを支援してくれる人々が、どれほど責任感を持って関心を示してくれるかによって変わりうるのである。

四世紀半の間で、シカゴ市長選挙の結果から立法化されたのは、たった一つ――一九〇七年の鉄道輸送問題――だけである。ほとんどの場合、市長選挙で議論となる争点は、それほど具体的ではない。例えば一九一一年は新旧政治の選択であった。一九一五年の主な点は、宗教―民族問題であり、トンプソン陣営は、反カトリック・反ドイツであった。一九一九年は戦争についての争点が地方政界にも波及してきて、大混乱となったのだが対立候補が民主党、労働党、無所属からそれぞれ一人ずつ出て相互に喰いあい、結果はトンプソン主義が確立されることとなった。一九二三年は新人と、現職の自治体公務員の間で争われた。一九二七年は、たしかに、トンプソンの目指す市政と対立候補の唱える市政の相違が争点となった様にみえたが、実際の根本的争点は禁酒法を厳しく実施するか緩和するかであった。

以上の選挙を左右する要因は、個性、偏見、政策、利害などが単独で存在しているのではなく、だれもが説明できないほどに複雑にからみあっている。人間関係や金という、強力な手段で動く非常に確実な勢力がある一方で、自分をとりまく大騒ぎに関心を示さず、投票など最初から考えない大勢の人々がいる。それに、かつてジェファーソン（Jefferson）が言った「ささいなかりそめの理由（little and transient cause）」から投票する人も数千といる。大部分の人はよく考えずにある候補者から別の候補者に投票するように移動させられる。この場合、友人や運動員の影響が極めて大きく作用するようである。

候補者は本人が取るに足らぬ些細な理由から支持されたり、反対に徹底的に嫌悪されたりしているのを知ったら、当然のことながら当惑するだろう。候補者の声、笑顔の温和さ、握手の仕方、妻、子供、宗教、あるいは宗教心の欠如、ささいな場面での彼の動作、彼を「知っている」という事実。たとえば友人があるいは、友人の友人が彼を知っている。彼の出身地を、属する階級を知っている。これらは候補者が当落を決する際の数ある、細かな要因のいくつかに該当するであろう。もちろん、一〇〇万もの票の中ではこうした些細な要因に基づく票は相殺され、もっと確固たる信念のもとに投じられた票が選挙を決めるのである。

ところですべての選挙にいえることであるが、投票日が迫るにつれて、最高頂に達するように集中された精神力や、みなぎる活動力が、途方もない潜在力として蓄積されているということは否定できない。かりに政治活動を、運動期間の最終日の晩のように、一年中必死に行えるならば、得票はさらに増えるかもしれない。しかし現実は、まったくかけ離れている。選挙とは民主政治の中で劇的なものの一つであるが、実際の投票行為は単調なものである。選挙では、人々の気持ちが次第に高ぶり動揺してきた頃あいをみて、支持を訴えるのである。選挙に破れた瞬間に、屈強な男たちが大声をあげて泣き崩れることがよくある。時に候補者自身でもあり、多くは支持者たちである。国政選挙では、各陣営のすさまじい熱狂状態が、原因となって憎悪と暴力騒ぎから執拗な確執や偏見につながっていくのである。市議会選挙でもそうした雰囲気にはなるが、一時の昂奮で治るようである。

選挙は複雑な現象であり、一見して感じるほど単純ではない。最初はだれもが単純に見えるかもしれないが、詳しく調べていくと、捉えどころのないものになる。社会の利害や政治を左右する権力の平衡作用——それは常に変化しているに違いないし、巧妙な、時には苦痛をともなった妥協の産物である——が目に見えぬ所で行われている。候補者の人間性と同時に、様々な与えられた状況に対する適応性が重要である。最適任者と思われる人間が、選挙という特殊な状況下でも最高の候補者であるとは限らない。また選挙運動を盛り上げるために、最終的に掲げるキャッチフレーズ、スローガン、シンボルのきまり文句の問題がある。政党の伝統だけでなく都市に培かわれてきた基本的な政治習慣——しばしば、政治的結果を決定するほど、強い影響力をもつ——といったコミュニティの伝統も見逃せない。都市ほど変化に気を配り、昨日はもう過去であり明日がそこまできていることを機敏に認識することが重要な所はない。

失敗するはずのない人間でも誤算をする。カーター・ハリソンの場合、すべてに抜け目のない男だが四期も市長を務めた後の、一九〇七年の予備選挙でダンに大差で苦杯をなめた。さらに一九一五年の予備選挙ではシュヴァイツァーに完敗している。トンプソンは一九二一年六月の選挙で、住民が彼を裁判に訴えようとしていると誤解したため、熾烈な奮闘にもかかわらず大敗した。一九二七年には得票の読みをまったく誤まり落選し、結局翌年には引退した。ロジャー・サリバンは一九一四年の上院議員選挙の三つ巴の争いに、一財産を投じた。引き続く市長選挙の勝利を確信して、さらに自慢の洞察力や、組織力をもってしてもシカゴ市長にはなれなかった。ブレナンも、一九二六年に引退した。

非常に綿密な計画をたてても失敗の可能性があること、また地域の状況を丹念に見極めることがいかに重要であるかを示すために、これらの事例を取り上げたのである。選挙運動は猪突猛進であってはならない。それには勇気や敏速な行動と同様に、忍耐力を必要とする綿密な性格をもって長期にわたって事前の準備がなされなければならない。いわゆるボスの強大な権力は魔法のなせるわざではなく、猛烈な努力の所産であって社会的、政治的事象に関し、鍛えぬかれた知性を発揮することにより体得されるものである。ボスの人心収らん術は、粗雑かもしれないが経験に基づいている。すなわち彼の組織は系統的ではないかもしれないが、統率されていて各部署は工夫されて相互に連携がとれている。

ある特定の選挙や特殊な状況を検討することが一般的な事例を検討するより理解しやすいであろうから、以下ではいくつかの選挙がどのように行われたか詳細に述べる。そこで一九一一年のハリソン対メリアム選挙、一九二七年のアメリカ優先主義を争点とした予備選挙、一九二八年の手榴弾予備選挙を中心に、他の選挙にも簡単に触れ選挙前に起こった事件とも、関連づけながら政治過程の検討を具体的に進めていくことが有益であろう。紙面の制限と読者の忍耐力の限界を考慮し、複雑な出来事を簡単に描写するだけにして細かい問題については粗筋の中で記している。

一九一一年の選挙は市長候補を選ぶ直接予備選挙から始まり、たまたま民主、共和両党ともに三つ巴の争いとなった。民主党は四期市長を務めたことのあるカーター・ハリソンと、一期務めたことのあるダン裁判官と、ロジャー・サリバン派が正式に推すアンドリュー・グラハムとの間で争われた。共和党はブッセ現市長とロリマー派の推すJ・R・トンプソンを中心にして、ダン派の推すスマルスキー（Smulski）、無所属の私との間の選挙だった。

民主党の予備選挙はハリソンとダンの接戦となり、ハリソンが一、〇〇〇票差で辛勝した。ハリソンはガスを七七セントに値下げするよう訴え、サリバン・ガス会社の独占を非難した。ダンは、ブッセ市政を非難した。グラハムは、組織力に頼りきりであったため三番目であった。

共和党の予備選挙では、トンプソンとスマルスキーは一般的な組織主導型の選挙運動を展開した。指導的立場にあり銀行家でもある政治家が、予備選挙が開始された当初、こう言った。「どんな選挙にもユーモアの要素があるものだ。メリアム市議会議員は、まさにこの選挙のお笑い草だ」と。トンプソンは、私を大学教授で理論家にすぎないと徹底して攻撃し、スマルスキーは私がほんとうに共和党員なのかと、不信を投げかけてきた。われわれの選挙運動は、ハロルド・イッケス（Harold Ickes）が周到に指揮していた。当時、シカゴで行われていた政治システムに目標を定め、政治選挙組織連合や市公務員組合や公共請負業者に不当に左右されている、と強く主張した。私は市議会の歳出委員会（expenditure commission）の委員長を務めた経験から、この点に関して多くの実例を、掲げることができた。数地区では私の演説会を主催してくれる人すらいなかったものの、人々の関心は急速に高まった。

選挙結果は次のとおりであった。

メリアム…………五四、〇〇〇票
トンプソン………二六、〇〇〇票
スマルスキー……二四、〇〇〇票

ある意味で、民衆がこの選挙に勝ったといえた。というのはほぼ同じ政策を掲げていたグラハムと、ブッセ市長の後継者は脱落し、ハリソンとメリアムの間で、行われる結果となったからである。それでも選挙の興味が、薄れることはなく、また地方自治体に特有な選挙運動のいくつかの傾向も見受けられた。両政党の組織は、互いに入れ替わった支持をした。民主党の三派閥のうち二つが共和党の指名候補を支持し、共和党の三派閥のうち二つと残りの半分は、民主党指名候補を支持することとなった。党規則に違反するため、公然と行ったわけではないが内幕はそうだった。ハリソンは私よりも勢力があったが、率直に言って党組織の援助は受けておらず組織は彼と無縁の状態だった。一方、私についても党組織の一部は誠意をもって支持してくれたが、その多くは名目的に支持するだけであった。党組織の運動員はあまり熱意をもって応援してくれず、時には敵意を表わすことすらあり、私の弁士事務局（Speakers' Bureau）と党組織との誤解もあり、選挙運動には相当な無駄であった。さらに私と党の関係は悪化していった。

当然のことであったが、選挙運動の中で反集票組織を訴えれば、指名後の選挙組織との関係は、円滑を欠くことになる。この問題は根源的な問題で、地方選挙において全国政党制度が、どういう結果をもたらすかということである。

私は市議会や党組織の応援のないままに、人気が悪い共和党市長と大統領というお荷物を抱えて戦わなければならなかった。同様にハリソンも民主党の運動員の応援を受けられずにいて、独自の戦いを展開しなければならなかった。もちろん、彼には市長を九期務めた頃の、強力な組織の残党がついた。選挙を有利に運ぶための打解策として、ある派閥に恩恵授与として、選挙後に役職を与える約束をする策略があった。そうすれば、当座限りの支持は、得られていただろう。また、マキャベリストとして振舞うなら、トンプソンが一九一五年の市長選で用いたように、事前に約束しておいて選挙後に破棄するという手に出ることも、可能であったろう。しかし、私たちはこの手段もとらなかった。

私の立候補は、もちろんすべてではないが、多くの実業家の支持するところであったが、運送業者の少数と、大部分の鉄道関係者がハリソンを支持した。私はシカゴ労働総同盟の支持を得たが、すべての労働者票を手に入れたわけではない。ハリソンは広くまんべんなく国家主義的集団に浸透していて、絶大な応援を受けていた。メリアム陣営はとりわけハリソンを支持していたドイツ系とボヘミア系にくいこみ、ハリソン勢力を切り崩し、逆に事前に黒人居住区を固めていたにもかかわらず、有色人種票は思ったほど出なかった。選挙運動を通じて、予期しないことが起こった。それは「教授」という紹介の仕方は、移民地区ではかえって逆効果である、ということである。彼らの間では、大学教授とは、近より難い極めて地位の高い人物という印象であった。そこで、アメリカ人居住区では教授と呼び、その他の地区では市議会議員と宣伝するのが効果的だと判った。

事前の選挙運動中のハリソンの公約は、ガス料金を七十セントにするというもので、サリバン・ガス会社に支援されていたグラハム候補を標的にしたものだった。その時、たまたまガス料金を検討する市議会の委員会も設置されていて、私も委員だった。だから調査結果の出る前に、意見を公表することは控えなければならなかった。私は事実を詳しく調べて妥当な料金にする、という公約ができたにすぎなかった。その結果から、私の陣営とは何の合意もなく、ガス会社が一方的に私を支持する結果となったから、多分、いくらかの票にはなったであろう。しかしながらこの問題は顕著に対立する争点でも、決定的な論点でもなかったから、私の偏らない態度は選挙戦術からすると最高に効果的だった。

当然であるが、候補者の個性の問題は選挙で大きな割合を占め、とりわけ、アメリカ型のように、地方自治体で行政官を選挙する場合にあてはまる。私の選挙事務所では、ハリソンをものぐさで周囲に左右されやすく、シカゴは発展を求めているのにそれを拒む人物だと見ていた。私の支持者たちは私を若くて行動的で精力あふれる、いままでの伝統的な政治家とは異なった見方のできる、シカゴの発展計画を促進していく人物だと期待していた。一方、ハリソン陣営では二年間市議会で働いた経験の持ち主にすぎない大学教授に対し、こちらは五期市長を続けてきた者の息子で、自らも四期市長を務めていて貴重な経験に裏打ちされた知恵があると宣伝した。どちらの側にもそれぞれの言い分があり、互いに誇りすら持っていた。いたずらにハリソンの個性を攻撃したり、あまり自分の性格を訴えることは聞き苦しく正々堂々とはいい難かったので誇張した宣伝は慎むこととした。

この選挙で有権者の関心をそそり、選挙を決定した争点は、個人の自由の問題、ワイド・オープン・タウン、すなわち極端に法規制の緩やかな町とするかという点であった。共和党候補者が市長に当選したあかつきには、日曜日には他の娯楽施設——劇場、屋外音楽場、野球場——同様に居酒屋を閉鎖するよう公約させられていた。メリアム個人としては、シカゴの自由な判断に委ねたいと思っておりそれまでは現状を維持していく、と表明した。敵陣はびっくり仰天し、しばらくは混乱状態に陥り驚愕に続いて、嘘に違いない、メリアムは信用できない、という狂乱しきった怒声が起こり広がっていった。そんな中でドイツ系の新聞は私を支持した。社会連合（United Societies）——シカゴでは「個人の自由」（personal liberty）という組織である——はハリソンを支持した。だがそれはハリソン支持が一対六の小差で決められ、しかも長く激しい論争を経てのものだった。戦線は一進一退を重ねたが、全体的に見て共和党候補が票を減らした。われわれはハリソンが強硬な改革に踏み切らざるを得ないように、支持者に振り回されるとした場合、何をやるか予想できていたのだが、彼はうまく立ち回った。個人の自由という思想をつきつめると法規制の極端に緩いワイド・オープン・タウンに行き着くのだが、大方の人が解釈していたように、腐敗を放置しておくことと個人の自由とは別のものである。賭博業合同、売春業合同をはじめとするすべての暗黒街組織は、さまざまな腐敗商売の形で彼らだけの金儲けを継続して行くもくろみとして個人の自由を論じる。彼らはハリソンを支持したのだが、後に結果として裏切られることになった。それは腐敗調査委員会（vice commissio）の答申が出て、ハリソンは世論の圧力で赤線地帯を取り壊さざるを得なかったからである。

実を言うと、敵方は私を「改革者」（reformer）であると、大勢の人に信じ込ませたのだが、私はこの不愉快な意味をはらんだ言葉の放つ、雰囲気を払拭できなかった。敵方が、清教徒の信仰を持っていると攻撃してくることに抗議したりして、リベラルな見解を表明したりしたが無駄だった。雄弁で有名なクラレンス・ダローが、生涯で最高の説得力ある演説で私を弁護してくれ、リベラルな外国紙も支持してくれたが、無駄であった。

私は裕福で恵まれた出身だったのではないか。シカゴ大学にいなかったのではないか。収賄者を追求したり、選挙組織を攻撃したりしなかったのではないか。大勢の理想主義者や、熱狂的支持者に応援されなかったのではないか。

私の意志に反して、強引に心の狭い反自由主義とみなされた。さらに腹の立つことには意図的に金持ちの上流社会の出身とされてしまったことである。私が現実に大金持ちで彼らの言う通りの清教徒的改革者であったなら、おそらく素直に敵方の非難を受け入れていたであろう。少なくとも、金を持っている幸福感と「絶対安心」（unco guid）と呼ばれる満足に浸っていたであろう。ところが、現実はまったく違っていて、そうした満足感はなかった。絶対安心などという光背（halo）は、私と考えを同じくする酒場の主人や罪深い人々、つまり普通の人々を結果的に引き離すよう仕組まれたもので、相手の勝手につけた選挙用の修飾語にすぎなかった。

私はホラス・グリーリ（Horace Greely）のことを思い浮かべた。彼がギラード大学の構内に入ろうとした時、門番が証明書がなければ、聖職者は入れるわけにはいかないと制止した。グリーリが「バカを言うな、きさま」と口汚く罵ると「どうぞ」と門番は言ったというのであった。私の場合、それに匹敵する呪文を思いつかなかった。もし私の参謀が深慮遠謀型で、格好の時期に、ある女性が私に私生児の面倒をみて欲しいと願い出る、という演出でも仕組んでいたらおそらく私は当選していたであろう。

私の陰の選挙事務所には選挙期間中、周囲の環境とふつり合いな好みとかけはなれた一枚のポスターが貼ってあった。そのポスターは強烈な印象を与えそうだったが、私の人格を非常に歪曲しているように思われた。参謀たちはそれを私の前で見せびらかして、シカゴの無法地帯では票になると請負いながら「爆弾チャーリー、金庫破りの友人」という文句を書きつけた。確かに少しは票になっただろう。しかし、とても十分とは、考えられなかったのである。

開票結果は、次のとおりであった。

ハリソン……………………一七七、〇〇〇票
メリアム………………………一六〇、〇〇〇票
ロドリゲス（社会主義者）………二五、〇〇〇票

こうしてハリソンはシカゴの微妙な心理を衝いて、自己最高得票を得た。

最も興味あふれる地方選挙の一つに、一九二七年の戦いがある。その選挙は「アメリカ優先主義」の活動が表面に出た挿話的できごとといわれている。[3] この選挙の民主党指名候補はディーヴァー現市長で、予備選挙では対立候補者もなく指名された。トンプソンはリトジンガーを大差で破って、共和党指名候補となった。戦いはわずか三週間にすぎなかったが、非常に熾烈であった。

いつものように、民主、共和両党ともに他党候補を支援した。反ブレナン派は共和党候補を支持し、反トンプソン

派は公衆の面前では党候補を支持するパレードに加わったが、裏では敵に味方していた。こういう作戦は慎重に遺漏のないように、経験者たちの巧みな布石に基づいて行われたが、裏で何かが起こっているのか理解している専門家集団では、欺される者はいなかった。

宗教上の争点は極秘に裏側で取り引きされていて、大量の票の行方を決める重要な要因であった。ディーヴァーはカトリック教徒であり、多くの無党派色の濃い共和党員（Independent Republican）の徹底した支持は取りつけ難かったのだが、現職の座を守るために、適当な言訳を考えついた。前年の夏に聖体拝領式が催されたことで、人々の宗教心は高まっていた。そこでディーヴァーは司祭の指輪にキスしているところを強調した写真を広く流布させたりした。「信仰の擁護者」〔訳注2〕（Defender of the Faith）である国王が着用すべき長上衣が、不適格であっても、トンプソンに着せかけられていた。しかし、ひとたび宗教上の偏見騒動が起こると、せいぜいこけおどしに利用されるくらいのものである。

クー・クラックス・クラン（The Ku Klux）はカトリック教徒の票より安定して固かったのだが、当時カトリック教徒の多くは宗教的感情よりも権力的な感情に飢えており、ディーヴァーの不支持と同時にクー・クラックス・クランに走ったにすぎなかった。

実業界としては民主党候補の方が利益保全の面では、好ましかった。しかしある有力な公共事業請負業者は、インサルの指令で共和党候補を応援した。労働組合はというと、ディーヴァーが組合総ぐるみで強力に支持を受けた、史上初のシカゴ市長だったのだが有力な幹部を先頭に両政党に分裂してしまった。ある組合はトンプソン候補を、全面的に支持した。これにはスモール州知事の影響があると思われた。すなわち、その組合は州知事との議会対策上の関係から、相当程度の責任を持って誠心誠意の支援を余儀なくされる義理を感じていたのである。

両人が市長経験者であることから、選挙の争点は二人の市政の比較になって当然であった。実際に、民主党側からこの議論が持ち出された。トンプソン市政の八年間の混乱状態が指摘される一方で、論争に決着をつける明瞭な実例や、図表を示してディーヴァーの清潔な四年間の市政が指摘された。いつものように両候補の人間性の比較も一緒に行われた。

この選挙運動では抽象論の争点と現実の争点について、両者の意見が対立し興味深かった。トンプソン候補の提案した抽象論の争点とは「アメリカ優先主義」である。これは、その前年、マッキンレー上院議員（Senator Mckinley）に対抗し、挑戦したフランク・スミス（Frank Smith）が掲げたスローガンであった。地方自治体の選挙で、再びこれが蒸し返された。

現実の争点は、禁酒法の施行についてであった。ディーヴァーは、過去に酒類禁止反対論者――彼自身の言葉によると、筋金入りの反対論者――として当選していたが、彼は警察が密造酒や犯罪の共犯になっている実態に怒り、禁酒法を厳しく施行してこの構造に終止符を打とうと決意した。そのため、約五、〇〇〇軒の酒屋の営業許可を取り消し、さらに重要なことには、営業権の再交付を拒否したのであった。彼を忠実に支持した各国の出身者たち、とりわけ彼の出身であるアイルランド系はもとより、ポーランド系やイタリア系や大勢のユダヤ人グループ等は非常に狼狽した。

トンプソンは本人が、「大西洋を飲みほすほどに禁酒反対者」だと主張し、一万軒の酒屋に新規開店を許可し警察には勝手にポケットや冷蔵庫を検査させない、と公約した。それでも選挙に勝つには不十分だと考えた。そして選挙の主たる争点に『アメリカ優先主義』を設定した。対抗馬の演説者が、「アメリカ優先主義」について訴えようとしても、結局それ以外の争点はまったく聴衆の気をひかなかった。

トンプソンは語気を強めてこう言った。「私は計算した。選挙の争点を『アメリカ優先主義』にしよう」と。運動員は当惑しながら「結構でしょう、そこで『アメリカ優先主義』では何をどうしようとお考えですか」と言った。

「そこだよ、『アメリカ優先主義』は別に何をどう変えるというわけじゃない。だからこそ絶好の争点になるんだ。誰かが反対すれば、われわれは『奴はアメリカ優先主義を支持していないんだ。奴にとってアメリカは二の次、三の次、つまり奴はアメリカ人じゃない』と非難できる。誰もが『アメリカ優先主義』を支持している。だから反対する者に対しては、『奴は裏切り者だ』と言えば良いのだ」と、トンプソンは力説した。

トンプソンは自分の選挙運動と地域問題を関連づけるために、教育長マクアンドリューを、「ジョージ王」の手先であり、学校組織に親衛機関をつくるための密偵だと弾劾した。「ジョージ王」はシカゴから追放されねばならない、教科書はイギリスに都合の良いように書き変えられている、アメリカが裏切り者として記述されている、ポーランドやドイツの独立革命の英雄が削除されたり軽く扱われている、と声を大にしてまくしたて攻撃した。

「アメリカ優先主義」のスローガンが与えた効果で一つ明確なことは、トンプソンの指摘とは逆に、イギリスの宣伝機関とは全然交渉がないという理由で、それまでまったく不人気なマクアンドリューに反撥していた教師たちに強い共鳴がまき起こったことである。さらに禁酒反対論者でもあったドイツ系やアイルランド系のような、反イギリスの関心も呼び起こした。また別の効果として、八年間のトンプソン市政を弁護し、ディーヴァー市長時代のシカゴと比較する必要性を回避できたこともあげられよう。ポーランド系やイタリア系、ボヘミア系が、伝統的に友好国であるイギリスを非難されて、満足しないのは当然であるし、一方、ドイツ系やアイルランド系がとりわけ禁酒反対を支持している場合、反イギリスの姿勢に影響を受けたのも当然である。

この選挙運動の劇的な特徴なのだが、果して、「アメリカ優先主義」を全面に掲げた選挙で得た票と失った票とは、どちらが多かったかという疑問が残る。というのもトンプソンは自分のとった戦法のため、あらゆる政治の武器のうち最も強烈な武器である嘲笑に、身をさらさねばならなかったからである。仮に選挙運動期間が三週間以上あったら、一九二八年の予備選挙での大敗が、この時点で起こっていただろう。これを客観的に証明する根拠の一つとして、選挙三週間前に実施された世論調査の結果があげられる。公示前にトンプソン支持を表明していた有権者が六五パーセントから六七パーセントもいたのだが、投票結果は五一パーセントであった。急激な支持率低下である。もし、「アメリカ優先主義」が急速に全地域に徹底され、さらに二週間続いていたら、彼の失脚は一年早くなったといえよう。

他の二つの要因も重要である。つまり有色人種票と、候補者の人間性である。トンプソンは選挙の序盤戦に大規模な黒人集会に出席し、反対陣営系の新聞は彼が黒人の赤ん坊にキスしている場面を、大々的に掲載した。実際この写真は、トンプソンの有色人種集団に対する態度の象徴ととられ、本心からは尊敬しているとは言えない黒人指導者との親密さを誇張していた。「アフリカ優先主義」(Africa First)という声があがり、この予期せぬ小さな出来事から選挙運動の雰囲気が盛り上がってきた。有色人種票は固まったといえたが、当然のことだが白人はこの状況に動揺した。ここでも有権者は、黒人を怖れるより酒に飢えていたのである。

ディーヴァー自身ではないが、民主党側は有色人の争点を利用し、禁酒問題での劣勢を挽回しようとしたのである。その結果、選挙本来の目的を考慮すること、すなわち、どちらの候補者が市長として適任か、二人がそれぞれ市長になってどんなことをするか、ということから注意をそらせることになった。投票は理性に基づいてすべきなのに、感情まかせで行うようにしむけてしまい、ディーヴァー陣営にとってははじめから勝つ見込みのない戦いに自分から突入してしまった。

ディーヴァーは生まれは貧しかったが、自力で人生を勝ち取ってきた。それは製革業者、ウェスト・サイドの不正と戦う弁護士、シカゴで最高の人口過密地区の、市議会議員として生き、一時は、鉄道輸送市営化計画論の急先鋒となり最終的には、一二年間裁判官を務めた。トンプソンは金持ちの息子で、相当な財産を持っていたが、これといった人生の目的も持たず時流に流されてきた感じだった。ディーヴァーの威厳が人々に高慢に映るのに対し、トンプソンの虚勢や荒い言葉使いは、民衆に対する同情の表れと見なされた。ディーヴァーが不正に対する憤りをもっと強調し、トンプソンとインサルを関係づけられていたら、選挙運動序盤の劣勢や中盤の失策にもかかわらず勝利していたであろう。とりわけ、彼がかつて選出された時と同様に、禁酒反対論者であり友人や支持者に対してあの寝耳に水の政策をとらずにいたら、選挙ははじめから勝負の決まったものになっていたであろう。百万人の有権者が投票し、その得票は次のとおりである。

トンプソン……………五一五、七一六票
ディーヴァー…………四三二、六七八票
ロバートソン…………五一、三四七票

手榴弾予備選挙

一九二八年の手榴弾予備選挙は、アメリカ優先主義をめぐる選挙運動の背後に潜む扇動と腐敗への反抗であり、いろいろな意味で最も有名な予備選挙であった。

すなわち、堅固な連合組織の威力や、戦略的な強力さを有しながら、はっきりと無敵と思われていたものが烏合の衆であったことで有名になったのである。

その予備選挙は全米党大会の代表者、知事、上院議員、下院議員、州議会議員、州司法長官、保安官、その他州の重要な官職や様々の職の候補を決定するものだった。それに総額八、〇〇〇万ドルにのぼるシカゴの都市改造の地方債発行の是非を問うものであったが、その地方債を虎視眈々と狙う太ったこそ泥たちが密かに企てるギャング計画(Gang Plan)と、本来のシカゴ再建計画とが巧妙に混り合っていた。

市当局側には、スモール州知事や州政府の応援があり、返り咲きの選挙を戦うフランク・スミスの支援が加わった。三者にはそれぞれ事情があった。スミスは二度も上院議員の座を失ない、スモールは公債の六〇万ドルに利子をつけて、返還するよう命じられた直後で、トンプソン(市長)は奇怪な行動で広く国民から不評を買う始末で、シカゴの組織犯罪はますます凶暴になり、市民は恐怖に震えおののくという状態が止まる気配もみせなかった。大きな賭けであったか、結果は明らかに思えた。数週間前までの予想では、再びスモールが州知事候補に再選され、スミスが再び上院指名候補となり、クロウが検察長官に復帰し市当局陣営には相当な戦利品が入ることが確実視されていた。

ところが、難問があらわれた。反スモール勢力が意外にもエマーソン(Emmerson)に結集し、グレン(Glenn)という若い弁護士がスミスに対抗する勢力の核となり、「アメリカ優先主義」同盟に対抗する別の公認候補名簿が出されたのである。しかしその時でさえも専門家筋では、三者同盟が地域で崩れ敗れる見通は少しももっていなかった。就任して一年めの(トンプソン)市長は権力の絶頂にいるように見えたし、クロウの支持も強力に思われた。民主党の予備選挙は何の支障もなく簡単に終了し、市当局側は組織として契約をかわし、民主党からある程度の票を獲得できることになった。

民主党の攻撃は精彩を欠いていたようである。すなわちデニーンは、ワシントンでどうしても抜けられない重要な執務に多忙で、長く選挙地盤に滞在できない状態だった。少しでも名の通った人はシカゴ当局と州検察官が癒着していて、必ず情け容赦なく報復を加えてくることを承認して選挙の前線にでることを避けようとした。実業界から全く支持がなく、労働界からもごく一部の支持があるだけであった。

選挙運動は幸先よく同志が大集合した演出たっぷりな、「会議」から始まる。トンプソンの提案で、「アメリカ優先主義」がスローガンに採択された。それからシカゴ史上最多数の運動員が全選挙区に飛び、支持を呼びかける。集会は円滑に組織され、参加者は多数にのぼる。応援弁士たちは、選挙企画会社の事務所で訓練を受けさせせられる。選挙のテーマソングの「ビッグ・ビル・ザ・ビルダー」(大きなビルこそ建設者)を歌う歌手は、同じ高層の事務所で特別な指導を受けさせられる。会場ではラッパが吹かれ、旗がふられ、激励のかけ声が飛びかう。たまたまこの最中にダーンの右腕のジョー・ハース（Joe Haas）が死に、事務所もその名声も消え去る。「当然のことさ」と賢明な人々は言う。クロウは州検察官として、とりわけ高い支持を得る。彼は要領よく上級裁判所の一二人の著名な裁判官と、一五人委員会（反腐敗委員会）の支持を受けている。また、陰ではシカゴ法曹協会の四、〇〇〇名と、シカゴ犯罪対策委員会の支持を得ている。

運動員の活動や圧力は次第に加熱しますます拡大し、時にはあらかじめ下調べした職場のボイラーや建物のかげで脅迫すら行われる。同盟側はすでに掲示板に美しく装飾されて描かれている、「アメリカ優先主義」の隣に「クーリッジ大統領を選ぼう（Draft Coolidge）」と書くことを決定した。しかし大統領官邸から抗議はなかった。

選挙運動が熱を帯びてくるにつれて、脅迫は暴力へとエスカレートしてくる。首脳部から指令を受けたのではなく、末端の運動員が勝手に行ったのである。もし選挙運動で何をしてもよいのなら、容易にそうした結末は想像できる。「ダイヤモンド・ジョー」（Diamond Joe）の異名を持つエスポジット（Esposito）は地区委員会における対立候補だったが、四八発の弾丸を全身に打ち込まれて発見された。デニーンは、彼の葬儀に参列した。その夜、（デニーン）上院議員宅は爆破され、同じく一時間後、スワンソン裁判官宅――州検察官候補――も爆破されたのである。その凶器は本物の手榴弾であって、爆竹や無害な警笛ではなかった。現職の州検察官は、即刻、彼らは宣伝と同情を買おうとして自分で仕掛けたに違いない、と発表した。結局、誰も逮捕されなかった。

この時点から改革の気運が起こった。ある市民委員会が勇気を奮い起こして、クロウとの対決に立ち上がった。その委員長には猛烈な強迫がくり返され、集会の開かれる予定の場所には爆弾保険（bomb insurance）がかけられるあり様だった。デニーンの支持者は地元に帰るよう求め、上院議員は私人として選挙に協力することとなった。ここに及んで、日常的に大量に発砲されることになった。大柄なスウェーデン系のスワンソンはある集会で就寝中の妻と二人の幼い孫がどのようにして手榴弾から逃れたのか、誰が地位のために弱い者たちを殺せるのか、どんな人間がその罪を他人に転嫁できるのか、と話した。一瞬に聴衆は静かに聞き入り、ある者は涙さえ浮べていた。白髪まじりのロッシュは七六歳という高齢にもかかわらず、選挙運動に参加し反クロウを宣言した。弁護士会も非常に恐怖を覚えながらも勇気を起こし、州検察長官に誰がよいか会員の投票にかけてクロウ派を分断して五対一でクロウ反対に決定した。犯罪対策委員会は催眠状態のような迷いからさめて、スワンソンを州検察長官に指名するよう要求した。

それだけではなかった。新聞をはじめ応援弁士はスモール知事とトンプソンと「治安判事」(Squire) インサルの間で、シカゴの市電問題の処理をめぐって密約がある、と糾弾し出した。「密約を公開せよ。市電をどうするつもりなのか」。こうした生々しい問題提起は積極的な戦法であり、すべての階級、民族に共鳴を得るものである。一九二七年の市長選では、ディーヴァーがトンプソンに仕掛けなかった種類の議論である。この時点での新聞の世論調査は、市当局側の地すべり的大敗北を予想していた。信じられない意外な調査結果であったので、紙上に掲載するのに先だって、もう一度有権者の世論調査が実施された。するとさらに、支持率は下がっていた。

アダラム (Adullam) 一派は狼狽したが、まだ諦めなかった。「アメリカ優先主義」「クーリッジを選ぼう」と宣伝する反面、「デニーンは州検察官在任中、不正と深く関係していた」、「敵の選挙運動指導者は禁酒論者だ」と、激しく扇動した。ある連邦禁酒監督官が市民を狙撃する事件が起こり、市当局側は連邦に猛烈な戦いを挑んだ。これが呼び水となって、クロウに反抗する者は禁酒論者だ、と議論されるまでに発展していった。根本的な争点は、古くから長い時間をかけて議論されてきた禁酒是非論へと帰結した。しかしながら、悪賢い動きは一瞬の間に燃え上がって、つかの間に消え去る力のないものに過ぎなかった。市民はこの古ぼけた、低俗な宣伝に対して冷ややかだった。ついには、アメリカ優先主義はギャングのスローガンだ、という者さえ出はじめた。

以下に書くことは、とても興味深く書きとめておく、価値のある出来事であった。一般市民が、トンプソン陣営を攻撃する端緒となったのである。リトジンガー (Litsinger) は賢明な硬骨漢であり、税制再検討委員の候補者だったが、政治の理想などにとらわれる性質ではなかった。そうした彼を、トンプソンが刺激したのだ。「エド・リトジンガーという男はどんな奴なんだ。家畜集積操車場の裏町で生まれ、年老いた母親に育てられながら、その母親が掘立小屋で死にかかっているのに、金を貯めると自分だけノース・サイドに移り住み、立派なアパートに住んでいるなんて」。まもなくトンプソンはエドが事実の重さ、言葉の飾りなどに意を用いないですぐ怒り、発砲する、予想外に手強い男だと知ることになる。彼はとっくに死んだドイツ人の母親のことを語り、自分に浴びせられた虚偽を反撃しはじめた。エドは民衆の待望していたことはこのことだったのか、と気付き、混乱すればするほど彼らが喜ぶことも知った。彼は相次ぐ攻撃を止めなかった。『ジョージ王』とは誰のことか。『ビル王』や『レン（スモール）王』や『汚職王』や、他の『王』とは誰なのか。最後のとどめの言葉は『奴らはゴリラのような躰をし、ニワトリ程度の頭しかない』だった。民衆はやんやの拍手喝采をした。

同盟陣営は大混乱に陥り、クロウは虚脱状態になった。トンプソンは、もしクロウが敗れた場合には、市長を辞任する覚悟を決めていた。「市長は侮辱を受けたりすることはなく、おそらく起訴もされないだろう。彼は州検察官に自己弁護する必要は全くない。彼は、市長になる前には食べるものに困らなかったように、辞任後も豊かな生活をするだろう」。

まだ選挙は敗北したわけではない。相手陣営の組織は弱体で選挙区にある二、六〇〇カ所の投票所全部に、要員を配置できなかった。「アメリカ優先主義派」は投票所に群がり、暴力や不正手段を使って得票しようとした。買えない票は盗んだ。警察、州検察官、保安官が味方なのだから、不可能なことはない。投票用紙は暗闇に投げ捨てられたが、総数は指示どおり一致していた。運動員が誘拐され、第二〇地区では、銃を抱えた男たちの乗った車が対立する委員会委員に近づき狙撃した。投票箱の隣あわせに、殺人、暴行、不正行為が存在した。もし投票数が接近していたなら、選挙結果は逆転していたかも知れないが今回はそうならなかった。相手の力が強すぎた。七〇万人もの有権者が、予備選挙に投票した。これは一九二四年のクーリッジの得票より多かった。同盟陣営は民主党組織との取り引きにより、党派を超え共和党の予備選挙に投票できるようにした。したがって民主党党員の得票を期待できたが、さらに上回る一般民主党員が反対派に投票した。集計の結果、クロウは二〇万票差で敗れ、スモールはシカゴ市内では二五万票、全州では五〇万票の差をつけられ大敗した。トンプソンは全米党大会の代表者には選ばれたが、地元の地区委員には落選した。全員が落選したわけではないが、市当局側の候補者名簿は無残な結果となった。

この出来事は階級運動、国家的運動、あるいは地域運動というほどのものではなく、都市部、農村部を問わず、あらゆる地区であらゆる方面に広がったわけではなかった。たまたまシカゴのあちらこちらで目立ったにすぎない。黒人居住区ですらためらい、すすんで投票しなかった。シカゴ史上最強の政党選挙組織がその権力の絶頂時、最高に能力のある指導者を有しながら、「アメリカ優先主義」のスローガンを掲げて選挙に敗北し組織は壊滅していったのである。すぐに他の政党選挙組織が結成されるだろう。しかし、強大な勢力を張ったからといって、崩壊しないとはいえないのである。

ときどき予備選挙の勝利が、次の本選挙で覆えされることがあるが、この場合は、春の熱気が秋まで続いたということである。一一月の本選挙では、有権者は情け容赦ない的確さで、籾殻から小麦をふるい落とすように、全国政党制に基づく名簿にどのような候補者が載っていようとも、自分たちの選良を自分たちの判断で選出したのであった。

（1） C. H. Woody, *The Chicago Primary of 1926*, では一九二六年のキャンペーン事情の仔細を記している。

（2） 初期には、推薦は明確な環境の下で行われてきた。シカゴ川で分割されたノース・サイド地区の場合、力の均衡のとれた二大派閥が対立していた。一方は大会の開催時刻に間に合うように会場に到着できたが、もう一方は船の航行にあわせて橋を開く時間に重なったために、遅刻してしまった。早く到着した方の必要な要員が着席して推薦を決定した時に、丁度一方が到着したということである。このことは手際よく行動して、時間の経済を心得ている者が、有利となる制度となっていることを、如実に物語っている。

（3）Merriam, Cosnell, *Non Voting,* はシカゴの六、〇〇〇人を対象にした分析である。

訳注

〔1〕ハル・ハウス。一八八九年に、シカゴに設立されたアメリカで最初期の隣保館。ジェーン・アダムズとエレン・ゲイツ・スターがC・G・ハルの所有するシカゴのサウス・ハルステッド通りにある古い家屋を賃貸した。アダムズはかつてロンドンの隣保館であるトインビー・ホールを見る機会があって影響をうけた。そこでスターともに建設を思い立った。住居、社会福祉事業、店舗経営、青年少の住居や遊戯場などを提供した。しかし一九六三年シカゴ市からイリノイ州立大学のキャンパス整備のために取り壊しが公表された。関係者の反対運動は法的手続きまで進んだが結局取り壊され、現在はハル・ハウスの一部が博物館として残っているだけである。

〔2〕文字通りの訳では「信仰の擁護者」であるが、イングランドおよび後には連合王国の国王の正式名称の一つとなった。

第九章　シカゴの登場

最後に、次の疑問がおこる。シカゴは都市を構成する予測のつかない複雑で、目まぐるしく変化し混沌としている状態から、どのようにして今日のようになったのか。一体、新興都市に対する新しい関心と忠誠心とは、どのようなものだろうか。

歴史的にみても、都市は独自の生活様式、性格、精神を持つべく必死に努力するものである。ロンドンやパリのように長い歴史がある都市は、長く歳月をかけた独特の雰囲気があり、その紆余曲折ある足跡を数世紀に渡って遡ることも可能である。女性や子供をはじめ市民は、これがわれわれの都市だ、と主張する。名声そのものが市民というこ となのだ。大見出しでスクリーンに写しだされて、注目されているのはわれわれ自身だ。その優れた点も劣った点も、偉大な点も卑劣な点もわれわれなのだ。さらに自分の都市の行政に対してもたしなみのよさと責任ある関心を持ちはじめている。以前この関心といえば大部分は地主の利害のことであったが、世の中がしだいに土地よりも商業を重視するように変化していく過程で、都市でも同様のことが言えるようになってきた。すなわち今日、地主が毎年減っていくにつれて都市を熱狂的に愛するのは土地を持たない、ほとんどの人が将来も持つ意思のない市民に取って代わってくるようになったのである。また土地に拘泥しない市民も、熱烈な運動の担い手となっていった。

このコミュニティの精神は、さまざまな形をとって具現する。たとえば歌や詩や他の芸術に。壮観な建築物に、ゆったりした大街路に。ごみごみして少し見すぼらしいが経験の豊かさが混り合っている町に。市民生活を反映する都市の輝かしい性格に。コミュニティの共通体験となっている、壮大な試練と勝利に。以上のように、都市と市民が協力しあった、歴史の成果なのである。こうした出来事や体験は政治とは関わりのない、性質のものかもしれない。ある偉大な成功、壮観な出来事、示威行為、発見とかは単独で、または複雑に錯綜して市民全体の関心や都市への忠誠心を高揚する。市民全員に同じ感情を抱せることによって、都市の性格や気質に強い理解と、賛同を寄せざるを得ない感情の成熟をもたらすのである。

都市は自己の存続のために、必死に奮闘する。さらに経済的な階級、宗教団体、地域集団らが引きおこす内外からの激しい闘争、また、連邦、州、一般住民から出される要求から、強烈な圧力をうける。今日の現代社会では都市のみが、唯一最高の尊重する対象になりえず、都市に対する情熱は数ある情熱の一つにすぎない。そして徐々に市民全般に共通する行政について、市民の認識を同一のレベルにまで高めねばならない、さらに都市に生活する個人や、団体の利益意識を追求し、行動の基本原理、共通する利害や魂をゆさぶる大いなる理想を掲げていかねばならない。

都市に存在する集団の主たる目的は、この現実の利益を満足のいくまで得ることにある。都市が過去の伝統や文化の残骸でないとするならば、市民生活に何らかの現実的影響を与えているはずである。これらの集団の諸利害が均衡したところに都市全体の利害が位置し、そこが市民の団結の根本基盤となるのである。全市民が共通する体験を重ねていくにつれて、利害意識は時には金や鉄よりも力強い市全体の方針や行為を決定する、市民感情の燃え上がりへと発展していくのである。

シカゴも例外ではないだろうか。またギャングや集団はその場限りの利益を追求し、利己的で狭量な闘争にまきこみ、シカゴを機会の母（mother of opportunity）としてしか評価していないことによって、市民感情を喪失させてしまっているのだろうか。その結果、ある者はシカゴについて、次のように描写したりたりするかもしれない。シカゴは不正な政治家、収賄する労働組合幹部、搾取する金持ち、怠惰な中産階級、利己的な民族主義者、排他的宗教信者、ギャング、人殺し、泥棒の町で正義を嘲笑し法や秩序を無視し公共の福祉など考えぬ状態だ、と。この描写や感想は正しいであろう。

おそらく、シカゴ市民はシカゴを語る適切な証人ではないとともに、偏見のない観察者とは認め難いであろう。それならそれでもよい。シカゴについて観察者が指摘し、独自の判断を語ることは自由である。とにかく、シカゴをその実態と異なった姿で描写したり感じたりする人がいるのである。

シカゴは労働力と資本と、豊かな内陸部とに恵まれた経済的要地に位置している、物質的に優位な立場にあるのと同時に、利益をもたらす工場の塀の内から出る騒音で、充満している大都市でもある。教会より煙突が目立ち、樹木の芳香より工場からの煤煙が拡散し、巨大な建築物はすべて工業や商業関係の建物である。しかしこうしたことは、アメリカ全土、現代の工業文明すべてに該当するのかもしれない。

シカゴでは、政治家は民衆をだますより民衆に奉仕するよう機能し、実業界は自分の階級の幸福と同時に、全市民の富にも気を配る。労働者も公共の責任の一端を担い、民族主義者たちは、熱心な公共心に富む指導者と争う。コミュニティは無関心と怠惰から蘇生し、法や秩序や法的、社会的正義は単に存在しているにとどまらず、新しい状況に適応し新しい形に発展している。

この新しいシカゴ精神はレンガの都市を大理石の都市に変貌させつつある。湖、公園、街路、高速道路、野外運動場を壮美で便利な統一体に形成させ、まもなくシカゴは歴史上稀な美観の備わった都市として、世界の建築学上の驚異の一つになるであろう。

物理的発展に引き続いて、建物の構造を検討する際に石と鉄が不可欠なように、住居とレクリエーション施設の問題がおこりつつある。自然科学、社会科学、人文科学、教育学、芸術、音楽という学問は、あえて発表されなかったり、目にとまらなかったりするかもしれない。しかし個々の成果をさまざまな形に変え、美しさと力強さとを織り混ぜながら、都市の発展に寄与している。学校や病院やレクリエーション施設は社会発展の結果に生じる、取るに足らない施設ではなく、発展向上するにつれて重大な課題となってくるものなのである。

決して市民の共通体験は欠如していない。シカゴは煤煙の問題に直面し前むきに戦い、都市の破滅を回避した。ミシガン湖畔で「モデル都市」(model city) 宣言をし世界中から視察団が来て、驚嘆して帰っていったのである。一八九〇年代は経済至上主義の公益企業と、そして私たちの時代には不正な利益をあくなく追求するギャングと戦ってきた。こうして市民に共通した精神が醸成され、シカゴについて市民共通の規範が形成されていった。

一九二二年には、シカゴの国会議員選出権を永久に制限しようとする憲法制度の目論見に反対して、断固立ちあがった。現在でも、シカゴ地域の地方自治や周辺地域の、一般的な行政を確保するために闘っている。さらに運河開削に必要な散水路を建設する闘いを、近隣の都市や州と一緒に展開している。トンプソンが三度市長になり、ハリソン家は父と子で一〇回、市長に当選したことになる。シカゴは一九〇四年と一九一二年に全選挙区を回ったローズヴェルトを圧倒的に支持し、一九二八年にはスワンソンを支持した。たび重なるレファレンダムを通じて、市民が鋭い認識をもって成熟した政治的判断を下すことを、明らかにした。トンプソンは一九一九年には三五パーセントの支持しか得られず、一九二三年には再出馬を断念せざるを余儀なくさせられた。一九二七年に禁酒法反対を公約として掲げて市長に再選したが、一年足らずの次の共和党予備選挙では、二五万票も差をつけられ（二対一の割合）敗北を喫した。結果として、彼はその後の政策と方針を、一新しなければならなくなった。

シカゴはギャングや公益事業や改革者や民族的、あるいは宗教的排他主義者の膝下に決してたやすく屈服することはなかった。反対にその時点その時点で闘い、打ち負かし彼らの支配を許さなかった。しかしながら、都市の誇りとして永く言い伝えられるほどの傑出した指導者は、現われなかった。ところがシカゴは、ニューヨークのようにタマニー派に市政を壟断されたり、フィラデルフィアのように利権に群がる略奪的集団に支配され、長い暗黒の時代を送らされることもなかったのである。

他のアメリカの諸都市と同様に、シカゴの政治家たちも、公共のために、という表現をせざるを得なくなり予算編成にあたっては、市当局がさらに改善されるよう考慮しなければならなくなった。トンプソンが選挙の際に運動員に叫ばした「ビルこそ建設者」というスローガンは、自分が市長であった「発展の八年間」を図表入りで説明するのに比べて、あまりに貧弱な気もしないでもなかった。あのトンプソンでさえも、こうした選挙運動をした。彼もまた、無意識にだが、シカゴの建設的精神の勝利を認めていたのである。たとえば教育制度を批判するにしても、教育をよりよくするため学校の純粋な利益を守るためという大義名分が前提となっていた。

シカゴには、都市としての歴史が全くない、という指摘は逆に束縛され、時には焦燥感にさいなまれることさえある伝統の力が薄弱であり、改善の創意と工夫に比較的障害が少ないことでもある。あたかも伝統があるかのように見せかけるのは、発展の妨げにさえなりかねない。過去に存在した栄光、悪徳、苦悩、そのどれをとっても現在のシカゴ市民は、記憶に留めていない。また苔むすほど旧態依然とした行政機関も、都市が継承してきた社会的伝統も跡形もない。レイク・フロントに、封建時代の城がそびえたっていることもない。スラム街は旧跡とはなっても、同情を喚起することすらなく消失した。祖先が定住して以来、つねに貧困で希望のない状態が続いた階級や、依然として強者に服従し、隷属している憶病な魂の持ち主である大衆は存在しないのである。

要するに伝統とは、時代に適応している組織が健全な信条に基づいて機能している時にこそ、真価を発揮するのである。それ以外の場合は、支持ではなく束縛となり援助や動機になるどころか、進歩の障害になるのだ。われわれがこれから遭遇するであろう変化の時代、激動の時代では、伝統は役に立つどころか足手まといな重荷になるだろう。

厄介で手におえない過去の多くの諸制度を、都市工業化時代に順応、適応させざるを得なくなる。そこで発明、実験、調整の役割が、今まで以上に重要になるだろう。社会変動の激しい時代に突入して、前時代から継承するものは少なくなり、発明、開発が比重を増すであろう。

都市が抱く理想や夢は、伝統や歴史のように経済生活や生物としての進歩の、確固たる基盤と適合していてこそ、本来の真価を発揮するのである。この意味でシカゴは、自由都市である。ひとたび号令が発せられたならば、前進は自由でありその道程も明らかである。

またシカゴは、ニューヨークを除く世界の大都市とは異なり、首都という重責を免れている。すなわちロンドン、パリ、ベルリン、ローマ、ウィーンでは国家が統轄すべき諸機関や、住民を管理する責任を有しているが、シカゴは例外である。首都でないということは大都市としての矜持を下落させるかもしれないが、首都であった場合と比較して、強烈な個性を持つ都市としての発展を約束しているのである。都市としての性格を強調することによって、逆に国家から受ける影響の度合を、稀薄に出来たともいえる。要するに都市のすべての現象に、その性格が鮮明に打ち出されてくる、ということなのだ。この意味でシカゴは数ある世界の大都市のなかでも、市民を主人公として発展を遂げる都市として運命づけられている。伝統や国家の要求に束縛されることなく、さらに自由に地方行政の実験を続けていくであろう。

シカゴの特徴は広範囲にわたる経済基盤と、多民族が全く新しい形に混在しあっていること、躍動する活力と推進力、何者にも拘束されない精神と自由な立場、都市の発展を指導するにあたって何ら制約のないことにある。これらはシカゴの運命ではない。しかし時間という工場で、シカゴという上衣を織り上げていく素材であることにちがいない。シカゴがこれからどう変貌するか、いったい誰が予言できるであろうか。

訳者あとがき（初版）

本書は、シカゴ大学教授チャールズ・E・メリアムのChicago: *A More Intimate View of Urban Politics*, 1929の全訳である。ちなみに一九二九年にマクミラン社、一九七〇年にはアルノ・プレス社から同じ内容で出版されている。この本の五年後にメリアムの代表著作の*Political Power*, 1934が上梓されていて、すでに斎藤真国際基督教大教授、有賀弘東大教授の共訳として東京大学出版会から邦訳されている。

いまかりに、メリアムの政治権力論、政治過程論が著作を重ねるごとに発展、確立してきているとするならば、*Chicago* から *Political Power* へと流れる系譜は予想以上の重要な意味をもつのである。訳者はそれぞれが正編、続編の関係にたとえられると思っている。言うならば、混沌とした現実論を凝縮させて、整然とした一般論へと止揚させていく発展段階を踏んでいるといえるかもしれない。

では、なぜたかだか五年間にラフな素描から、完璧な絵画へと完成できたのであろうか。これらの著作の中間の年、すなわち一九三二年にたまたま渡独していることと、深い繋がりがあると思える。彼はそれまでに、シカゴ市議会議員を都合六年間務めていた。新興してくる大都市の諸要因と状況を現場で、学者と議員双方の目で分析している。その記録が本書である。その後に政治の観察と学界の再編成に疲労し外国へ旅立ったのである。渡独してメリアムが見聞したものは、世界経済の破たんとナチズムの台頭であった。そこで *Political Power* がまとめられている。訳者は両書に、現在自然科学でいうフィールド・ワークの嚆矢を見る思いである。

Chicago では、巨大に成長し膨張していく大都市デモクラシーの集団、指導者、政府などに着目して、大都市の形成過程で、政治権力がどのようにして誕生してくるのか、を詳細に検討している。*Political Power* では世界的に不気味な地鳴りを始めている全体主義に驚愕しながらも、あくまで現場にいて自分の感覚で冷徹な観察を続けている。すなわち、全体主義をはじめ政治権力がどのようにして国家、社会、個人を繰つるのかという分析を加えている。最後の著書となった *Systematic Politics, Chicago*, 1945 まで、前述の実証主義的な基本的態度は、その前後の数多くの労作においても変わっていない。私は寡聞にして、メリアムほどある特定の都市の実態に執着して、あらゆる方面からの論文を発表している政治学者を知らない。

本書が始めて公刊された時からすでに半世紀の歳月が流れ、第二次世界大戦を経過し、世界各国の政治制度も大きく変貌をとげてきている。したがって、本書の掲げる豊富な引例の中には、時代の変遷を痛切に感ずるとともに、陳腐さを否定できないものがある。しかし、それにもかかわらず、本書の述べているところは、今日もなお、政治学を研究するものにとって、一つの貴重なニュー・アスペクト（新見解）を示している。

従前から社会科学とくに政治学は、現場を軽視する傾向があった。そのような政治学の伝統的学風に抗して、ちょうど医者が、患者を診察し、治療するのと同じ姿勢が、政治学者にも必要であることを指摘しているのである。世論調査も含め、まず実態の把握から始まって、現状を調査するところから政治論、権力論を展開すべきであるというのが、メリアムの新見解なのである。

著者の略歴を簡単に紹介すれば、メリアム教授は、一八七四年十一月にアイオワ州ホプキントンに生れ、アイオワ州立大学、さらにコロンビア大学院で学んでいる。一九〇〇年に博士号を得て、シカゴ大学に就職し、一九一一年に教授になり、一九四〇年に退職するまでシカゴ大学で教鞭をとり続け、研究生活を続けた。この時期に、後に有名なシカゴ学派と呼ばれる学者がメリアムのもとで育成されていった。ラスウェル、V・O・キイ、シューマン、ゴスネル、ホワイトなどアメリカ政治学に功績を残す人材が輩出された。

彼は法学、社会学、生物学、心理学などその他隣接諸科学を活用して、実践的に政治学を体系化しようとした初めての政治学者でもあった。

公職としては、国家資源計画局員（一九三三～一九四三）、大統領行政管理委員会委員（一九三六～三八）、国家忠誠審査局員（一九四七～四八）を歴任している。一九五三年に没している。

その主な著書には次のものがある。

（1）History the Theory of Sovereignty since Rousseau. New York : Columbia University Press, 1900.

（2）A History of American Political Theories. New York : Macmillan Co., 1903.

（3）Primary Election : A Study of the History and Tendencies of Primary Election. Legislation. Chicago : University of Chicago Press, 1908 ; rev. ed.（with Louise Overacker）, 1928.

（4）The American Party System : An Introduction to the Study of Political Parties in the United States. New York : Macmillan Co., 1922 ; rev. ed.（with Harold F. Gosnell）, 1929 ; 3d ed.（with Harold F. Gosnell）, 1940 ; 4th ed.（with H. F. Gosnell）, 1949.

（5）Non-voting : Causes and Methods of Control（with Harold F. Gosnell）, Chicago : University of Chicago Press, 1924.

（6）Chicago : A More Intimate View of Urban Politics. New York : Macmillan Co., 1929.

（7）The Government of the Metropolitan Region of Chicago（with Spencer D. Parratt and Albert Lepawsky）. Chicago : University of Chicago Press, 1933.

（8）Civic Education in the United States, New York : Charles Scribner's Sons, 1934.

(9) Political Power : Its Composition and Incidence. New York : Whittlesey House, McGraw-Hill, 1934.
(10) The Role of Politics in Social Change. New York : New York University Press, 1936.
(11) What Is Democracy? Chicago : University of Chicago Press, 1941.
(12) Systematic Politics. Chicago : University of Chicago Press, 1945.

最後に訳出にいたるまでの個人的な顛末を、記させていただきたい。

私は昭和四四年にメルボルン大学の図書館で原書を読む機会に接した。当時私は、実際の地方政治を政治学の視点で把えられないものかと政界進出を期していた。私とまったく同じことを考えた大学者が、それも半世紀以前に存在していたとは大きな驚きであったが、同時に、本書と著者に対する興味は、非常に強いものとなった。せめていつの日にか、自分で邦訳してみたいと決意したのである。そこで原著を求め歩いたが、日本のどの図書館にもないということでアメリカの出版社に問い合わせをした。まったく手応えはなかった。

昭和五二年の暮に、僥倖にも、サクラメント在住の義姉三千代・ラングがアルノ・プレス社の倉庫にあった最後の一冊を入手し、送ってくれた。私は欣喜雀躍するとともに、いつ出版するという計画もないまま、原稿用紙に向うことになった。

たまたま昭和四六年の統一地方選挙に出馬し、当選していた。当時私は早稲田大学大学院政治学研究科の修士課程に在籍し、地方行政を専攻していた。いわゆる学生政治家であった。そうなると好きな書斎にいる時間は極端に削られ、その反面で議員生活に没頭していった。五十年に二期目の当選を果して、本を入手した。寸暇を寄せ集めて、作業は続けていった。たしかに思うように捗らなかったが、肉体的に疲れることの多い議員生活にあって、一日三十分でも一時間でも原書と対峙できたということは、メリアムのいう現実と理論の一致を私なりに実践しているという幸福感でいっぱいであった。

メルボルン大学で手にしてから、実に一五年の歳月がかかっている。それだけ私の感慨はひとしおである。なお、この冒険ともいえる拙訳に、第二次臨時行政調査会の要職にあられる辻清明先生から、ほんのささやかな御縁をきっかけに、推薦文を頂戴できたことは望外の幸せである。先生のお考えを忖度すれば、訳には目を覆いながらも現職議員が多少の時間をかけて、細々ではあっても継続してきた蓄積への努力賞の意味があるのかもしれない。このうえは、先生の御功績に御迷惑のかからないことを祈るばかりである。出版に際しては早稲田大学のクラブ活動で先輩にあたる、恒文社副社長　池田郁雄氏、編集部の大友勲氏、大塚久子氏に専門的な指導をいただいた。もちろん議員生活を支え、洋子、紀子という当時の乳幼児を育児しながら、静粛な時間を保障してくれた妻紗千代も忘れられない。そのほか数多くの友人、知人の励ましで拙訳が上梓できたことに心から感謝するものである。

なお原書版権が消滅していることから、自由に翻訳することを許可してくださったアルノ・プレス社の愛情も報告しておきたい。

昭和五八年一月二八日　誕生日に

和田宗春

改訳版あとがき

シカゴ大学メリアム教授や本書『シカゴ』についてはすでに「初版のあとがき」に記したので、省略する。日本語訳の初版から二二年たった今日、なぜ新装・改訳版を出版することになったか、という経緯とこの間の訳出にかかわる雑感を少し記しておきたい。

一九八三年（昭和五八年）に、『シカゴ』が出版された際には、当時の「朝日ジャーナル」、村松岐夫京大教授の書評など十紙（誌）で批判、評価をいただいた。普通、政治学の学徒にとって、シカゴ学派のメリアム教授の名に、一度は接するであろう。しかしながら、当時その訳書は私の知るかぎり、『政治権力』の他に、三冊があるにすぎなかった。それゆえに、拙訳であっても注目されたのであろう。

ところで、「朝日ジャーナル」誌上では、「訳は丁寧であるが、三K団はいただけない」などという忠告もいただいた。それはあくまで後世の参考となる政治学上の文献、資料といえるものなので安直な訳はよろしくない、という厳しい指摘である、と私は肝に銘じたものである。

訳してみて分かるのだが、確かにメリアム教授の用語には、時として一貫性のないものもあり、その整合性にとまどうこともある。

しかしながら私が再版に踏み切った理由には、昨年、二〇〇四年（平成十六年）がメリアム生誕一三〇年という節目の年であるとともに、絶版となって久しい本書を求める要望も少なくなかったことがある。またもとより教授の誠実で、科学的、合理的に現実を分析しようとする姿勢が原文を通して反応してくることもあったからである。

なによりも同調できることは、学者活動のかたわらシカゴの市議会議員も務め、さらに市長選挙にも出馬したという経験にもとづく現実（私の言う臨床）の細部を、素直に感情的にならずに告白していることである。教授が国会議員でなく市議会議員であったこと、市長選挙を経験して政界を去ったことは、決して御本人のマイナスになったのではない。このことは学界にとどまらず、広くは世界中の政治家、政治家志望者、学者にも大いに励ましとなったのである。

本書には集団、組織、個人の性質まで観察し、「シカゴ」の公的立場の人物像、市民、都市の暗部、都市建設、市民の団結、移民などの人種の動勢などが詳解され、都市が成長していく過程に見出させる現象が豊富に提示されている。

メリアム教授ご自身政界の現場に立つという経験がなければ、この本は世に出なかったであろう。それはあたかも、現場での絶望感、矛盾や満足感を一つの透明な壺に入れて攪拌し、澱が沈み上澄液とが綺麗に分離した様を壺を手にとり眺めるような態度であるといえよう。

本書が一九二九年に発刊されるまでは、政治学者が政治学的な視点から、都市を観察した記録はなかった。たしかに政治家あるいは政治家だった人が、例えばチャーチルの大戦回顧録のように回顧談的に自伝として残したものは古くからあった。しかしこれは応々にして、秘話めいた自慢話に終始してしまう傾向があった。同じ事件でも他の関係者から見れば、異なった見解が出されるだけに、史実とはいえてもあくまで個人的な記録といえよう。

メリアム教授が本書の中でとる姿勢は、見聞したことを実物大で、淡々と沈着に記述して、評価、判断を読者に一任するというものである。それだけはどこの国でもみられる、田園（田舎）から都市（都会）に発展していく際に必ず経過する道程であるが、政治学者が描いていることが新鮮である。

一九二〇年代の合衆国は、猛烈な速度で都市化していった。移民が集まり、人間集団がつくられる。金、権力、猟官、麻薬、売春、支配、追従、保護、出世、社会事業、陰謀、失業など、成熟していく都市生活に生成せざるを得ない都市問題が一気に噴出してきた。メリアムはその混乱時に渦中にいながら、冷徹な観察者であることを全うした。

いま私はランド・マクナリー社発行の、シカゴの地図を常に携行している。二十年前のものは地図の折り目が擦り切れて、二代目を使っている。本書の記述に出てくる公園、道路などを一つ一つ地図とつきあわせ確かめながら翻訳したが、そのメリアムの分析するシカゴにいま思いを巡らせている。さらに新聞、テレビでシカゴが報じられるたびにその場所を確認している。また雑誌記事、経済、政治の専門書に出てくる場所や写真を集収して、記録して「シカゴ」時代を想像して楽しんでいる。

本書のリプリント版を一九七〇年に出版したアルノ・プレス社から翻訳の了解をいただいたのは、約三十年以上前のことである。そのころニクソン（共和党）、マクガバン（民主党）の大統領選挙を政治学者、若手政治家らと視察しながら、シカゴに滞在したことがあった。十一月のミシガン湖面を渡る風は冷たくて、冬物のコートを急いで買った懐かしい記憶がある。

屹立したビル街、混然とした下町、広い公園、この町の雰囲気は東京と比べて、時代の刻む秒針がゆっくりとしているように思えた。すべてが計画されて建造された街で、地政の異なる私たちがこの形態を礼賛するものではないとしてもアメリカのシカゴという歴史の浅い都市で新しい工夫で人工的な街づくりを果した一つの姿といえた。

シカゴが一八三〇年代の十年足らずのあいだに、人口二〇〇人から数万人に膨張した事実をミシガン湖畔で想像した。国づくり街づくりになんの拘りをもたず、機敏にそして無目的に対応する日本の都市のあり方よりも、自説を固持している合衆国の大都市シカゴが小回りがきかないながらも、着実に前進する重厚さに驚いたものだ。

建築物に代表されるシカゴと、郊外の田園風景に象徴されるシカゴの双方を、頭の中に取り込んで帰ってきた。

シカゴは田園（荒野）から都市化を進めていくうえで、海上、陸上の交通網整備と深く密接に関連していた。その立地条件に恵まれていたことも好運であった。そしてシカゴは都市の現代化の動きに随伴してきた。都市の利便性と非人間性を合わせもつ段階へと勢いよく、突進していったのである。とくに人種問題を最大の難題として抱えるシカゴの実情は、その都市経営を通じて世界の都市が大小を問わず内包している、都市内部の多民族アイディンティをどのようにして求めていくかという、技術的、心理的なモデルの一つとして、充分、参考に価いする。

初版が絶版となって、私のところへ再版の声も届くようになって久しいので、約十年前から机に向かうようにした。実際、初版への指摘や忠告を、解消しようという気負いもあった。また初版の誤りも訂正させていただいた。ただし、一九二九年に原書が出版されているので、今日の目で見ると偏見や差別的表現もあるが、この改訳版でもその時代の表現として残したものがあることをお断りしておきたい。

人名、固有名詞も出来るだけ原語で訳文中にとり入れたつもりである。それは本書が、シカゴのそれも短期間に農村から大都市に成長していく、世界でも稀有な学術的価値のある記録であると信ずるからである。また翻訳にあたってはとくに物語の翻訳とは一線を画して、政治学の専門書としての性格を念頭に入れて訳出した。より本文に親しみ、理解を深めるために、訳注を入れた。私の知識と『エンサイクロペディア・アメリカーナ』の解説を、中心にまとめてみた。また法律用語については田中英夫編集代表『英米法辞典』（東京大学出版会）に準拠した。

本書は、政治学者が現実に基づいて著わした専門書であると同時にシカゴが都市化する道程を平易に描いている。翻訳は、関心をもつ市民にも理解して欲しいという願いから、理解しやすいように工夫したつもりである。

また世界的に著名な写真家石元泰博氏の御理解と御協力で労作『石元泰博展——シカゴ、東京』（東京都写真美術館、一九九八年）から数葉をお借りできたことは感謝の極みである。私の翻訳のいたらなさをビジュアルに盛り上げていただき、読者に本書を親しみやすくしてくださった。

個人的なことを書かせていただければ、家族、親戚の人間関係は約二十年のあいだに大きく変化した。私の父、義母、義父は他界した。私の母親もゆっくりと老いている。

しかし、二人の娘たちの成長は嬉しい。長女洋子は、初版当時七歳、小学一年生で次女紀子は幼稚園年中組であった。洋子はいまユニセフに所属し、スーダンで子どもの人権活動に汗を流し、また次女紀子は医療関係誌の記者をしている。

妻紗千代はボランティア活動をしたり、学習指導を手伝ったりしている。改訳に入る直前、この三人がランダムハウスの第二版を贈ってくれたことは、勇気づけになった。

私はこの間、平成十一年にメリアム教授の他の著書である*The Role of Politics in Social Change*を『社会変化と政治の役割』として翻訳した。出版をきっかけにアメリカ政治学者、研究者との交流もはじまっている。またビルマのノーベル賞受賞者であるアウン・サン・スー・チーさんと交流し、民間レベルで世界の民主化運動を応援している。現在、政治文化の啓蒙活動を継続しながら、大学で教鞭をとっている。政治に対して新しい視点から提案していきたい。これからも、シカゴ市の行政や街に関心をもってメリアム教授との御縁を生かして研究していきたいとおもっている。

初版の際に御推せん文をいただいた辻清明東大名誉教授の御冥福をお祈りし、東洋大学名誉教授磯村英一先生にはこのたびお言葉をいただきながら御生前中に、上梓できなかったことが悔まれます。合掌。また新装・改訳版の出版の機会を与えてくださった聖学院大学出版会会長、大木英夫教授、山本俊明出版部長に深く感謝します。

平成十七年(二〇〇五年)十二月三十日

和田宗春

索　　引

【ア　行】

【カ　行】

【サ　行】

索　　引

【タ　行】

【ナ　行】

【ハ　行】

【マ　行】

【ヤ　行】

〈訳者略歴〉

和田宗春（わだ　むねはる）

1944年東京生まれ。早稲田大学大学院政治学研究科修了。地方議員28年間。文京学院大学非常勤講師。

著書：『いろは歌留多の政治風土』『サクセツ選挙術』『DAKKEN 奪権』他。

共著：『有権者意識に聞け』他

訳書：メリアム著『社会変化と政治の役割』，アーノルド著『英国の地方議員はおもしろい』。

シカゴ——大都市政治の臨床的観察

2006年3月25日　第1版第1刷発行

著　者　C・E・メリアム
訳　者　和田宗春
発行者　大木英夫
発行所　聖学院大学出版会

〒362-8585 埼玉県上尾市戸崎1－1
電　話　048-725-9801
振替口座　00180-3-567019
印刷／堀内印刷

聖学院大学研究叢書

①「文明日本」と「市民的主体」

福沢諭吉・徳富蘇峰・内村鑑三

梅津順一著

開国と明治維新は、近代日本の為政者と人民に思想的に大きな課題を突きつけた。それは日本の目指す政治体制、為政者の役割、人民の生き方、あるいは国際社会における自国の位置付けを、世界に向かって「理解されるもの」として語る必要からであった。本書では、西洋に向かって語られた新しい日本の構想を「文明日本」と呼び、またそれを担う新しい人間的資質として想定されたものを「市民的主体」と呼び、その構想を、諭吉・蘇峰・鑑三の思想を通して明らかにする。

A5判　二八八頁　六〇九〇円

②歴史と探求

レッシング・トレルチ・ニーバー

安酸敏眞著

中間時における真理の多形性をとく「真理の愛好者」レッシング、「徹底的歴史性」の立場でキリスト教的真理の普遍妥当性と格闘したトレルチ、歴史の有意味性を弁証しつづけたニーバーのそれぞれの思想的連関を考察し、著者の神学的・宗教哲学的立場から偶然的な歴史的真理と必然的な規範的心理の関係性を明らかにする。

A5判　二〇五頁　五二五〇円

③エラスムスとルター

一六世紀宗教改革の二つの道

金子晴勇著

一六世紀の宗教改革は、ルネサンスの影響をうけたキリスト教ヒューマニズムによる改革の流れとアルプス以北の神中心の改革の流れと二つの道があった。前者を代表するエラスムスと後者を代表するルターは、ともに宗教改革運動を推進したが、ある時点から、相互に批判し、それぞれの歩みをするようになった。本書では、両者の思想的対立と問いの立て方の違いに注目し、宗教改革のヨーロッパ思想における意義を論ずる。

A5判　二八〇頁　六〇九〇円

光の子と闇の子
デモクラシーの批判と擁護

R・ニーバー著
武田清子訳

アメリカの政治倫理学者、R・ニーバーの主著の一つである本書は、デモクラシーという、現代世界において、再考を求められている思想原理を批判し、擁護する。権力が対立し、政治と経済が相剋する現実にあって、正義と自由を確立するためには、いかなる指導原理が存在するのか。人間の悪の問題の把握において深い洞察を欠いているマルクス主義、他方でデモクラシー思想の楽観主義を批判し、キリスト教思想に基づくデモクラシー原理の正当性を弁護する。

四六判二二四三円

アメリカ史のアイロニー

R・ニーバー著
大木英夫・深井智朗訳

アメリカは二十世紀の半ば、突如として、国民的経験も精神的準備もないままに世界史的勢力として台頭し、世界史の中に躍り出た。この「大国」アメリカはどこに向かうべきか。本書は、原書が一九五二年に出版されているが、世界史的「大国」アメリカの問題を「権力の腐敗」の問題として鋭く抉り出し、アメリカを自己認識と責任意識へと導こうとする。現代の問題をも照射するアメリカ論の新訳である。付録として巻末にニーバーの「ユーモアと信仰」を所収。

四六判三九九〇円

ラインホールド・ニーバーの歴史神学
ニーバー神学の形成背景・諸相・特質の研究

高橋義文著

神学者、社会活動家、政治哲学者、倫理学者、歴史哲学者、文明批評家等々幅広い活動を展開したR・ニーバーの神学思想を解明する気鋭の書き下し。ニーバー神学形成の背景(青年期のニーバーを育んだ協会とその神学的土壌、デトロイトでの牧会、ユニオン神学大学への赴任)、ニーバー神学の教養的諸相(中期のニーバーの思想を丹念に追い、神話・象徴・啓示、人間、終末論、キリストなど)、ニーバー神学の特質の三部からなる。

四六判四四八六円